北京地区公共数字文化资源需求与使用状况研究"（项目编号：13JD-WYB010）以及北京印刷学院人文社科重点项目"以文化认同建构为视角的数字出版公共服务体系研究"的结题成果

数字文化资源需求与使用状况研究

畅榕 魏超 谭锐 著

知识产权出版社
全国百佳图书出版单位

图书在版编目（CIP）数据

数字文化资源需求与使用状况研究/畅榕, 魏超, 谭锐著. —— 北京：知识产权出版社, 2015.5
ISBN 978-7-5130-2817-2

Ⅰ.①数… Ⅱ.①畅… ②魏… ③谭… Ⅲ.①数字信息－信息资源－资源利用－研究－中国－2014 Ⅳ.①G203

中国版本图书馆CIP数据核字（2014）第147282号

内容提要

基于大量的数据调研，本书描述了公共数字文化资源需求与使用行为的基本特征。本书创造性地提出了在媒体融合的背景下进行数字文化资源需求与使用研究的理论框架。基于此框架，本书对公众的一般性公共数字文化需求和使用行为进行了描述和分析。同时，本书也对农民工、留守儿童、老年人、少数民族青年等群体的公共数字文化需求和使用行为进行了专门的描述和分析。基于数据分析，本书总结了公共数字文化资源所具有的特征，提出了建设需求导向的公共数字文化服务体系的相关建议。本书适合从事媒介研究、文化研究、文化体制改革、公共文化服务体系建设的研究人员和政府管理人员阅读。

责任编辑：唐学贵　　　执行编辑：于晓菲　吕冬娟

数字文化资源需求与使用状况研究

SHUZI WENHUA ZIYUAN XUQIU YU SHIYONG ZHUANGKUANG YANJIU

畅榕　魏超　谭锐　著

出版发行：知识产权出版社 有限责任公司	网　　址：http://www.ipph.cn		
电　　话：010-82004826	http://www.laichushu.com		
社　　址：北京市海淀区马甸南村1号	邮　　编：100088		
责编电话：010-82000860转8540	责编邮箱：rqyuxiaofei@163.com		
发行电话：010-82000860转8101 / 8573	发行传真：010-82000893 / 82003279		
印　　刷：北京中献拓方科技发展有限公司	经　　销：各大网上书店、新华书店及相关专业书店		
开　　本：720mm×960mm　1/16	印　　张：14		
版　　次：2015年5月第1版	印　　次：2015年5月第1次印刷		
字　　数：223千字	定　　价：42.00元		

ISBN 978-7-5130-2817-2

前　言

北京印刷学院自1998年设立传播学硕士点以来，一直坚持以出版为核心的传播学学科建设方向，经过十多年的努力，取得了显著进步，于2012年获批新闻传播学一级学科授予权，并在2013年教育部组织的全国高校第四次学科评估中，取得新闻传播学类全国并列第九的好成绩。恰逢出版产业数字化转型迅猛推进之际，数字出版再次成为北京印刷学院新闻传播学学科建设工作中的重中之重。

北京出版产业与文化研究基地是依托北京印刷学院建设的北京市哲学社会科学研究基地，它既是传播学学科建设的重要成果，也是传播学学科的重要科研平台。自2005年成立以来，已通过二期验收，进入第三个三年一期的建设阶段。该基地立足首都，面向行业，着眼于出版领域前沿课题的申报和研究，取得了较为丰硕的研究成果，尤其在数字出版与传播领域积聚力量，预先布局，形成了较为雄厚的科研实力。

出版和广播是传播主要形态中最为醒目的两种。在数字化转型过程中，由于点播等传播形态的出现，虚拟形态的音像出版物在网上大行其道，出版与广播的界限已经被打破，音像图文得以超越固有疆界重新组合成新媒介形态。数字出版绝不只是指纸质书刊的PDF版，但版权或称知识产权确乎是数字出版行业发展及监管的关键抓手。

国家广电总局和国家新闻出版总署的合并，也是响应了行业巨变和发展趋势。习近平总书记在2014年8月提出的传统媒体与新兴媒体融合，在更高的理论层面上确定了新旧媒体优势互补、一体发展的战略方针，意在推动传统媒体和新兴媒体在内容、渠道、平台、经营、管理等方面的深度融合，力求早日形成立体多样、融合发展的现代传播体系。

在媒介融合环境及现代传播体系中，新的出版及传播形态也许不属于"旧房维修"，而属于"异地重建"。因为无论是在产品及技术层面，还是在渠道及市场层面，都会有全新的用户群体及全新的商业模式。苹果公司以新产品聚敛粉丝；

淘宝网以新平台笼络拥趸；QQ和微信本来只是通信工具，但却被腾讯做成了各类服务，从而吸引了几亿用户；至于也同样坐拥数亿用户的360，起初只是一个杀毒软件客户端；去盛大文学上读书的，不仅有学者，而且有中学生和农民工。新的受众群体促生并养育了新媒体形态。

为此，针对网络媒体的受众研究，就变得格外重要。本书是北京出版产业与文化研究基地所承担的北京市哲学社科规划研究基地项目"北京地区公共数字文化资源需求与使用状况研究"（项目编号：13JDWYB010）及北京印刷学院人文社科重点项目"以文化认同建构为视角的数字出版公共服务体系研究"的结题成果。课题组负责人畅榕副教授是我基地以及传播学学科的学术骨干，长期关注数字媒体传播战略及公共服务策略研究，在数字媒体与社会发展方面有较好的知识结构和学术积累。本次调查数据真实、调查方法可靠、调查结果可信。全书分为主题报告和四个专题报告，基本覆盖了网络受众各主要人群，对于北京市乃至全国公共数字文化建设，应该具有一定的参考价值。

我国的传播学还属于新引进学科，各高校的传播学学科点各有侧重和特色。在经历了15年建设，特别是自被列为北京市重点建设学科之后，北京印刷学院的传播学研究不断走向深入、走向全面。当然，在很多领域，我们也是刚刚起步，但是我们希望我们的教学科研人员每一步都走得扎实，走得稳当。

在我们看来，传播学属于应用基础理论研究。离开行业背景，应用基础理论研究就会失去价值和意义。数字文化资源公共需求研究在学科领域关涉到的是受众的信息接收行为，面对的行业问题则表现为：全国范围内公共文化需求与供给之间的结构性矛盾愈发突出，媒体融合及公众媒介使用习惯的变化愈发剧烈，传统公共文化服务体系的价值被严重削弱。基于此，推动公共文化服务体系向需求导向的公共数字文化服务体系转型，就显得格外重要。2011年文化部、财政部联合下发的《关于进一步加强公共数字文化建设的指导意见》就首先提出了解决方案，此后，政府陆续发文做出了更为明确的部署和安排，其中包括2013年文化部印发的《文化部"十二五"时期公共文化服务体系建设实施纲要》等。

努力加强公共文化服务资源建设，尽力扩大公共文化服务渠道，充分尊重群众的参与权和表达权，探索建立群众文化需求的动态反馈机制，建设开放、互动的公共文化服务平台，更好地满足不同群体多样化、多层次的文化需求，就是新闻传播学学科面临的最为重大的研究目标。希望本课题的研究成果能够为政府主管部门和文化企事业单位提供参考，更希望本书能引起学界及业界的关注，如遇专家批评指点则尤有幸焉。

　　以此为序，预致谢忱！

北京出版产业与文化研究基地主任

北京印刷学院传播学学科负责人　　　　魏　超

目 录

第1章　关于研究的说明

1.1　研究背景、基本观点与研究目的

文化是一个国家的战略性资源。常态上，文化建设与政治建设、经济建设相互交织又相对独立。中国文化发展的独特路径和市场化改革带来的冲击实际反映了文化所具有的意识形态属性、公共服务属性和商业属性之间的碰撞，以及此种碰撞对文化制度设计所提出的挑战。

2002年，党的十六大报告将文化建设阐述为两个领域：经营性文化产业和公益性文化事业。经营性文化产业由文化企业主导，追求经济效益是其原始动力；公益性文化事业由政府、文化事业单位等主导，实现公共利益是其目标。中共十六大报告亦强调，不管是文化事业还是文化企业，都需要将社会效益放在首位。公益性文化事业一经确立，其公共文化服务的内涵日益明确，各种巨型国家级"文化工程"成为公共文化建设的重要表征，如由政府主导和公共财政支持的广电"村村通"工程、通信"村村通"工程、"农家书屋"工程、"东风"工程和"文化信息资源共享工程"等。目前，经过十余年的建设，中国大陆地区的公共文化服务体系已直抵广袤的乡村。然而，公共文化建设依托的是计划经济时期形成的体制框架，多年来依托于这个体制的公共文化服务体系一直难于很好地发挥作用，其服务效能和发展的可持续性备受质疑。今后更大规模的公共文化财政投入将面临越来越大的体制性风险。

本项研究认为，以数字化转型为契机，以"三网融合"为抓手，推进公共文化服务体系向需求导向的公共数字文化服务体系转型，是公共文化服务改革的关键。之所以这样认为，主要原因如下。

（1）公众文化资源需求的多层次性、多样性已经日益显现，需求的群聚性特征明显。而自公益性文化事业与经营性文化产业剥离之后，公共文化服务建设一直由政府主导、政府建设、政府评估，供需之间长期缺乏互动，管理部门对公众

需求缺乏把握，逐步掉入生产者导向的陷阱，导致文化资源供给在内容和形式方面供不适求的问题日益严重。

（2）数字传播技术已经渗透到中国城乡的每一个角落。即使在农村地区，网络、手机也已经成为和电视一样重要的媒介。媒介的融合、传播的竞争以及公众媒介使用习惯的变化，正在削弱图书馆等传统公共文化服务体系的价值。

（3）公众文化需求及媒介使用习惯的变化，对进入"深水区"的文化体制改革形成倒逼之势。然而，公共文化服务体系内部的改革动力目前明显不足，须借助外部力量的介入来推进改革，而"三网融合"正是这样一种力量。"三网融合"正促成各行业、各类型的文化资源在产品层面、网络层面和行业层面融合；同时，融合还必将上升到顶层设计层面，即经过多年的剥离，文化事业和产业将在新一轮的发展中产生碰撞。文化的公共服务属性和商业属性间的粘连处，机制的相通处将得以进一步显露。政策调控、生产导向的文化事业与市场调节、需求导向的文化产业的碰撞、融合将有力促进前者转向需求导向的内部机制的改革和再造，见图1-1所示。

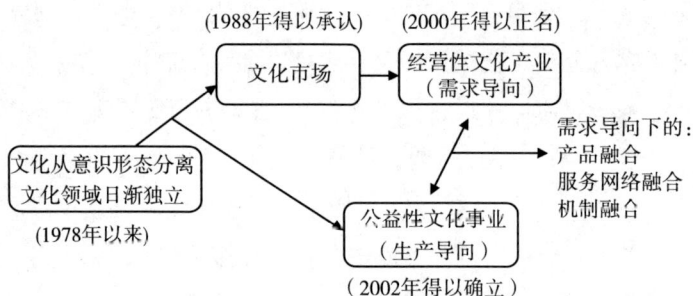

图1-1　公益性文化事业与经营性文化产业的融合

基于以上判断，本研究欲以"三网融合"为背景，以促进文化资源供给和需求之间的对接为目标，通过一定规模的数据调研，了解公共数字文化服务体系在成型过程中，数字文化资源公共需求及使用行为的改变，促进以需求为导向的公共数字文化资源内容生产与服务模式开发，进而整体提升公共数字文化服务体系的可用性、有效性和吸引力。

1.2 研究范畴

目前，囿于传统的行业分割，广电、新闻出版、图书馆、文化馆、博物馆、农家书屋等研究长期各自为政。理论分割也导致公共文化研究对数字文化资源的定义尚有编狭：主要集中在图书馆数字资源而没能反映"三网融合"环境中公众真实的信息行为和"大部制"下正在发生的管理体制变革。数字技术推动的"三网融合"和"大部制"势必要打破既有的研究分界，促进理论融合。

在梳理既有文献的基础上，我们对公共文化服务有如下的认知。

（1）公共文化服务包括公民基本文化权利以及由此产生的公共文化需求和满足公共文化需求的公共文化产品与服务。公共文化服务体系包括公共文化设施、产品、服务及制度体系等要素。

（2）公民文化权利是公共文化服务体系建设的逻辑起点。文化权利包含受教育的权利、文化认同权、文化自决权、文化选择权、参与文化生活的权利、文化创造权、文化财产权、文化补偿权、文化传播权、国际文化合作的权利等。公共文化服务指向公民文化权利平等，但简单概念上的均等尚不能涵盖文化权利平等的所有意涵。

（3）公共文化服务具有多重属性，部分属于公共品，大部分是准公共品。公共服务的主体除了政府之外，还包括公共部门中的公共企业、私人企业、作为第三部门的非营利组织、社区乃至公民个人。公共文化服务的供给方式包括政府供给、市场供给和社会供给。

（4）公共文化服务以满足公民文化需求为价值导向。公共文化服务的形成包括使用者在内的多方参与的共同治理结构。应赋予使用者更多的表达权、知情权、选择权和监督权，通过公共对话提升公共服务的满意度。

通过以上梳理和探讨，本项研究的研究范畴得以扩大和确立。本项研究所关注的数字文化资源包括免费的、需要少量付费的和为了满足个性化需求而需要额外付费的；关注的传输服务网络包括广电网、互联网、移动互联网和公共文化场馆服务网络；关注的公共文化服务供给主体包括公益性文化事业单位、参与供给的文化企业、第三方组织和参与文化资源生产的使用者；关注的治理主体包括政府相关部门，也包括第三方组织、使用者个体。

1.3　关键概念

1.3.1　数字文化资源

经过梳理后发现，目前对数字文化资源需求的研究成果很少，因此应着手建构整合性的研究框架，从最基础的需求调查做起。

本项研究界定了"数字文化资源"的概念以整合不同的行业内容源、传播网络和接收终端。本项研究的"数字文化资源"是指广电网、互联网（含移动互联网）和公共文化场馆服务网络等提供的数字化的文化资源，包括数字化的文字、图片、音频和视频。

"数字文化资源"大体可分为数字阅读资源和数字视听资源两大类。具体而言，"数字阅读资源"指来自广电网、互联网（含移动互联网）和公共文化场馆服务网络等的各类数字化的文字、图片资源。"数字视听资源"指来自广电网、互联网（含移动互联网）和公共文化场馆服务网络等的各类数字化的音频、视频资源。数字阅读资源和数字视听资源之间可以相互转化或聚合，见图1-2所示。

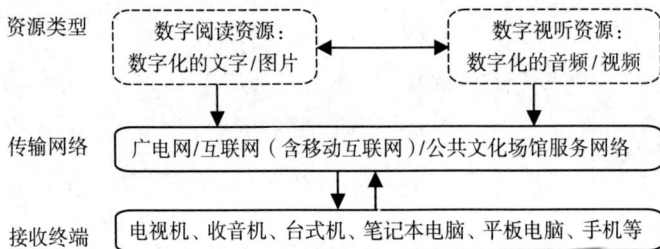

图1-2　数字文化资源概念示意图

1.3.2　文化资源公共需求

本项研究还对"文化资源公共需求"进行了界定和分类。"文化资源公共需求"指公众对文化资源偏好表达的集合。

"文化资源公共需求"分为一般性公共需求和群体性公共需求两大类。文化资源公共需求是相对于文化资源个体需求而言的。个体需求是文化资源需求中最基础的需求，是分散的、多样的、多层次的，极具差异性。具有某些共同文化资源需求偏好的个体聚合成群体，形成具有一定的统一性和规模性的群体性公共需求。不同的文化资源群体性公共需求之间共通的需求又聚合成为一般性公共需求。因此文化资源公共需求聚合的是需求中共通的部分，而不能简单还原为每一个个体的需求，见图1-3所示。

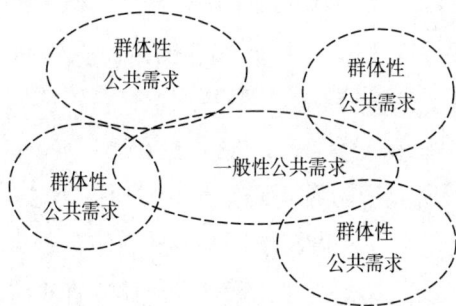

图1-3　文化资源公共需求的概念示意图

1.4　研究框架

目前文化需求研究在理论框架方面主要来自图书馆服务效果评估，缺乏能与数字文化资源需求研究相匹配的、整合性的理论框架。本项研究实验性地提出了一个数字文化资源公共需求与使用研究的理论框架。此理论框架借鉴了多个研究领域的相关研究成果，包括信息行为研究所提出的影响使用者信息需求与行为的要素，技术接受研究所提出的影响使用者接受和使用信息系统的要素，图书馆服务评估研究提出的图书馆服务评估的基本维度等，同时根据中国大陆地区的具体情况和研究需要进行了增减和综合。

这个研究框架的主要特点有：①将文化资源公共需求分为一般性公共需求和群体性公共需求两类。②将数字文化资源分为数字阅读资源和数字视听资源两大部分。③在资源获取上分为三个层级，首先是从广电网、互联网、移动互联网获取的数字文化资源，其次是从公共文化场馆服务网络获取的数字文化资源，最后是使用者参与创造的数字文化资源。④研究指标涉及获取途径、接收终端、使用频次、内容源偏好、主题偏好、付费意愿、使用的动力和障碍、参与资源创造的情况等。

1.5 研究方法

问卷调研法。本项研究的主要数据来自于问卷调研。调查以网络问卷为主，以纸质问卷为辅。网络问卷主要依托网络调查平台，根据地域、年龄、性别、学历、工作、收入、民族等指标，进行配比和抽样。纸质问卷主要用以调查农民工、老年人、留守儿童、少数民族青年等特定群体。纸质问卷和网络问卷所获得数据进行统一整理，并用Excel和SPSS进行分析。

深度访谈法。本项研究把问卷调研作为主导研究方法，并结合深度访谈法，以加深和丰富对数据的解释。深度访谈围绕群体特定的数字文化资源需求进行深入询问，如老年人口、农民工、留守儿童、少数民族青年等。

1.6 本书的总体结构

本书共分七章：第1章为关于研究的说明，第2章为主题报告，第3章至第6章为专题报告，第7章为结论与建议。本书的总体结构见图1-4所示。

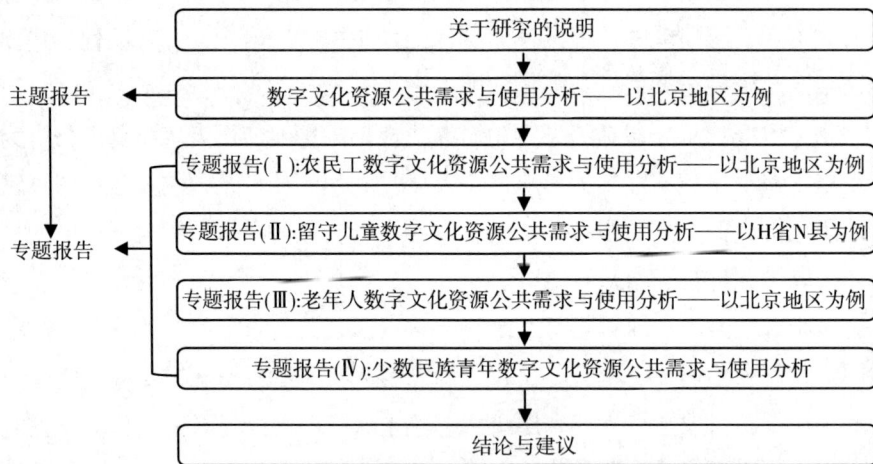

图1-4 本书的总体结构

第2章 主题报告：数字文化资源公共需求与使用分析——以北京地区为例

2.1 基本概念与调查执行情况

此次调查的"北京地区公众"泛指长期生活在北京城乡的人群，而并没有限定于拥有北京户籍的人口，因此，样本中既包括外来务工人员、年轻的"北漂"，也包括在外地退休后随子女长期居住北京的老年人。

本次调查以问卷调查法为主导方法，深度访谈法为辅助性方法。调查的执行分为两个阶段：第一阶段（2013年6-10月），调查人员深入北京城乡，发放纸质问卷，并同步对农民工、老年人等样本进行深度访谈；第二阶段（2013年11-12月）调查人员通过专业的网络调研平台发放网络问卷。调查最终回收有效问卷3339份。

本次调查有效样本所处环境主要为城市，见表2-1所示。在城市化的进程中，大量户籍隶属北京农村的被访者实际工作、生活于城市或县、乡、镇，此次调查也将他们归为城市样本或县、乡、镇样本。调查人员也用这种标准来处理农民工等样本的划归问题。这样处理虽然会造成城市样本比例过大的问题，但也更贴近被访者的实际情况。

表2-1 样本所处环境分布情况（*N*=3339）

目前所处环境	小计	比例（%）
城市	3060	91.64
县/乡/镇	169	5.06
村	110	3.29

此次调查样本男女比例为46.69%∶53.31%，见表2-2所示。

表2-2　样本性别分布（N=3339）

性别	小计	比例（%）
男性	1559	46.69
女性	1780	53.31

样本年龄以20~49岁的中青年群体为主，见表2-3所示。其中，15~19岁年龄段样本主要是年轻的外来务工人员。

表2-3　样本年龄分布（N=3339）

年龄	小计	比例（%）
15~19岁	34	1.02
20~24岁	106	3.17
25~29岁	1084	32.46
30~34岁	655	19.62
35~39岁	492	14.73
40~44岁	488	14.62
45~49岁	144	4.31
50~54岁	80	2.40
55~59岁	79	2.37
60~64岁	50	1.50
65~69岁	52	1.56
70岁及以上	75	2.25

样本职业分布以就业人口为主。其中，企业单位样本占样本总量的42.83%，事业单位样本占样本总量的15.21%，进城务工和在村镇从事非农业生产的样本占样本总量的12.52%，自营职业样本占样本总量的8.33%，见表2-4所示。调查中的"照顾家庭"指在就业年龄段没有就业，而主动留在家照顾家人。

表2-4　样本职业分布（N=3339）

职业类型	小计	比例（%）
企业单位	1430	42.83
事业单位	508	15.21
教育系统	162	4.85
自营职业	278	8.33

职业类型	小计	比例（%）
进城务工/在村镇从事非农业生产	418	12.52
务农	41	1.23
退休	233	6.98
照顾家庭	47	1.41
待业	34	1.02
学生	188	5.63

样本家庭收入以3001~6000元/月为主，占样本总量的31.93%；其次是6001~9000元/月，占样本总量的19.02%，见表2-5所示。

表2-5　样本家庭月收入分布（$N=3339$）

收入	小计	比例（%）
1000元/月及以下	52	1.56
1001~3000元/月	383	11.47
3001~6000元/月	1066	31.93
6001~9000元/月	635	19.02
9001~12000元/月	444	13.30
12001~18000元/月	442	13.24
18001~24000元/月	186	5.57
24001元/月及以上	131	3.92

样本受教育程度以大专/本科为主，占样本总量的57.86%，这与样本主要就业于企事业单位有关；其次是初中、高中和中专，占样本总量的20.45%，见表2-6所示。样本中没上过学及小学教育程度的主要为外来务工人员和老年人。

表2-6　样本受教育程度分布（$N=3339$）

受教育程度	小计	比例（%）
没上过学	7	0.21
小学	64	1.92
初中/高中/中专	683	20.45
大专/本科	1932	57.86
研究生及以上	653	19.56

以下从数字文化资源获取策略、接触频次、内容源与主题偏好、付费情况、公共文化场馆及数字资源接触、创造性参与等各方面对调查结果进行总体性的分析。关于农民工、老年人、少数民族青年等样本群，将另辟专门的章节介绍。

2.2 数字视听资源一般性公共需求与视听行为分析

2.2.1 数字视听资源获取策略

2.2.1.1 视听资源获取方式

调查人员请被访者对数字文化资源获取方式按照常用程度进行了排序。数据显示，通过上网（含移动互联网，下同）使用免费资源居第一位，看电视居第二位，听广播居第三位。值得注意的是，上网使用付费资源居第四位，超过了私人之间流转和通过公共文化场馆借阅等方式，见图2-1所示。

* 选项得分＝（Σ频数×权值）/本题填写人次。权值由选项被排列的位置决定。
例如，3个选项参与排序，那排在第一个位置的权值为3，第二个位置权值为2，第三个位置权值为1。

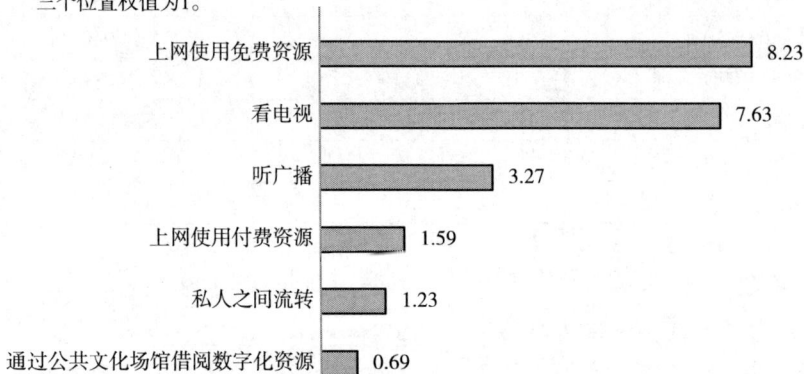

图2-1　常用数字视听资源获取方式（*N*＝3339）

2.2.1.2 视听资源接收终端

调查人员请被访者对数字视听资源接收终端按照常用程度进行了排序。数据显示，手机已经成为公众接收数字视听资源的第一终端，固定电视机居第二位，笔记本、上网本、超级本等居第三位，平板电脑、阅读器等居第四位。移动终端的优势已经十分明显,如图2-2所示。

*选项得分=(∑频数×权值)/本题填写人次。权值由选项被排列的位置决定。例如,
3个选项参与排序,那排在第一个位置的权值为3,第二个位置权值为2,第三个位置
权值为1。

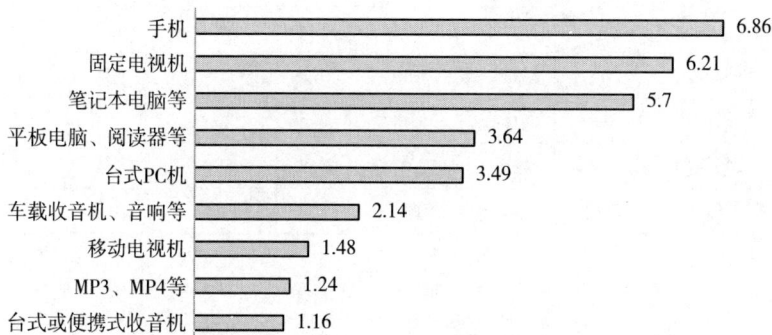

图2-2　常用数字视听资源接收终端(N=3339)

　　综合接收终端与获取方式,可以得知,北京地区公众获取数字视听资源主要有三个策略:首先选择以移动终端等上网获取免费资源,其次是看电视、听广播,最后是上网获取付费资源。

　　调查亦显示,89.46%的被访者是多获取策略的实施者,即他们以多个终端,交叉或同时使用广电网和互联网来获取视听资源。也有部分公众采取了较为单一的获取策略,如5.09%的被访者单纯地看电视,0.18%的被访者单纯地听广播,5.27%的被访者单纯地上网,而不怎么采用其他获取策略。

2.2.2 不同获取策略下的数字视听资源接触频次

　　在"上网"(含移动互联网,下同)方面,54%的被访者每天上网以接触视听资源,23.18%的被访者每周上网以接触视听资源,二者合计,有77.18%的被访者频繁地上网以接触数字视听资源。

　　在"看电视"方面,50.85%的被访者每天看电视,20.19%的被访者每周看电视,二者合计,有71.04%的被访者频繁地看电视以接触数字视听资源。

　　在"听广播"方面,18.60%的被访者每天听广播,15.09%的被访者每周听广播,二者合计,有33.69%的被访者较为频繁地听广播以接触数字视听资源。

　　总体而言,通过上网获取数字视听资源带来的视听资源接触频次最高,其次

是看电视，见表2-7、图2-3所示。

数字文化资源

公共需求与使用研究

表2-7　不同获取策略下的数字视听资源接触频次（N=3339）

获取策略 频次	上网		看电视		听广播	
	小计	比例（%）	小计	比例（%）	小计	比例（%）
每天使用	1803	54.00	1698	50.85	621	18.60
每周使用	774	23.18	674	20.19	504	15.09
偶尔使用	421	12.61	663	19.86	1191	35.67
不使用	341	10.21	304	9.10	1023	30.64

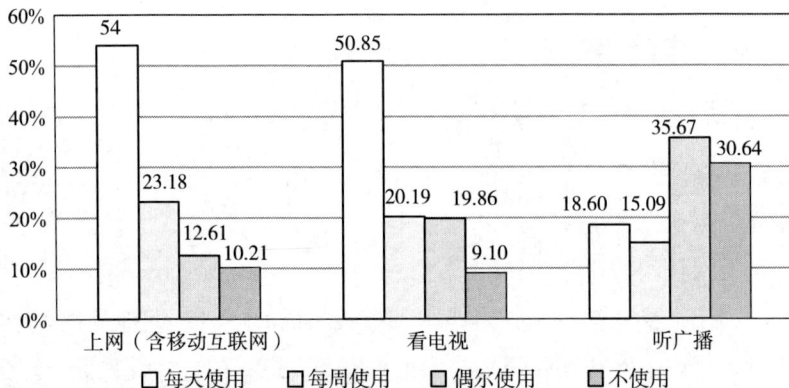

图2-3　不同获取策略下的数字视听资源接触频次（N=3339）

交叉分析还显示，年龄是影响视听资源获取方式及接触频次的重要因素。提取每天接触数字视听资源的样本进行分析，可以发现，45岁是一个明显的"分水岭"：小于45岁的被访者每天更多地上网以接触数字视听资源，而大于45岁的被访者则每天更多地看电视来接触数字视听资源，见表2-8、图2-4所示。

表2-8　不同年龄段样本的视听资源获取方式与接触频次

获取策略与接触频次 年龄	每天看电视		每天听广播		每天上网	
	小计	比例（%）	小计	比例（%）	小计	比例（%）
15~19岁	4	11.76	1	2.94	9	26.47
20~24岁	40	37.74	10	9.43	60	56.60
25~29岁	527	48.62	99	9.13	721	66.51

续表

年龄＼获取策略与接触频次	每天看电视		每天听广播		每天上网	
	小计	比例（%）	小计	比例（%）	小计	比例（%）
30~34岁	320	48.85	138	21.07	387	59.08
35~39岁	224	45.53	105	21.34	255	51.83
40~44岁	228	46.72	107	21.93	246	50.41
45~49岁	92	63.89	37	25.69	50	34.72
50~54岁	59	73.75	17	21.25	26	32.50
55~59岁	64	81.01	25	31.65	20	25.32
60~64岁	37	74.00	25	50.00	11	22.00
65~69岁	46	88.46	30	57.69	13	25.00
70岁及以上	57	76.00	27	36.00	5	6.67

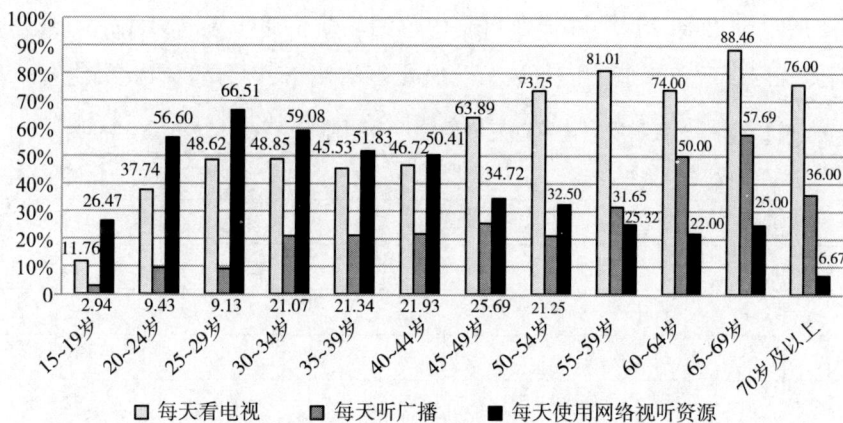

图2-4　不同年龄段样本的视听资源获取方式与接触频次

以上数据也可以与中国互联网的发展历程相互映照。1995年，中国大陆地区的互联网进入大规模商用阶段，当时20多岁的那批上网者现在正是40多岁。随着这批上网者年龄的增长，可以预见，处于"分水岭"的年龄段还会不断向后推移。

2.2.3 基于互联网（含移动互联网）平台的视听内容源偏好

目前，基于互联网（含移动互联网，下同）平台的视听内容源主要有三类：①电影、电视、广播、唱片等传统内容产业生产的内容；②互联网产业自制内容；③互联网使用者创造的内容。整体而言，北京地区公众已经更多地通过上网接触数字视听资源，那么他们偏好哪些视听内容源呢？

当被问及"您经常通过互联网使用哪些视听资源？"时，75.05%的被访者表示经常通过互联网看电影，66.19%的被访者表示经常通过互联网看电视剧，52.47%的被访者表示经常通过互联网收听音乐或看MV，48.34%的被访者则表示经常通过互联网收看各类电视节目，见表2-9、图2-5所示。以上数据显示，虽然偏爱上网所带来的自由、便利和互动，但公众目前仍更多地通过互联网来接触传统内容产业生产的内容。

同时，我们也看到，部分公众已经接受并习惯性地使用互联网产业自制内容和使用者创造的内容。被访者中，32.61%的人经常观看互联网原创电影、微电影，17.91%的人经常听网络原创音乐，17.25%的人经常观看互联网原创节目，15.39%的人经常观看视频网站自制剧集，还有11.17%的人经常观看草根视频，见图2-5所示。目前，互联网产业自制内容的品质正逐步提高，相信当其媲美甚至超越传统内容产业制造的内容后，会有更多的使用者选择观看此类内容源。

表2-9　基于互联网（含移动互联网）平台的视听内容源偏好（*N*=3339）

视听内容源	小计	比例（%）
电影	2506	75.05
电视剧	2210	66.19
音乐（含MV）	1752	52.47
电视节目	1614	48.34
网络原创电影/微电影	1089	32.61
游戏	938	28.09
网络原创音乐（含MV）	598	17.91
网络原创节目（定期、连续播出）	576	17.25
视频网站自制剧集	514	15.39
草根视频	373	11.17
其他	33	0.99

注：多选题，合计百分比大于100%。

电影 75.05
电视剧 66.19
音乐（含MV） 52.47
电视节目 48.34
网络原创电影/微电影 32.61
游戏 28.09
网络原创音乐（含MV） 17.91
网络原创节目（定期、连续播出） 17.25
视频网站自制剧集 15.39
草根视频 11.17

0 10% 20% 30% 40% 50% 60% 70% 80%

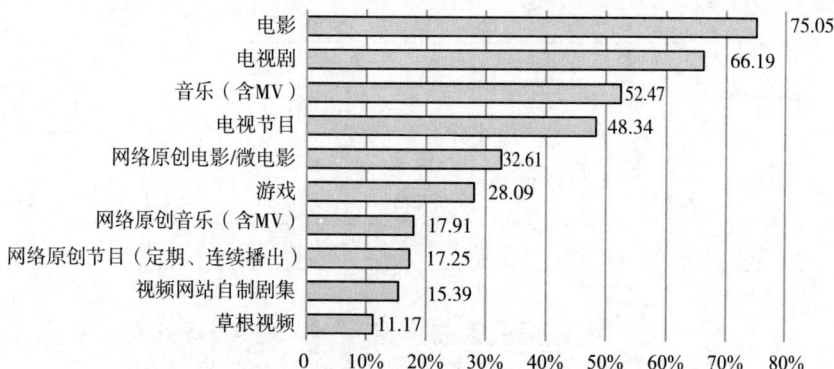

图2-5 基于互联网（含移动互联网）平台的视听内容源偏好（N=3339）

　　交叉分析显示，性别对内容源偏好施加着显著的影响。例如，73.09%的女性经常通过互联网看电视剧，而男性的这个数值是58.31%；54.38%的女性经常通过互联网看电视节目，而男性的这个数值是41.44%；56.29%的女性经常通过互联网听歌或看MV，而男性的这个数值是48.11%。也就是说，女性主要把互联网当成了电影院、电视机和广播的延伸物或替代物。虽然一样喜欢传统内容产业生产的内容，但相较于女性，男性显得更加愿意尝试新的内容源。例如，14.24%的男性经常看草根视频，而女性的这个数值是8.48%。相较于女性，也有更多的男性经常看网络原创电影、微电影、视频网站自制剧集等，见表2-10、图2-6所示。

表2-10 性别与基于互联网（含移动互联网）平台的视听内容源偏好（女性n_1=1708，男性n_2=1559）

性别 内容源	男性		女性	
	小计	比例（%）	小计	比例（%）
电影	1169	74.98	1337	75.11
网络原创电影/微电影	522	33.48	567	31.85
电视剧	909	58.31	1301	73.09
视频网站自制剧集	260	16.68	254	14.27
电视节目	646	41.44	968	54.38
网络原创节目（定期、连续播出）	286	18.35	290	16.29
音乐（含MV）	750	48.11	1002	56.29
网络原创音乐（含MV）	269	17.25	329	18.48

性别 内容源	男性		女性	
	小计	比例（%）	小计	比例（%）
游戏	423	27.13	515	28.93
草根视频	222	14.24	151	8.48
其他	14	0.90	19	1.07

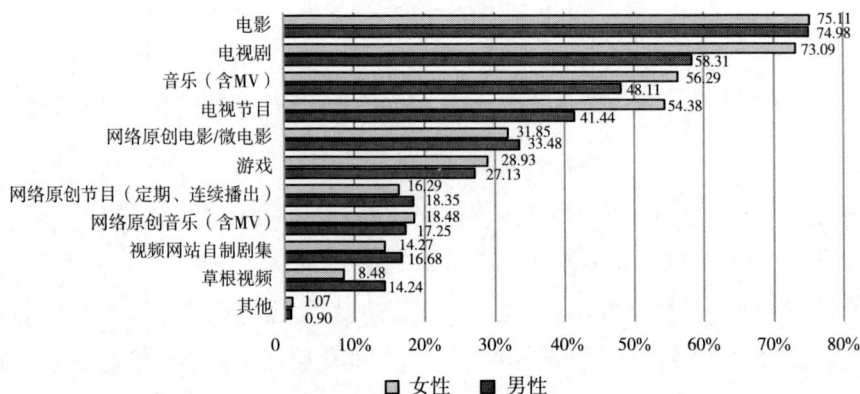

图2-6　性别与基于互联网(含移动互联网)平台的视听内容源偏好(男性 n_1=1559,女性 n_2=1780)

2.2.4 数字视听资源的主题偏好

在研制问卷的过程中，研究人员根据调查对象的表述以及各主要视听平台的内容分类框架将常用视听主题分为34个。

数据显示，新闻主题和影视剧主题为公众所普遍喜爱。55.23%的被访者表示经常使用"新闻时政/军事外交"类资源，51.75%的被访者经常使用"热门影视剧"类资源，46.45%的被访者经常使用"经典影视剧"类资源。其他排名较靠前的视听主题还有"美食"（39.11%）、"综艺"（36.21%）、"热门音乐"（36.06%）、"经典音乐"（35.97%）、"旅游"（35.43%）和"医疗保健养生"（35.40%），见表2-11、图2-7所示。

表2-11　常用视听主题（N=3339）

排序	选项	小计	比例（%）
1	新闻时政/军事外交	1844	55.23

排序	选项	小计	比例（%）
2	热门影视剧	1728	51.75
3	经典影视剧	1551	46.45
4	美食	1306	39.11
5	综艺	1209	36.21
6	热门音乐	1204	36.06
7	经典音乐	1201	35.97
8	旅游	1183	35.43
9	医疗保健养生	1182	35.40
10	名人访谈	972	29.11
11	生活窍门/消费知识	935	28.00
12	脱口秀	899	26.92
13	相声/小品/评书/笑话/广播剧	851	25.49
14	自然科学类纪录片	751	22.49
15	体育	739	22.13
16	投资理财/经营管理	727	21.77
17	人文社会类纪录片	686	20.55
18	汽车	671	20.10
19	选秀/相亲/求职等真人秀	631	18.90
20	政策法律法规/热点案例/纠纷调解	592	17.73
21	名家讲座	520	15.57
22	时尚服饰/健身美容	470	14.08
23	母婴/育儿/家庭教育	372	11.14
24	动漫/游戏/电子竞技	371	11.11
25	远程教育/公开课	324	9.70
26	路况信息	314	9.40
27	有声读物	270	8.09
28	摄影/美术/设计/装修/收藏	267	8.00
29	舞蹈	190	5.69

排序	选项	小计	比例（%）
30	戏曲戏剧	176	5.27
31	致富项目	155	4.64
32	棋类	92	2.76
33	进城务工技能	67	2.01
34	农林畜牧相关技术	54	1.62
35	其他	36	1.08

注：多选题，百分比合计大于100%。

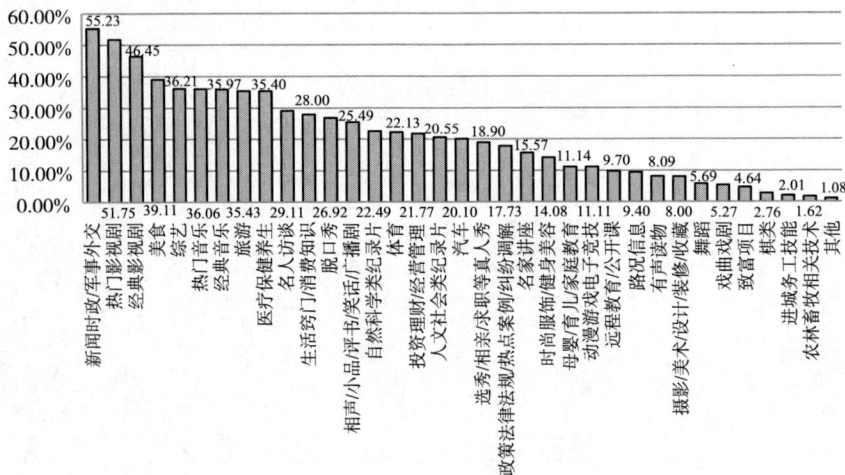

图 2-7　常用视听主题（N =3339）

进一步的分析显示，受教育程度越高的人经常使用的视听主题也越加广泛；受教育程度越高，越多使用知识性的视听主题。如：高中及以下教育程度的被访者对政策法律法规、热点案例、纠纷调解、相声、小品、评书、笑话、广播剧，选秀、相亲、求职等真人秀等视听主题更为偏爱；大专及以上教育程度的被访者则更常使用人文社科类纪录片、名家讲座、远程教育、公开课等视听主题，见表2-12、图2-8所示。

表2-12　教育程度与常用视听主题

（初中及以下 n_1=366，高中/中专 n_2=388，大专及以上 n_3=2585）

教育程度 视听主题	初中及以下		高中/中专		大专及以上	
	小计	比例（%）	小计	比例（%）	小计	比例（%）
新闻时政/军事外交	201	54.92	216	55.67	1427	55.20
医疗保健养生	124	33.88	132	34.02	926	35.82
名人访谈	48	13.11	87	22.42	837	32.38
投资理财/经营管理	20	5.46	62	15.98	645	24.95
生活窍门/消费知识	71	19.40	94	24.23	770	29.79
脱口秀	47	12.84	81	20.88	771	29.83
政策法律法规/热点案例/纠纷调解	116	31.69	84	21.65	392	15.16
热门影视剧	189	51.64	179	46.13	1360	52.61
相声/小品/评书/笑话/广播剧	124	33.88	106	27.32	621	24.02
人文社会类纪录片	25	6.83	50	12.89	611	23.64
经典影视剧	125	34.15	119	30.67	1307	50.56
名家讲座	23	6.28	43	11.08	454	17.56
自然科学类纪录片	41	11.20	59	15.21	651	25.18
热门音乐	68	18.58	106	27.32	1030	39.85
远程教育/公开课	2	0.55	24	6.19	298	11.53
美食	97	26.50	100	25.77	1109	42.90
经典音乐	90	24.59	121	31.19	990	38.30
有声读物	5	1.37	15	3.87	250	9.67
旅游	52	14.21	74	19.07	1057	40.89
选秀/相亲/求职等真人秀	76	20.77	73	18.81	482	18.65
戏曲戏剧	50	13.66	28	7.22	98	3.79
体育	60	16.39	62	15.98	617	23.87
综艺	82	22.40	118	30.41	1009	39.03
舞蹈	12	3.28	30	7.73	148	5.73
汽车	46	12.57	71	18.30	554	21.43
动漫/游戏/电子竞技	35	9.56	47	12.11	289	11.18

教育程度 视听主题	初中及以下		高中/中专		大专及以上	
	小计	比例（%）	小计	比例（%）	小计	比例（%）
农林畜牧相关技术	9	2.46	11	2.84	34	1.32
棋类	7	1.91	8	2.06	77	2.98
时尚服饰/健身美容	17	4.64	40	10.31	413	15.98
进城务工技能	17	4.64	29	7.47	21	0.81
摄影/美术/设计/装修/收藏	12	3.28	25	6.44	230	8.90
母婴/育儿/家庭教育	8	2.19	31	7.99	333	12.88
致富项目	32	8.74	37	9.54	86	3.33
路况信息	17	4.64	19	4.90	278	10.75
其他	3	0.82	6	1.55	27	1.04

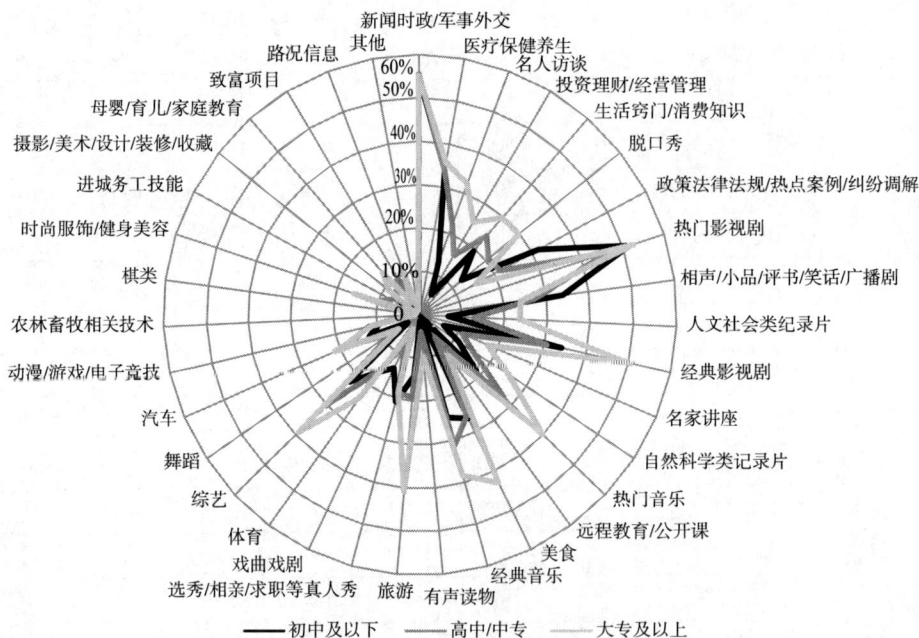

图2-8 教育程度与常用视听主题

2.2.5 本节小结

通过本次调查,我们在数字视听资源方面的主要发现如下。

(1)北京地区公众已经进入数字视听资源移动获取与多屏接收的时代。手机等移动终端成为最常用的终端,为手机流量与宽带接入付费的比例超过了有线电视,上网使用免费或付费资源成为公众最主要的数字视听资源获取方式。

(2)77.18%的被访者频繁地上网以接触数字视听资源;71.04%的被访者频繁地观看电视以接触数字视听资源;33.69%的被访者频繁地收听广播以接触数字视听资源。小于45岁的被访者每天更多地上网以接触数字视听资源,而大于45岁的被访者则每天更多地观看电视来接触数字视听资源。

(3)虽然偏爱上网所带来的自由、便利和互动,但公众目前仍更多地通过互联网来接触传统内容产业生产的内容源。75.05%的被访者经常上网看电影,66.19%的被访者经常上网看电视剧,52.47%的被访者经常上网收听音乐或观看MV,48.34%的被访者经常上网收看各类电视节目。也有部分公众已经接受并习惯性地使用互联网产业自制内容和使用者创造的内容。32.61%的被访者经常观看互联网原创电影、微电影,17.91%的被访者经常听网络原创音乐,17.25%的被访者经常观看互联网原创节目,15.39%的被访者经常观看视频网站自制剧集,还有11.17%的被访者经常观看草根视频。性别对内容源偏好施加着显著的影响。相对于男性,女性更经常通过互联网观看电视剧、电视节目、听歌或观看MV。相对于女性而言,男性更经常观看草根视频、网络原创电影、微电影、视频网站自制剧集等。

(4)新闻和影视剧是最受关注的视听主题。55.23%的被访者关注"新闻时政/军事外交",51.75%的被访者关注"热门影视剧",46.45%的被访者关注"经典影视剧"类资源。其他较受关注的视听主题还有"美食"(39.11%)、"综艺"(36.21%)、"热门音乐"(36.06%)、"经典音乐"(35.97%)、"旅游"(35.43%)和"医疗保健养生"(35.40%)等。调查亦显示,受教育程度越高的人经常使用的视听主题也越加广泛;受教育程度越高的人,越多使用知识性的视听主题。

2.3　重度视听者视听需求与视听行为分析

2.3.1　样本群的划分

在前文的分析中，我们曾提及，北京地区公众获取数字视听资源主要有三个策略：首先选择以移动终端等上网获取免费资源，其次是看电视、听广播，最后是上网获取付费资源。调查亦显示，89.46%的被访者是多获取策略的实施者，即他们以多个终端，交叉或同时使用广电网络和互联网来获取视听资源。也有部分公众采取了较为单一的获取策略，如5.09%的被访者单纯地观看电视，0.18%的被访者单纯地收听广播，5.27%的被访者单纯地上网，而不怎么采用其他获取策略。

此次重度视听样本群的划分主要依据数字视听资源的获取策略与相应的使用频次。具体的划分方式如下，见表2-13、表2-14所示：①抽取经常（每天或每周）上网接触数字视听资源，而不看电视、不听广播的样本152个，将这些样本定义为"单一网络型"重度视听者。②抽取经常（每天或每周）上网接触数字视听资源，偶尔看电视、偶尔听广播的样本594个，将这些样本定义为"网络主导型"重度视听者。③抽取经常（每天或每周）通过互联网使用数字视听资源的同时，还经常（每天或每周）看电视，并且经常（每天或每周）听广播的样本799个，将这些样本定义为"广电网络复合型"重度视听者。④抽取经常（每天或每周）看电视，经常（每天或每周）或偶尔听广播，偶尔上网使用数字视听资源的样本183个，将这些样本定义为"广电主导型"重度视听者。⑤抽取经常（每天或每周）看电视，而不听广播也不上网的样本142个，将这些样本定义为"单一电视型"重度视听者。

表2-13　重度视听样本群的划分依据

获取方式接触频次　样本群	看电视				听广播				上网			
	每天	每周	偶尔	不用	每天	每周	偶尔	不用	每天	每周	偶尔	不用
广电网络复合型	√	√			√	√			√	√		
广电主导型	√	√			√	√	√				√	
单一电视型	√	√						√				√
网络主导型			√				√		√	√		
单一网络型				√			√		√	√	√	

表2-14　不同重度视听样本群的获取视听资源方式与使用频次

获取方式	使用频次	每天使用		每周使用		偶尔使用		不使用	
		小计	比例（%）	小计	比例（%）	小计	比例（%）	小计	比例（%）
广电网络复合型	上网	537	68.93	242	31.07	0	0	0	0
	看电视	559	71.76	220	28.24	0	0	0	0
	听广播	397	50.96	382	49.04	0	0	0	0
广电主导型	上网	0	0	0	0	183	100%	0	0
	看电视	134	73.22	49	26.78	0	0	0	0
	听广播	37	20.22	41	22.40	105	57.38	0	0
单一电视型	上网	0	0	0	0	0	0	0	0
	看电视	124	87.32	18	12.68	0	0	0	0
	听广播	0	0	0	0	0	0	0	0
网络主导型	上网	432	72.73	162	27.27	0	0	0	0
	看电视	0	0	0	0	399	67.17	195	32.83
	听广播	0	0	0	0	252	42.42	342	57.58
单一网络型	上网	118	77.63	34	22.37	0	0	0	0
	看电视	0	0	0	0	0	0	0	0
	听广播	0	0	0	0	0	0	0	0

以下将从人口统计特征、内容源与视听主题偏好等方面对重度视听者进行分析。

2.3.2　人口统计特征比较

通过对年龄、性别、生活和工作环境、教育程度、职业、收入的综合分析，我们发现不同的重度视听群体之间存在着较为显著的人口统计特征差异。

2.3.2.1　年龄

从年轻程度来看，"单一网络型"重度视听者的年龄构成最为年轻，其次是"网络主导型"重度视听者。"单一网络型"重度视听者中，29岁及以下样本占一半以上(51.31%)；25~29岁的样本占48.68%，明显高于样本总体水平(32.46%)和其他重度视听群体水平。"网络主导型"重度视听者中，29岁及以下样本占46.30%；15~19岁样本占1.52%，20~24岁的样本占5.05%，高于样本总体水平和其他重度视听群体水平。

从年老程度来看，"单一电视型"重度视听者的年龄构成最为年老，其次是"广电主导型"重度视听者。"单一电视型"重度视听者中，45岁及以上的样本占78.16%；70岁及以上的样本占25.35%，远远高于样本总体水平（2.25%）及其他重度视听群体水平。在"广电主导型"重度视听者中，45岁及以上的样本占16.40%；40~44岁的样本占21.86%，明显高于样本总体水平（14.62%）和其他重度视听群水平。

"广电网络复合型"重度视听者介于年轻与年老之间，具有一种成熟的年龄构成：30~44岁的样本占58.15%，29岁及以下的样本占29.91%，45岁及以上的样本占11.95%，见表2-15所示。

表2-15　不同重度视听群的年龄分布

样本群 / 年龄	广电网络复合型		广电主导型		单一电视型		网络主导型		单一网络型		样本总体	
	小计	比例(%)	小计	比例(%)	小计	比例(%)	小计	比例(%)	小计	比例(%)	小计	比例(%)
15~19岁	2	0.26	1	0.55	0	0.00	9	1.52	1	0.66	34	1.02
20~24岁	12	1.54	9	4.92	1	0.70	30	5.05	3	1.97	106	3.17
25~29岁	219	28.11	39	21.31	7	4.93	236	39.73	74	48.68	1084	32.46
30~34岁	188	24.13	33	18.03	3	2.11	108	18.18	28	18.42	655	19.62
35~39岁	147	18.87	31	16.94	6	4.23	87	14.65	21	13.82	492	14.73
40~44岁	118	15.15	40	21.86	14	9.86	92	15.49	17	11.18	488	14.62
45~49岁	39	5.01	9	4.92	27	19.01	13	2.19	2	1.32	144	4.31
50~54岁	21	2.70	8	4.37	12	8.45	11	1.85	4	2.63	80	2.40
55~59岁	15	1.93	6	3.28	20	14.08	4	0.67	1	0.66	79	2.37
60~64岁	10	1.28	2	1.09	9	6.34	0	0.00	0	0	50	1.50
65~69岁	7	0.90	4	2.19	7	4.93	1	0.17	0	0	52	1.56
70岁及以上	1	0.13	1	0.55	36	25.35	3	0.51	1	0.66	75	2.25

2.3.2.2 性别

整体而言，重度视听者中男性样本的比例高于女性。

"单一网络型"重度视听者最为男性化，男性样本占此样本群的比例高达65.79%，远高于样本总体水平（46.69%）和其他重度视听群水平。

"单一电视型"重度视听者最为女性化，女性样本占此样本群的比例高达61.97%，明显高于样本总体水平（53.31%）和其他重度视听群水平，见表2-16所示。

表2-16　不同重度视听群的性别分布

性别 样本群	男性		女性	
	小计	比例（%）	小计	比例（%）
广电网络复合型	405	51.99	374	48.01
广电主导型	98	53.55	85	46.45
网络主导型	317	53.37	277	46.63
单一电视型	54	38.03	88	61.97
单一网络型	100	65.79	52	34.21
样本总体	1559	46.69	1780	53.31

2.3.2.3 生活和工作环境

整体而言，本次调查的样本以生活、工作在城市的样本为主，但不同重度视听群在生活和工作环境方面仍体现出较为显著的城乡构成差异。

"单一网络型"重度视听者和"网络主导型"重度视听者中城市样本比例较高。"单一网络型"重度视听者中，城市样本所占比例为97.37%，稍高于其他重度视听群和样本总体水平（91.64%）。其次是"网络主导型"重度视听群，城市样本占其比例为95.12%。

"广电主导型"重度视听者中，县、乡、镇样本所占比例较高，为20.22%，远高于样本总体水平（5.06%）和其他重度视听群水平。

"单一电视型"重度视听者和"广电主导型"重度视听者中农村样本比例较高。"单一电视型"重度视听者中，农村样本所占比例为16.90%，远高于样本总体水平（3.29%）和其他重度视听群水平。其次是"广电主导型"重度视听群，农村样本占其比例为6.56%，见表2-17所示。

见表2-17所示。

表2-17　不同重度视听群生活和工作环境分布

样本群 环境	广电网络 复合型		广电主导型		网络主导型		单一电视型		单一网络型		样本总体	
	小计	比例 (%)	小计	比例 (%)	小计	比例 (%)	小计	比例 (%)	小计	比例 (%)	小计	比例 (%)
城市	722	92.68	149	81.42	565	95.12	116	81.69	148	97.37	3060	91.64
县/乡/镇	48	6.16	37	20.22	23	3.87	2	1.41	3	1.98	169	5.06
村	9	1.16	12	6.56	6	1.01	24	16.90	1	0.66	110	3.29

2.3.2.4 教育程度

"单一电视型"重度视听者的受教育程度以高中/中专及以下为主。在"单一电视型"重度视听者中，受教育程度为初中和高中/中专样本的比例合计为64.08%，没上过学和受教育程度为小学的样本比例合计为21.13%。

"广电主导型"重度视听者教育程度以大专/本科及初、高中为主。在"广电主导型"重度视听者中，受教育程度为大专/本科的样本占57.92%，受教育程度为高中/中专和初中的样本合计为28%。

"广电网络复合型"重度视听者教育程度以大专/本科（69.06%）和研究生及以上（18.74%）为主。大专/本科学历样本在此样本群中所占比例明显高于其他重度视听群水平。

"网络主导型"重度视听群教育程度以大专/本科(53.03%)、研究生及以上(31.48%)为主。

"单一网络型"重度视听者的教育程度以大专/本科（45.39%）、研究生及以上(37.50%)为主。研究生及以上学历的样本在此样本群中所占比例明显高于其他重度视听群水平，见表2-18所示。

表2-18 不同重度视听群的受教育程度分布

样本群 教育程度	广电网络 复合型		广电主导型		网络主导型		单一电视型		单一网络型		样本总体	
	小计	比例 (%)	小计	比例 (%)	小计	比例 (%)	小计	比例 (%)	小计	比例 (%)	小计	比例 (%)
没上过学	1	0.13	0	0	0	0	5	3.52	0	0	7	0.21
小学	5	0.64	4	2.19	4	0.67	25	17.61	0	0	64	1.92
初中	23	2.95	20	10.93	33	5.56	55	38.73	8	5.26	295	8.83
高中/中专	66	8.47	31	16.94	55	9.26	36	25.35	18	11.84	388	11.62
大专/本科	538	69.06	106	57.92	315	53.03	19	13.38	69	45.39	1932	57.86
研究生及以上	146	18.74	22	12.02	187	31.48	2	1.41	57	37.50	653	19.56

2.3.2.5 职业

整体而言，重度视听者以企事业单位工作人员为主。

"单一网络型"重度视听者以企业工作人员（43.42%）、学生（18.42%）为主。学生在此样本群中所占比例高于样本总体水平（1.02%）和其他重度视听群体水平。

"网络主导型"重度视听者以企业工作人员（42.93%）、学生（15.15%）、事业单位工作人员（13.64%）为主。

"广电网络复合型"重度视听者多为企业单位工作人员（51.48%）和事业单位工作人员（19.00%）。在企事业单位和教育系统工作的样本在此样本群中所占比例高于样本总体及其他重度视听群水平。

"广电主导型"重度视听者多为企业工作人员（38.89%）、事业单位工作人员（18.58%）、进城务工者/在农村从事非农业生产者（14.21%）和自营职业者（11.48%）。自营职业者、待业人员在此样本群中所占比例高于其他重度视听群体水平。

"单一电视型"重度视听群以退休人员（48.59%）、进城务工者/在农村从事非农业生产者（30.28%）和务农者（9.15%）为主。退休人员、进城务工者/在农村从事非农业生产者和务农者在此样本群中所占比例高于其他重度视听群，见表2-19所示。

表2-19　不同重度视听群的职业分布

样本群 职业	广电网络复合型		广电主导型		网络主导型		单一电视型		单一网络型		样本总体	
	小计	比例(%)	小计	比例(%)	小计	比例(%)	小计	比例(%)	小计	比例(%)	小计	比例(%)
企业单位	401	51.48	73	38.89	255	42.93	5	3.52	66	43.42	1430	42.83
事业单位	148	19.00	34	18.58	81	13.64	3	2.11	17	11.18	508	15.21
教育系统	47	6.03	5	2.73	27	4.55	1	0.70	5	3.29	162	4.85
自营职业	71	9.11	21	11.48	60	10.10	4	2.82	16	10.53	278	8.33
进城务工/在村镇从事非农业生产	48	6.16	26	14.21	59	9.93	43	30.28	17	11.18	418	12.52
退休	26	3.34	10	5.46	5	0.84	69	48.59	1	0.66	41	1.23
照顾家庭	6	0.77	4	2.19	8	1.35	4	2.82	1	0.66	233	6.98
待业	8	1.03	4	2.19	7	1.18	0	0.00	1	0.66	47	1.41
学生	22	2.82	2	1.09	90	15.15	0	0.00	28	18.42	34	1.02
务农	2	0.26	4	2.19	2	0.34	13	9.15	0	0.00	188	5.63

2.3.2.6 收入

整体而言，重度视听者家庭收入以3001~6000元/月为主。

"单一电视型"重度视听者家庭收入以1001~6000元/月为主。在"单一电视型"重度视听者中，家庭收入1001~3000元/月的样本占27.46%，家庭收入3001~6000元/月的样本占45.77%，二者合计，家庭收入1001~6000元/月的样本占此视听群的73.23%。

"广电主导型""单一网络型""网络主导型"重度视听者家庭收入以6001~9000元/月为主。在"广电主导型"重度视听者中，家庭收入3001~6000元/月的样本占39.89%，家庭收入6001~9000元/月的样本占21.31%，二者合计，家庭收入3001~9000元/月的样本占到此视听群的61%。在"单一网络型"重度视听者中，家庭收入3001~6000元/月的样本占34.21%，家庭收入6001~9000元/月的样本占21.05%，二者合计，家庭收入3001~9000元/月的样本占此视听群的55.26%。在"网络主导型"重度视听者中，家庭收入3001~6000元/月的样本占32.49%，家庭收入6001~9000元/月的样本占20.37%，二者合计，家庭收入3001~

9000元/月的样本占到此视听群的52.86%。

"广电网络复合型"重度视听者家庭收入以3001~18000元/月为主。在"广电网络复合型"重度视听者中,家庭收入3001~6000元/月的样本占24.01%,家庭收入6001~9000元/月的样本占18.49%,家庭收入9001~12000元/月的样本占17.97%,家庭收入12001~18000元/月的样本占17.84%,四者合计,家庭收入3001~18000元/月的样本占此视听群的78.31%。另外,家庭收入9001元/月及以上的较高收入样本在此样本群中所占比例达到48.52%,远远高于其他重度视听群,见表2-20所示。

表2-20 不同重度视听群的收入分布

收入 / 样本群	广电网络复合型		广电主导型		网络主导型		单一电视型		单一网络型	
	小计	比例(%)	小计	比例(%)	小计	比例(%)	小计	比例(%)	小计	比例(%)
1000元及以下/月	8	1.03	0.00	0	20	3.37	1	0.70	6	3.95
1001~3000元/月	62	7.96	24	13.11	93	15.66	39	27.46	18	11.84
3001~6000元/月	187	24.01	73	39.89	193	32.49	65	45.77	52	34.21
6001~9000元/月	144	18.49	39	21.31	121	20.37	26	18.31	32	21.05
9001~12000元/月	140	17.97	14	7.65	72	12.12	4	2.82	18	11.84
12001~18000元/月	139	17.84	13	7.10	47	7.91	5	3.52	14	9.21
18001~24000元/月	60	7.70	15	8.20	29	4.88	1	0.70	5	3.29
24001元及以上/月	39	5.01	5	2.73	19	3.20	1	0.70	7	4.61

2.3.3 数字视听资源获取策略比较

"单一网络型"重度视听者以上网使用免费资源作为第一也是最主要的视听资源获取方式,较少使用其他方式。他们以手机为第一终端,笔记本电脑等为第二终端,台式PC机为第三终端。"网络主导型"重度视听者以上网使用免费资源为第一方式,看电视其次。他们以手机为第一终端,笔记本电脑等为第二终端,平板电脑、阅读器为第三终端。"广电网络复合型"重度视听者以上网使用免费资源作为第一方式,其次是看电视,再次是听广播。他们以手机为第一终端,固定电视机为第二终端,笔记本电脑等为第三终端。"广电主导型"重度视听者以看电视为第一方式,其次是上网使用免费资源,再次是听广播。他们以固定电视机位第一终端，手机为第二终端，笔记本电脑为第三终端。"单一电视型"重度视听者以看电视为第一也是最主要的方式，较少使用其他方式。他们以固定电视机为第一也是最主要的终端，见表2-21所示。

表2-21　不同重度视听群常用资源获取方式排序

样本群	排序	获取方式	得分	接收终端	得分
广电网络复合型	1	上网使用免费资源	8.7	手机	6.97
	2	看电视	8.37	固定电视机	6.88
	3	听广播	5.67	笔记本电脑等	5.88
	4	上网使用付费资源	1.48	平板电脑、阅读器等	3.96
	5	私人之间流转	0.92	车载收音机、音响等	3.73
	6	通过公共文化场馆借阅数字化资源	0.54	台式PC机	3.59
	7			移动电视机	1.93
	8			台式或便携收音机	1.72
	9			MP3、MP4等	1.05
广电主导型	1	看电视	8.87	固定电视机	8.07
	2	上网使用免费资源	7.52	手机	5.95
	3	听广播	4.64	笔记本电脑等	4.13
	4	上网使用付费资源	1.25	车载收音机、音响等	3.16
	5	私人之间流转	0.94	平板电脑、阅读器等	2.89
	6	通过公共文化场馆借阅数字化资源	0.68	台式PC机	2.84
				台式或便携收音机	2.1
				移动电视机	1.87
				MP3、MP4等	1.57
单一电视型	1	看电视	9.92	固定电视机	9.84
	2	私人之间流转	0.21	手机	1.67
	3	通过公共文化场馆借阅数字化资源	0.05	台式PC机	0.44
	4			平板电脑、阅读器等	0.4
	5			移动电视机	0.38
	6			笔记本电脑等	0.37
	7			台式或便携收音机	0.3
	8			车载收音机、音响等	0.13
	9			MP3、MP4等	0.09

样本群	排序	获取方式	得分	接收终端	得分
网络主导型	1	上网使用免费资源	9.4	手机	8.1
	2	看电视	4.85	笔记本电脑等	7.23
	3	上网使用付费资源	2.51	平板电脑、阅读器	4.19
	4	私人之间流转	1.82	台式PC机	3.92
	5	听广播	1.69	固定电视机	3.28
	6	通过公共文化场馆借阅数字化资源	1.03	MP3、MP4等	1.53
	7			移动电视机	1.51
	8			车载收音机、音响等	1.33
	9			台式或便携收音机	0.55
单一网络型	1	上网使用免费资源	9.39	手机	8.09
	2	上网使用付费资源	2.57	笔记本电脑等	7.03
	3	私人之间流转	2.11	台式PC机	4.38
	4	通过公共文化场馆借阅数字化资源	1.16	平板电脑、阅读器等	3.76
	5			MP3、MP4等	1.67
	6			固定电视机	1.63
	7			移动电视机	1.14
	8			车载收音机、音响等	0.99
	9			台式或便携收音机	0.23

2.3.4 基于互联网(含移动互联网)平台的视听内容源偏好

在传统内容产业制作的内容方面,"广电网络复合型"重度视听者中经常看电影(84.60%)、电视剧(76.51%)、电视节目(56.23%)的比例均略高于其他重度视听群和样本总体水平。"网络主导型"重度视听者中经常听音乐(含MV)的比例(64.98%)明显高于其他重度视听群和样本总体水平。

在互联网产业自制的内容方面,"广电网络复合型"重度视听者中经常看网络原创电影微电影(39.92%)、视频网站自制剧集(21.82%)、网络原创节目(25.16%)、网络原创音乐(22.72%)的比例均明显高于其他重度视听群体和样本总体水平。"网络主导型"重度视听者中经常看草根视频(15.15%)的比例高于其他重度视听群。"单一网络型"重度视听者中经常玩游戏(37.50%)的比例明显高于样本总体，见表2-22、图2-9所示。

表2-22 不同重度视听群基于互联网（含移动互联网）平台的视听内容源偏好

样本群 内容源	广电主导型		广电网络复合型		网络主导型		单一网络型		样本总体	
	小计	比例 (%)	小计	比例 (%)	小计	比例 (%)	小计	比例 (%)	小计	比例 (%)
电影	120	65.57	659	84.60	498	83.84	128	84.21	2506	75.05
电视剧	100	54.64	596	76.51	397	66.84	99	65.13	2210	66.19
电视节目	63	34.43	438	56.23	293	49.33	65	42.76	1614	48.34
音乐(含MV)	73	39.89	456	58.54	386	64.98	91	59.87	1752	52.47
网络原创电影/微电影	33	18.03	311	39.92	216	36.36	50	32.89	1089	32.61
视频网站自制剧集	19	10.38	170	21.82	104	17.51	23	15.13	514	15.39
网络原创节目	21	11.48	196	25.16	99	16.67	22	14.47	576	17.25
网络原创音乐(含MV)	16	8.74	177	22.72	118	19.87	26	17.11	598	17.91
游戏	30	16.39	245	31.45	199	33.50	57	37.50	938	28.09
草根视频	8	4.37	99	12.71	90	15.15	20	13.16	373	11.17
其他	0	0.00	10	1.28	11	1.85	6	3.95	33	0.99

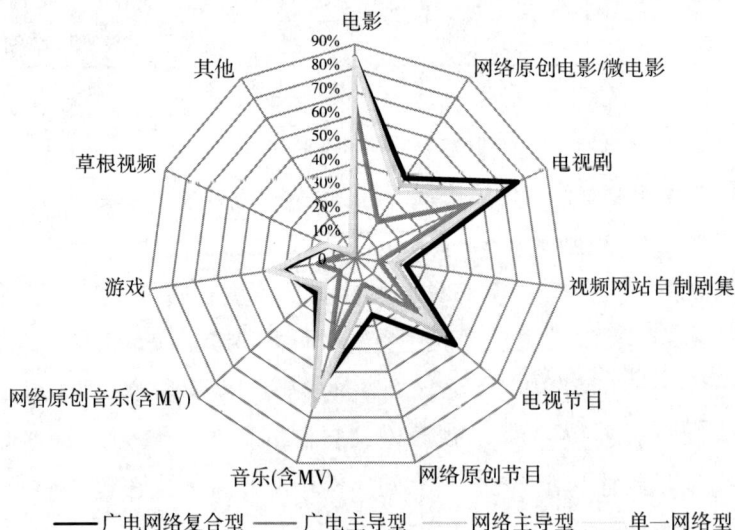

图2-9 不同重度视听群基于互联网（含移动互联网）平台的视听内容源偏好

2.3.5 视听主题偏好比较

"单一网络型"重度视听者更经常使用的数字视听主题有:新闻时政/军事外交（55.26%）、经典影视剧（48.68%）、热门影视剧（40.79%）、经典音乐（40.13%）、人文社会类纪录片（36.18%）等。他们当中经常使用人文社会类纪录片（36.18%）、自然科学类纪录片（32.89%）、体育（22.37%）、动漫/游戏/电子竞技（19.74%）、汽车（14.47%）的比例超过了其他重度视听群。

"网络主导型"重度视听者经常使用的视听主题有新闻时政/军事外交（53.03%）、热门影视剧（49.33%）等。他们中经常使用经典影视剧（48.99%）、经典音乐（39.90%）、热门音乐（37.04%）、综艺（34.18%）、美食（31.31%）、旅游（31.14%）、时尚健身美容（12.63%）、摄影/美术/设计/装修/收藏（10.44%）等视听主题的比例超过了其他重度视听群。

"广电网络复合型"重度视听者经常使用的数字视听主题有:新闻时政/军事外交（64.57%）、医疗保健养生（51.73%）、名人访谈（49.81%）等。他们当中经常使用新闻时政/军事外交（64.57%）、名人访谈（49.81%）、政策法律法规/热点案例/纠纷调解（48.40%）、热门影视剧（43.00%）、生活窍门/消费知识（42.36%）、名家讲座（40.18%）、投资理财/经营管理（39.67%）、脱口秀（39.02%）、远程教育/公开课（30.68%）等资源的比例超过了其他重度视听群。

"广电主导型"重度视听者经常使用的视听主题有新闻时政/军事外交（54.64%）、热门影视剧（36.07%）、医疗保健养生（35.52%）。

"单一电视型"重度视听者经常使用的视听主题有热门影视剧（59.86%）、新闻时政/军事外交（52.82%）、医疗保健养生（38.73%）、政策法律法规/热点案例/纠纷调解（34.51%）。他们当中经常使用热门影视剧（59.86%）、选秀/相亲/求职等真人秀（18.31%）的比例超过了其他重度视听群。见表2-23、图2-10所示。

表2-23　不同重度视听群的视听主题偏好

样本群 视听主题	单一电视型		广电主导型		广电网络 复合型		网络主导型		单一网络型		样本总体	
	小计	比例 (%)	小计	比例 (%)	小计	比例 (%)	小计	比例 (%)	小计	比例 (%)	小计	比例 (%)
新闻时政/军事外交	75	52.82	100	54.64	503	64.57	315	53.03	84	55.26	1844	55.23

样本群 / 视听主题	单一电视型 小计	比例(%)	广电主导型 小计	比例(%)	广电网络复合型 小计	比例(%)	网络主导型 小计	比例(%)	单一网络型 小计	比例(%)	样本总体 小计	比例(%)
医疗保健养生	55	38.73	65	35.52	403	51.73	142	23.91	27	17.76	1728	51.75
名人访谈	17	11.97	45	24.59	388	49.81	147	24.75	31	20.39	1551	46.45
投资理财/经营管理	7	4.93	38	20.77	309	39.67	127	21.38	32	21.05	1201	35.97
生活窍门/消费知识	31	21.83	47	25.68	330	42.36	119	20.03	23	15.13	1204	36.06
脱口秀	13	9.15	52	28.42	304	39.02	130	21.89	27	17.76	1209	36.21
政策法律法规/热点案例/纠纷调解	49	34.51	28	15.30	377	48.40	106	17.85	30	19.74	1306	39.11
热门影视剧	85	59.86	66	36.07	335	43.00	293	49.33	62	40.79	1183	35.43
相声/小品/评书/笑话/广播剧	28	19.72	54	29.51	233	29.91	142	23.91	27	17.76	751	22.49
人文社会类纪录片	12	8.45	23	12.57	203	26.06	170	28.62	55	36.18	686	20.55
经典影视剧	42	29.58	57	31.15	294	37.74	291	48.99	74	48.68	972	29.11
名家讲座	7	4.93	16	8.74	313	40.18	113	19.02	30	19.74	1182	35.40
自然科学类纪录片	7	4.93	28	15.30	235	30.17	178	29.97	50	32.89	851	25.49
热门音乐	7	4.93	48	26.23	257	32.99	220	37.04	48	31.58	899	26.92
远程教育/公开课	1	0.70	7	3.83	239	30.68	104	17.51	31	20.39	727	21.77
美食	34	23.94	54	29.51	228	29.27	186	31.31	40	26.32	739	22.13
经典音乐	18	12.68	46	25.14	256	32.86	237	39.90	61	40.13	935	28.00
有声读物	0	0.00	13	7.10	161	20.67	54	9.09	6	3.95	520	15.57
旅游	11	7.75	56	30.60	152	19.51	185	31.14	39	25.66	592	17.73
选秀/相亲/求职等真人秀	26	18.31	24	13.11	89	11.42	91	15.32	22	14.47	324	9.70
戏曲戏剧	19	13.38	5	2.73	98	12.58	24	4.04	6	3.95	371	11.11
体育	25	17.61	40	21.86	149	19.13	126	21.21	34	22.37	631	18.90
综艺	22	15.49	50	27.32	246	31.58	203	34.18	40	26.32	671	20.10
舞蹈	4	2.82	9	4.92	121	15.53	40	6.73	9	5.92	470	14.08
汽车	5	3.52	25	13.66	77	9.88	85	14.31	22	14.47	267	8.00
动漫/游戏/电子竞技	1	0.70	8	4.37	98	12.58	102	17.17	30	19.74	270	8.09

续表

样本群 视听主题	单一电视型		广电主导型		广电网络 复合型		网络主导型		单一网络型		样本总体	
	小计	比例 (%)	小计	比例 (%)	小计	比例 (%)	小计	比例 (%)	小计	比例 (%)	小计	比例 (%)
农林畜牧相关技术	1	0.70	1	0.55	106	13.61	12	2.02	1	0.66	372	11.14
棋类	2	1.41	2	1.09	116	14.89	15	2.53	3	1.97	314	9.40
时尚服饰/健身美容	5	3.52	8	4.37	65	8.34	75	12.63	14	9.21	190	5.69
进城务工技能	2	1.41	5	2.73	33	4.24	16	2.69	2	1.32	155	4.64
摄影/美术/设计/装修/ 收藏	2	1.41	10	5.46	54	6.93	62	10.44	13	8.55	176	5.27
母婴/育儿/家庭教育	6	4.23	14	7.65	6	0.77	51	8.59	7	4.61	67	2.01
致富项目	5	3.52	9	4.92	35	4.49	30	5.05	3	1.97	92	2.76
路况信息	5	3.52	19	10.38	23	2.95	50	8.42	9	5.92	54	1.62
其他	0	0	2	1.09	7	0.90	13	2.19	3	1.97	36	1.08

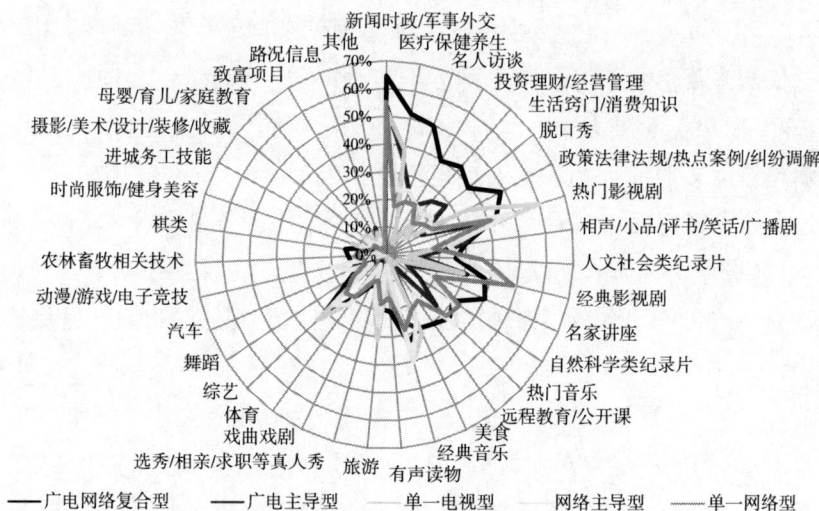

图2-10　不同重度视听群的视听主题偏好

2.3.6　本节小结

依据数字视听资源的获取策略与相应的使用频次,重度视听资源使用者群可以划分为"单一网络型""网络主导型""单一电视型""广电网络复合型""广电主导型"五个群体。这些不同的重度视听者共存于一个大的视听环境下，各得其所。

（1）"单一网络型"重度视听者多为受过大专/本科教育，尤其是研究生及以上教育的城市中青年男性。他们目前多是学生或企业工作人员，家庭收入以3001~9000元/月为主。"单一网络型"重度视听者常用手机、笔记本电脑、台式PC机上网，经常玩网络游戏，看新闻、影视剧等，尤其对人文社会类纪录片、自然科学类纪录片、体育、动漫/游戏/电子竞技、汽车等格外关注。

（2）"网络主导型"重度视听者多为受过大专/本科或研究生教育的城市中青年男女。他们多是企业工作人员、学生、事业单位工作人员，家庭收入以3001~9000元/月为主。"网络主导型"重度视听者常用手机、笔记本电脑、平板电脑、阅读器上网，也看看电视。他们经常看新闻、影视剧，尤其对经典影视剧、音乐、综艺、美食、旅游、时尚健身美容、摄影/美术/设计/装修/收藏、草根视频等格外关注。

（3）"广电网络复合型"重度视听者以受教育程度为大专/本科的城市中年男女为主。他们多是企业工作人员、事业单位工作人员、教育系统工作人员。家庭收入以3001~18000元/月为主。他们经常用手机、笔记本电脑上网，也常用固定电视机看电视，或收听广播。他们兴趣广泛，经常看电影、电视剧、电视节目、网络原创电影、微电影、视频网站自制剧集、网络原创节目、网络原创音乐，对新闻时政/军事外交、名人访谈、政策法律法规/热点案例/纠纷调解、热门影视剧、生活窍门/消费知识、名家讲座、投资理财经营管理、脱口秀、远程教育/公开课等格外关注。

（4）"广电主导型"重度视听者以受教育程度为初中、高中/中专、大专/本科的城市、县/乡/镇的中老年男女为主。他们多是企业工作人员、事业单位工作人员、进城务工人员、在农村从事非农业生产者、自营职业者、待业人员，家庭收入以3001~9000元/月为主。"广电主导型"重度视听者用固定电视机看电视，用手机、笔记本电脑上网，也收听广播，常使用新闻时政/军事外交、热门影视剧、医疗保健养生等视听主题。

（5）"单一电视型"重度视听者以没上过学，或受教育程度为小学、初中和高中/中专的中老年城市及农村女性为主。他们多为退休人员、进城务工者、在农村从事非农业生产者、务农者,家庭收入以1001~6000元/月为主。"单一电视型"重度视听者以固定电视机为第一及最主要的终端,经常看热门影视剧、新闻时政/军事外交、医疗保健养生、纠纷调解等节目,尤其对热门影视剧、选秀/相亲/求职等真人秀格外关注。

(6)在视听资源获取日益便捷、内容日益丰富的当代,"知沟""信息沟"等不再单纯地体现在获取量上,而更多地体现在资源获取策略和获取内容的多样化、均衡化方面。不同重度视听群之间的差异,强调了这一点。

(7)形成不同重度视听群之间区隔的因素中有纵向的时代因素,即在视听媒介数字化进化的历史进程中,不同代际之间形成与生俱来的视听行为差异。形成不同重度视听群之间区隔的因素中也有横向的人口统计因素,如城乡之别、受教育程度的不同、职业差异、收入差距等。这些外在因素逐步内化入视听者的内在思维和行为模式,或拓展,或局限,影响着使用者对终端、获取方式、视听内容源、视听主题等的偏好,终而形塑了使用者的视听模式。

2.4 数字阅读资源一般性公共需求与阅读行为分析

相对于广电系统,新闻出版系统的数字化转型尚处于起步阶段。广电系统从模拟转换到数字,并没有从根本上撼动广电的经营模式,也没有令使用者感到媒介形态上的剧烈变化,因而,过渡也显得相对平滑。新闻出版系统则不然,纸质阅读与数字阅读之间孰优孰劣的争议至今存在,以数字版权为核心的经营模式也尚在摸索中,出版企业仍视纸质出版为当下最重要的盈利项目。为了更好地理解当下的复杂状况,思考未来的趋势,我们尚需从使用者的角度出发,全面审视当下各类阅读平台的接触情况。

2.4.1 阅读资源获取策略

2.4.1.1 阅读资源获取方式

调查人员请被访者对获取各类阅读资源的方式按照常用程度进行了综合排序。数据显示,上网使用免费资源居第一位,已经成为使用者目前最常用的阅读资源获取方式。自行购买纸质的书、报、刊居第二位,使用免费提供或发放的纸质书、报、刊居第三位。由此我们可以看出获取付费或免费的纸质阅读资源仍在使用者的阅读行为中占据重要地位，见图2-11所示。

*选项得分=(Σ频数×权值)/本题填写人次。权值由选项被排列的位置决定。例如，3个选项参与排序，那排在第一个位置的权值为3，第二个位置权值为2，第三个位置权值为1。

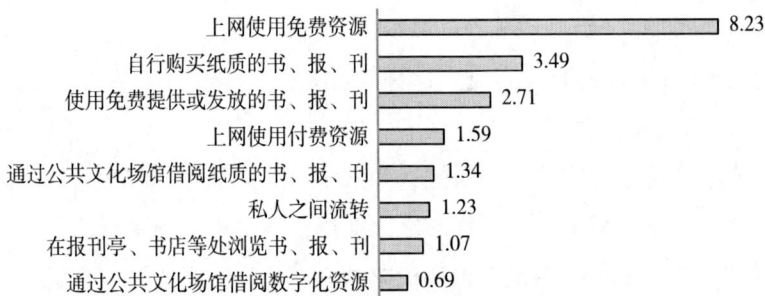

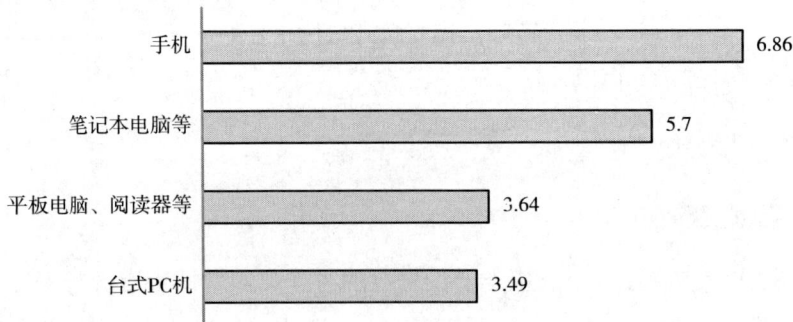

上网使用免费资源 8.23
自行购买纸质的书、报、刊 3.49
使用免费提供或发放的书、报、刊 2.71
上网使用付费资源 1.59
通过公共文化场馆借阅纸质的书、报、刊 1.34
私人之间流转 1.23
在报刊亭、书店等处浏览书、报、刊 1.07
通过公共文化场馆借阅数字化资源 0.69

图2-11 阅读资源获取方式(N=3339)

2.4.1.2 数字阅读资源接收终端

出于对数字阅读资源的格外关注，调查人员也请被访者对各类数字阅读资源接收终端按照常用程度进行了排序。数据显示，在数字阅读资源接收方面移动终端已经获得全面优势：手机已经成为数字阅读资源接收的第一终端；笔记本电脑等居第二位；平板电脑、阅读器等居第三位；台式PC机目前仅居第四位，见图2-12所示。

*选项得分=(Σ 频数×权值)/本题填写人次。权值由选项被排列的位置决定。例如，3个选项参与排序，那排在第一个位置的权值为3，第二个位置权值为2，第三个位置权值为1。

手机 6.86
笔记本电脑等 5.7
平板电脑、阅读器等 3.64
台式PC机 3.49

图2-12 数字阅读资源接收终端(N=3339)

综合分析各类阅读资源获取方式与数字阅读资源接收终端，可知目前北京地区公众获得阅读资源的首要策略是通过手机、笔记本电脑、平板电脑、阅读器等移动终端上网获取免费的数字阅读资源；其次是自行购买纸质的书、报、刊。由此，可以认为北京地区公众已经进入了免费数字阅读为先、付费纸质阅读随后的阶段。

2.4.2 不同获取策略下的阅读资源接触频次

与视听资源的使用类似，北京地区公众的阅读行为也呈现出多平台阅读的模式。近七成的被访者在交叉使用纸质和数字平台来接触阅读资源。

2.4.2.1 纸质阅读平台接触

纸质报纸大多以天为出版周期。本次调查的数据表明，仍有14.26%的被访者每天阅读纸质报纸，另有19.35%的被访者每周阅读纸质报纸，以上二者合计，有33.61%的被访者比较频繁地阅读纸质报纸，见表2-24所示。

表2-24 纸质报纸接触情况（N=3339）

接触频次	小计	比例（%）
每天读	476	14.26
每周读	646	19.35
偶尔读	1394	41.75
不读	823	24.65

传统上，纸质杂志以季、月、半月、周为出版周期。本次调查表明，16.08%的被访者每周阅读纸质杂志，12.43%的被访者每月阅读纸质杂志，另有4.85%的被访者每天阅读纸质杂志，以上三者合计，有33.36%的被访者还较为频繁地阅读纸质杂志。

在纸质图书阅读方面，数据表明，有6.89%的被访者阅读纸质图书的频次为每星期读一本及以上，有10.90%的被访者阅读纸质图书的频次为每月读两三本，有7.91%的被访者阅读纸质图书的频次为每月读一本。以上三者合计，有25.70%的北京市公众仍比较频繁地阅读着纸质图书，每月读书在一本及以上。除此之外，7.73%的被访者两三个月读一本，12.43%的被访者每三四个月读一本。

以上二者合计，有20.16%的北京市公众每季度读书在一本及以上。另外，我们也看到，有24.53%的人已不阅读纸质图书了，见表2-25所示。

表2-25 纸质图书接触情况（*N*=3339）

接触频次	小计	比例（%）
每星期读一本及以上	230	6.89
每月读两三本	364	10.90
每月读一本	264	7.91
两三个月读一本	258	7.73
三四个月读一本	415	12.43
每年读一两本	989	29.62
不读	819	24.53

2.4.2.2 数字阅读平台接触

在数字阅读平台接触方面，有80.44%的被访者接触过数字阅读平台。

数字阅读资源具有高频次接触的内在特质。在接触频次方面，60.89%被访者表示每天使用数字阅读平台，另有13.54%的被访者每周使用数字阅读平台。以上二者合计，有74.43%的被访者比较频繁地接触数字阅读资源，这个数值已经明显超过了纸质阅读平台的相关值，见表2-26所示。

表2-26 数字阅读平台触情况（*N*=3339）

选项	小计	比例（%）
每天使用	2033	60.89
每周使用	452	13.54
偶尔使用	174	5.21
不使用	27	0.81

2.4.2.3 年龄与阅读平台接触

在分析影响视听平台接触偏好的因素时，我们发现45~49岁是一个"分水岭"。那么，在不同的阅读平台接触中，是否也存在这样一个明显区隔呢？为此，我们专门抽取每天阅读纸质报纸的样本，每天、每周或每月阅读纸质杂志的样本，每月读书一本及以上的样本，以及每天使用数字阅读资源的样本并对其进行了分析。

　　分析发现,年龄确实是阅读资源获取策略及接触频次的重要因素,25岁和45岁是两个明显的"分水岭":25~45岁的被访者经常性地通过各类阅读平台来接触阅读资源,其中包括频繁地使用数字阅读平台来获取阅读数字资源;大于45岁的被访者阅读行为减少,并且更多依靠频繁地使用纸质阅读平台来获取阅读资源,见表2-27、图2-13所示。

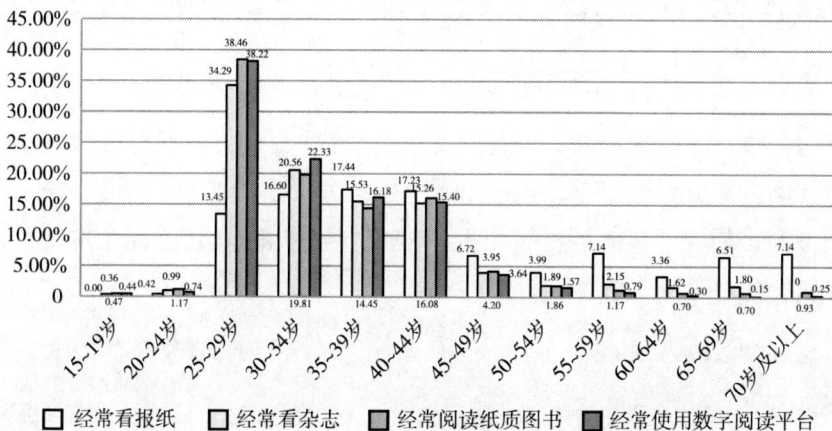

图2-13　不同年龄段样本的阅读资源获取策略与接触频次

表2-27　不同年龄段样本的阅读资源获取策略与接触频次

策略与频次 年龄	经常阅读 纸质报纸		经常阅读 纸质杂志		经常阅读 纸质图书		经常使用 数字阅读平台		样本总体	
	小计	比例 (%)	小计	比例 (%)	小计	比例 (%)	小计	比例 (%)	小计	比例 (%)
15~19岁	0	0.00	4	0.36	4	0.47	9	0.44	34	1.02
20~24岁	2	0.42	11	0.99	10	1.17	15	0.74	106	3.17
25~29岁	64	13.45	382	34.29	330	38.46	777	38.22	1084	32.46
30~34岁	79	16.60	229	20.56	170	19.81	454	22.33	655	19.62
35~39岁	83	17.44	173	15.53	124	14.45	329	16.18	492	14.73
40~44岁	82	17.23	170	15.26	138	16.08	313	15.40	488	14.62
45~49岁	32	6.72	44	3.95	36	4.20	74	3.64	144	4.31
50~54岁	19	3.99	21	1.89	16	1.86	32	1.57	80	2.40
55~59岁	34	7.14	24	2.15	10	1.17	16	0.79	79	2.37

策略与频次 年龄	经常阅读 纸质报纸		经常阅读 纸质杂志		经常阅读 纸质图书		经常使用 数字阅读平台		样本总体	
	小计	比例 (%)	小计	比例 (%)	小计	比例 (%)	小计	比例 (%)	小计	比例 (%)
60~64岁	16	3.36	18	1.62	6	0.70	6	0.30	50	1.50
65~69岁	31	6.51	20	1.80	6	0.70	3	0.15	52	1.56
70岁及以上	34	7.14	18	1.62	8	0.93	5	0.25	75	2.25

2.4.3 基于互联网(含移动互联网)平台的阅读内容源偏好

目前，数字阅读内容源主要有三类：① 纸质书、报、刊等传统内容产业开发的数字阅读源，如电子书、电子报、电子杂志；② 互联网产业自制和集成的数字阅读源，如网易新闻等；③ 互联网使用者创造和组织的数字阅读源，如微博、微信、网络问答、网络百科等。

2.4.3.1 数字阅读内容源偏好

当被问及"通过互联网（含移动互联网，下同），您经常使用的数字阅读源有哪些？"时，74.78%的被访者表示经常阅读网络新闻，见表2-28、图2-14所示。

纸质书、报、刊等传统内容产业开发的数字阅读源已经赢得不少支持。48.13%的被访者经常阅读电子书（含网络小说），46.60%的被访者经常阅读电子报纸（含报纸的手机报、网站、博客、微博、APP、微信等），39.98%的被访者经常阅读电子杂志（含杂志的网站、博客、微博、APP、微信等）。

颇值得关注的是，一些互联网使用者创造和组织的数字阅读源已经有广泛的受众基础：43.58%的被访者经常阅读微博、微信上的大V账号和公共账号；44.26%的被访者经常阅读网络百科；38.81%的被访者经常阅读文库；33.81%的被访者经常阅读网络问答。

表2-28 基于互联网（含移动互联网）平台的阅读内容源偏好（N=3339）

数字阅读源	小计	比例（%）
网络新闻（如网易新闻、腾讯新闻、百度新闻、凤凰新闻等）	2497	74.78
电子书（含网络小说）	1607	48.13

数字阅读源	小计	比例（%）
电子报（含报纸的手机报、网站、博客、微博、APP、微信等）	1556	46.60
网络百科（如维基百科、百度百科等）	1478	44.26
微博、微信上的名人、大V、公众账号等	1455	43.58
电子杂志（含杂志的网站、博客、微博、APP、微信等）	1335	39.98
网络文库（如百度文库、豆丁等）	1296	38.81
网络问答（如百度知道、知乎等）	1129	33.81
网络摄影网站、图片库等	772	23.12
电子政务/政府信息公开	526	15.75
其他	28	0.84

注:多选题,合计百分比大于100%。

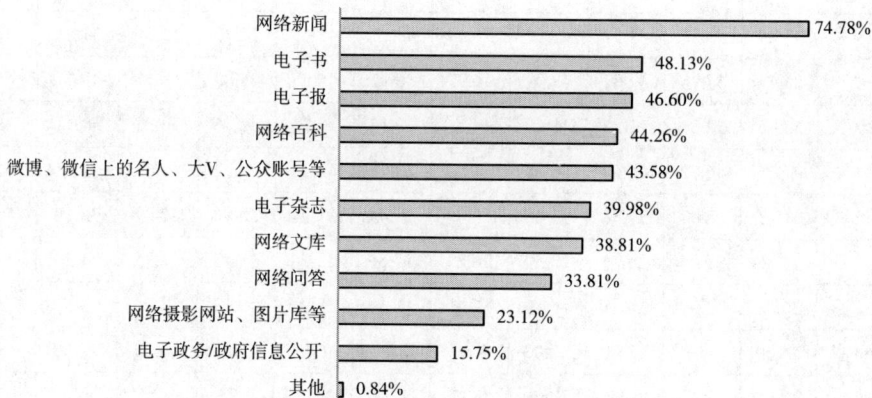

图2-14　基于互联网（含移动互联网）平台的阅读内容源偏好（N=3339）

2.4.3.2 年龄与数字阅读内容源偏好

年龄与数字阅读内容源的偏好之间存在着显的联系。如年龄相对年轻的样本更多地使用电子书，15~19岁样本中使用电子书的比例高达67.65%，远远高于样本总体水平的48.13%；20~24岁样本中使用电子书的比例达到54.72%，25~29岁样本中使用电子书的比例达到56.27%，均明显高于样本总体水平和其他年龄段样本水平。年轻的样本也更多地使用网络问答、网络百科、图片库等。而年龄相对成熟的样本更多地使用网络新闻，25~29岁样本中使用网络新闻的比例为82.29%，30~34岁样本中使用比例为84.12%，35~39岁样本中使用比例为83.13%，40~44岁样本中使用比例为77.25%，均高于样本总体水平。年龄相对成熟的群体中使用电子政务/政府信息公开、网络新闻、网络文库的比例也高于样本总体，见表2-29所示。

表2-29 年龄与数字阅读内容源偏好

阅读源 / 年龄	网络新闻	电子书	电子报	电子杂志	网络百科	网络问答	网络文库	摄影图片库	电子政务/政府信息公开	微博、微信名人、大V、公共账号	本年龄段样本数
15~19岁	44.12	67.65	35.29	41.18	44.12	41.18	41.18	20.59	0.00	32.35	34
20~24岁	49.06	54.72	31.13	18.87	42.45	31.13	27.36	16.04	1.89	33.96	106
25~29岁	82.29	56.27	53.32	47.32	54.34	43.27	43.63	27.77	14.11	51.85	1084
30~34岁	84.12	52.98	52.82	48.09	49.92	36.95	45.95	25.80	18.17	49.77	655
35~39岁	83.13	52.03	51.22	41.46	44.11	33.13	41.26	22.76	20.53	44.51	492
40~44岁	77.25	46.72	44.47	36.68	41.80	28.48	39.34	21.72	18.65	42.01	488
45~49岁	61.11	28.47	37.50	35.42	27.08	19.44	31.94	20.14	20.83	38.19	144
50~54岁	52.50	31.25	26.25	22.50	26.25	27.50	23.75	18.75	13.75	21.25	80
55~59岁	36.71	11.39	29.11	15.19	12.66	11.39	13.92	10.13	13.92	13.92	79
60~64岁	36.00	8.00	18.00	10.00	8.00	8.00	2.00	8.00	10.00	14.00	50
65~69岁	28.85	5.77	9.62	3.85	5.77	5.77	5.77	1.92	3.85	5.77	52
70岁及以上	12.00	4.00	14.67	2.67	5.33	4.00	5.33	4.00	1.33	4.00	75
样本总体水平	74.78	48.13	46.60	39.98	44.26	33.81	38.81	23.12	15.75	43.58	3339

2.4.3.3 性别与数字阅读内容源偏好

性别对数字阅读源的偏好施加着明显的影响。相较于男性，女性更加关注具有人格化特征的信源，如有48.88%的女性被访者经常关注微博、微信上的大V账号、公共账号，而男性为37.52%；又如，有37.02%的女性被访者经常关注网络问答,而男性为30.15%,见表2-30、图2-15所示。

表2-30 性别与数字阅读内容源偏好

性别 内容源	男性		女性	
	小计	比例(%)	小计	比例(%)
网络新闻	1208	77.49	1289	72.42
电子书	703	45.09	904	50.79
电子报	678	43.49	678	43.49
电子杂志	574	36.82	761	42.75
网络百科	677	43.43	801	45.00
网络问答	470	30.15	659	37.02
网络文库	579	37.14	717	40.28
摄影网站、图片库	336	21.55	436	24.49
电子政务	267	17.13	259	14.55
微博、微信名人、大V和公共账号	585	37.52	870	48.88
其他	19	1.22	9	0.51
此性别样本总数	1559		1780	

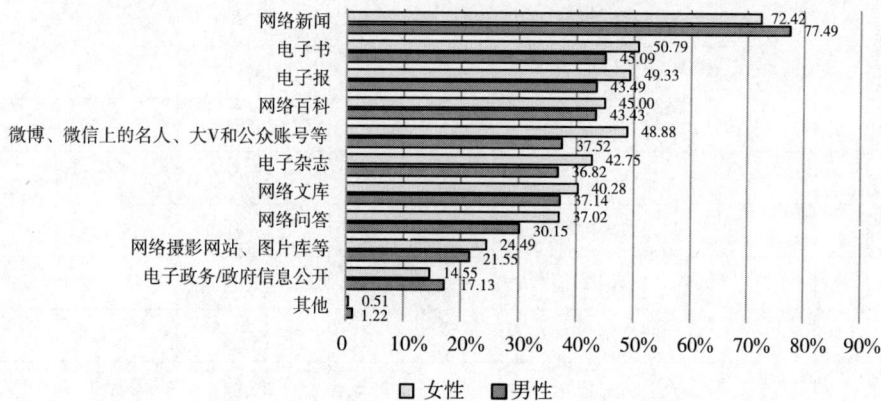

图2-15 性别与数字阅读内容源偏好(男性 n_1=1559,女性 n_2=1780)

2.4.4 阅读资源的主题偏好

2.4.4.1 阅读主题偏好

无论阅读纸质资源还是数字资源,阅读主题仍然是驱动阅读的主要因素。在研制问卷的过程中，根据调查对象的表述以及各主要数字阅读平台的内容分类框架，我们将常用阅读主题分为36个。

当被问及"您日常关注和使用的阅读主题有哪些?"时，绝大部分被访者都选择了三个及以上的阅读主题，显示出了个人日常阅读主题的多样化。

被访者中59.99%的人经常关注和使用"新闻时政/军事外交"类资源；45.04%的人经常关注和使用"美食"类资源。其他排名较靠前的阅读主题还有："旅游"（42.65%）、"音乐/电影/娱乐"（42.53%）、"医疗/保健养生"（41.81%）、"小说"（39.29%）、"生活窍门/消费知识"（38.04%），见表2-31、图2-16所示。

表2-31　常用阅读主题（$N=3339$）

排序	阅读主题	小计	比例（%）
1	新闻时政/军事外交	2003	59.99
2	美食	1504	45.04
3	旅游	1424	42.65
4	音乐/电影/娱乐	1420	42.53
5	医疗/保健养生	1396	41.81
6	小说	1312	39.29
7	生活窍门/消费知识	1270	38.04
8	投资理财/经营管理	964	28.87
9	电脑网络/消费电子	937	28.06
10	时尚服饰/健身美容	871	26.09
11	汽车	786	23.54
12	体育	728	21.80
13	政策法律法规/热点案例	652	19.53
14	历史	638	19.11
15	科技前沿/科普新知	605	18.12
16	家居装饰装修	604	18.09

排序	阅读主题	小计	比例（%）
17	励志/成功/心灵鸡汤	570	17.07
18	地理/社会风俗	557	16.68
19	母婴/育儿/家庭教育	547	16.38
20	文化/艺术	544	16.29
21	人物传记	510	15.27
22	情感/两性/婚姻/家庭	496	14.85
23	社交口才/职场心理	479	14.35
24	房地产信息	463	13.87
25	动漫/游戏/电子竞技	367	10.99
26	摄影/美术/设计/收藏	359	10.75
27	求职信息	318	9.52
28	继续教育/资格考试(含英语)	270	8.09
29	专业研究/学术讨论	269	8.06
30	儿童/青少年课外读物	269	8.06
31	诗歌/散文/杂文	248	7.43
32	哲学/宗教	224	6.71
33	致富项目	223	6.68
34	中/小学教辅	138	4.13
35	进城务工技能	77	2.31
36	农林畜牧相关技术	60	1.80
37	其他	25	0.75

注:多选题,比例之合大于100%。

70%
60%
50%
40%
30%
20%
10%
0

0.5999 0.4265 0.4181 0.3804 0.2806 0.2354 0.1953 0.1812 0.1707 0.1638 0.1527 0.1435 0.1099 0.0952 0.0806 0.0743 0.0668 0.0231 0.0075

0.4504 0.4253 0.3929 0.2887 0.2609 0.218 0.1911 0.1809 0.1668 0.1629 0.1485 0.1387 0.1075 0.0809 0.0806 0.0671 0.0413 0.018

新闻时政/军事外交　美食　旅游　音乐/电影/娱乐　医疗/保健/养生　小说　生活药订消费知识　投资理财/经营管理　电脑网络消费电子　时尚服饰/健身美容　汽车　体育　政策法律法规/热点案例　历史　科技前沿科普新知　家居装饰装修　励志/成功/心灵鸡汤　地理/社会风俗　母婴/育儿/家庭教育　人物传记　文化艺术　情感/两性/婚姻/家庭　社交口才/职场心理　专业研究/学术讨论　动漫游戏电子竞技　求职信息　摄影/美术/设计/收藏　儿童/青少年课外读物　继续教育（含英语）　诗歌/散文/杂文　哲学/宗教　致富项目　中小学教辅　进城务工技能　农林畜牧相关技术　其他

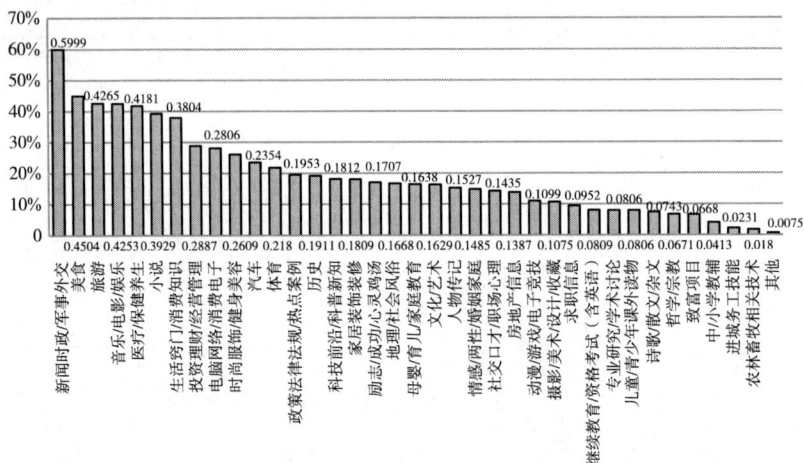

图2-16　常用阅读主题（N=3339）

2.4.4.2 性别与阅读主题偏好

选择男性常用的20个阅读主题与女性常用的20个阅读主题进行比较，可以发现，性别对阅读主题的选择产生了几乎是决定性的影响。

男性常用阅读主题排在第一位的是"新闻时政/军事外交"，有75.69%的男性样本常用这个主题；而这个主题在女性样本中仅仅排第六位，有46.24%的女性样本关注这个主题。"美食"主题在女性常用阅读主题中排第一位，有57.92%的女性常看此类内容；而在男性阅读主题中"美食"只排第十位，有30.34%的男性经常阅读此类内容。"体育""投资理财""科技"等男性常用阅读主题都没有进入女性常用阅读主题的前20位。同样的"时尚服饰健身美容""家居装饰装修""情感/两性/婚姻/家庭"等女性常用阅读主题也都没有进入男性常用阅读主题的前二位，见表2-32所示。

表2-32　男性/女性常用阅读主题对比（男性 n_1=1559，女性 n_2=1780）

性别 排序	男性			女性		
	选项	小计	比例（%）	选项	小计	比例（%）
1	新闻时政/军事外交	1180	75.69	美食	1031	57.92
2	音乐/电影/娱乐	559	35.86	旅游	892	50.11

性别	男性			女性		
排序	选项	小计	比例（%）	选项	小计	比例（%）
3	投资理财/经营管理	556	35.66	医疗保健养生	891	50.06
4	体育	550	35.28	音乐/电影/娱乐	861	48.37
5	旅游	532	34.12	生活窍门/消费知识	851	47.81
6	电脑网络/消费电子	531	34.06	新闻时政/军事外交	823	46.24
7	小说	531	34.06	小说	781	43.88
8	汽车	514	32.97	时尚服饰/健身美容	728	40.90
9	医疗保健养生	505	32.39	家居装饰装修	435	24.44
10	美食	473	30.34	母婴/育儿/家庭教育	410	23.03
11	生活窍门/消费知识	419	26.88	投资理财经营管理	408	22.92
12	科技前沿/科普新知	413	26.49	电脑网络/消费电子	406	22.81
13	历史	397	25.47	励志/成功/心灵鸡汤	340	19.10
14	政策法律法规/热点案例	350	22.45	情感/两性/婚姻/家庭	331	18.60
15	地理/社会风俗	293	18.79	文化/艺术	304	17.08
16	人物传记	293	18.79	政策法律法规/热点案例	302	16.97
17	文化艺术	240	15.39	汽车	272	15.28
18	动漫/游戏/电子竞技	232	14.88	社交口才职场心理	265	14.89
19	励志/成功/心灵鸡汤	230	14.75	地理/社会风俗	264	14.83
20	房地产信息	224	14.37	历史	241	13.54

2.4.4.3 教育程度与阅读主题偏好

相对于视听，阅读行为需要更多智力资源的支持，也有赖于成长和生活环境。进一步的分析显示，受教育程度越高的人经常使用的阅读主题也越加广泛，除了农林畜牧相关技术、进城务工技能，在其他各类阅读主题的使用者中，受教育程度较高的人所占的比例普遍性地高于受教育程度较低的人的比例，见表2-33、图2-17所示。

表2-33　教育程度与常用阅读主题偏好

阅读主题 \ 教育程度	初中及以下		高中		大专及以上	
	小计	比例（%）	小计	比例（%）	小计	比例（%）
新闻时政/军事外交	143	39.07	205	52.84	1655	64.02
医疗保健养生	66	18.03	135	34.79	1195	46.23
小说	58	15.85	118	30.41	1136	43.95
投资理财/经营管理	17	4.64	60	15.46	887	34.31
生活窍门/消费知识	48	13.11	119	30.67	1103	42.67
诗歌/散文/杂文	11	3.01	16	4.12	221	8.55
政策法律法规/热点案例	26	7.10	83	21.39	543	21.01
音乐/电影/娱乐	53	14.48	125	32.22	1242	48.05
文化/艺术	25	6.83	41	10.57	478	18.49
动漫/游戏/电子竞技	12	3.28	34	8.76	321	12.42
励志/成功/心灵鸡汤	19	5.19	55	14.18	496	19.19
哲学/宗教	2	0.55	15	3.87	207	8.01
电脑网络/消费电子	19	5.19	48	12.37	870	33.66
社交口才/职场心理	23	6.28	39	10.05	417	16.13
儿童/青少年课外读物	7	1.91	17	4.38	245	9.48
科技前沿/科普新知	13	3.55	36	9.28	556	21.51
情感/两性/婚姻/家庭	24	6.56	60	15.46	412	15.94
中/小学教辅	6	1.64	10	2.58	122	4.72
美食	56	15.30	117	30 15	1331	51.49
母婴/育儿/家庭教育	17	4.64	43	11.08	487	18.84
继续教育/资格考试(含英语)	1	0.27	24	6.19	245	9.48
旅游	33	9.02	82	21.13	1309	50.64
历史	35	9.56	51	13.14	552	21.35
专业研究/学术讨论	1	0.27	10	2.58	258	9.98
体育	34	9.29	53	13.66	641	24.80
人物传记	37	10.11	52	13.40	421	16.29
农林畜牧相关技术	9	2.46	10	2.58	41	1.59
汽车	39	10.66	65	16.75	682	26.38

教育程度 阅读主题	初中及以下		高中		大专及以上	
	小计	比例（%）	小计	比例（%）	小计	比例（%）
地理/社会风俗	21	5.74	24	6.19	512	19.81
进城务工技能	24	6.56	29	7.47	24	0.93
时尚服饰/健身美容	31	8.47	71	18.30	769	29.75
摄影/美术/设计/收藏	9	2.46	20	5.15	330	12.77
致富项目	23	6.28	40	10.31	160	6.19
家居装饰装修	20	5.46	35	9.02	549	21.24
房地产信息	20	5.46	25	6.44	418	16.17
求职信息	9	2.46	36	9.28	273	10.56
其他	3	0.82	8	2.06	14	0.54

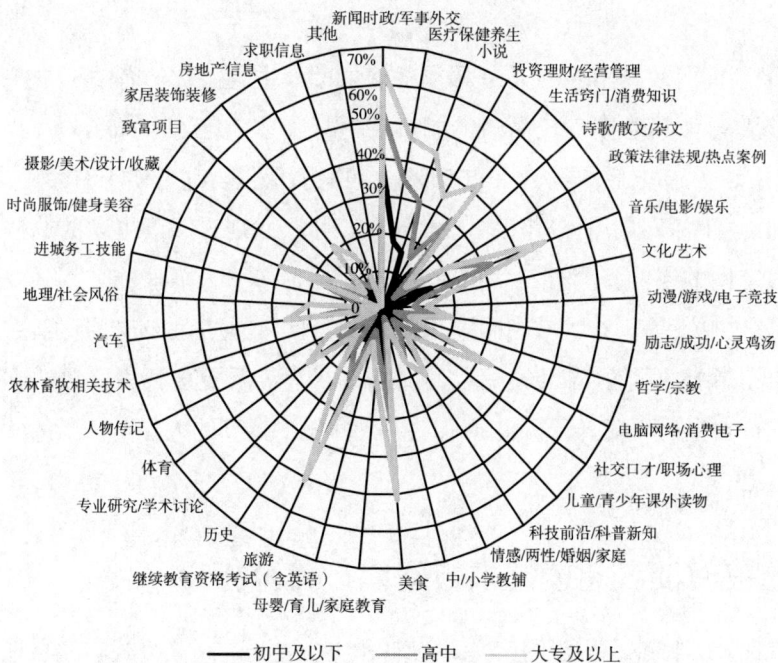

图2-17　教育程度与常用阅读主题偏好

2.4.5 本节小结

通过本次调查，我们的主要发现如下：

（1）北京地区公众已经进入了免费数字阅读为先、付费纸质阅读随后的阶段，近七成的被访者交叉使用数字和纸质平台来接触阅读资源。25~45岁的被访者经常性地通过各类阅读平台来接触阅读资源，其中包括频繁地使用数字阅读平台来获取阅读数字资源；大于45岁的被访者阅读行为减少，并且更多依靠频繁地使用纸质阅读平台来获取阅读资源。

（2）网络新闻是最常用的阅读数字阅读源，74.78%的被访者表示经常阅读网络新闻。其他较常用的数字阅读源还有：电子书（含网络小说）（48.13%）、电子报纸（46.60%）、网络百科（44.26%）、微博微信上的大V账号和公共账号（43.58%）、电子杂志（39.98%）等。如年龄相对年轻的样本更多地使用电子书，性别对数字阅读源的偏好施加着明显的影响。相较于男性，女性更加关注具有人格化特征的信源，如微博、微信上的大V账号、公共账号、网络问答等。

（3）"新闻时政/军事外交"是最受关注的阅读主题。被访者中59.99%的人经常关注此主题。其他排名较靠前的阅读主题还有："美食"（45.04%）、"旅游"（42.65%）、"音乐/电影/娱乐"（42.53%）、"医疗/保健养生"（41.81%）、"小说"（39.29%）、"生活窍门/消费知识"（38.04%）等。性别对阅读主题的选择产生了几乎是决定性的影响。男性常用阅读主题有"新闻时政/军事外交""体育""投资理财""科技"等。女性常用阅读主题有"美食""时尚服饰/健身美容""家居装饰装修""情感/两性/婚姻/家庭"等。阅读行为需要更多智力资源的支持，也有赖于成长和生活环境。分析也显示，受教育程度越高的人经常涉猎的阅读主题也越加广泛。

2.5 重度阅读者阅读需求与阅读行为分析

前文提及，目前多平台阅读是北京地区公众主要的阅读模式。北京地区公众已经进入了免费数字阅读为先、付费纸质阅读随后的阶段。近七成的被访者交叉使用数字和纸质平台来接触阅读资源。只有极少数公众采取了较为单一的获取策略,如有0.42%的被访者单纯地阅读纸质资源,而不阅读数字资源。

2.5.1 重度阅读群的划分

此次重度使用者群的划分主要依据阅读资源的获取策略与相应的使用频次,具体的划分方式如下,见表2-34、表2-35所示。①抽取阅读纸质图书1本/月及以上,每天或每周阅读纸质报纸,每天、每周或每月阅读纸质杂志,同时每周或偶尔阅读数字资源的121个样本,命名为"纸质主导型"重度阅读者。②抽取每天阅读数字资源,同时阅读纸质图书1本/月及以上,每天或每周看纸质报纸,每天、每周或每月看纸质杂志的328个样本,命名为"数字纸质复合型"重度阅读者。③抽取每天阅读数字资源,同时阅读纸质图书1~6本/年,偶尔读纸质报纸,偶尔读纸质杂志的样本451个样本,命名为"数字主导型"重度阅读者。④抽取每天阅读数字资源,而不再使用纸质阅读资源的138个样本,命名为"单一数字型"重度阅读者。

表2-34 重度阅读群划分依据

策略频次 样本群	纸质报纸				纸质杂志					纸质图书			数字阅读资源			
	每天	每周	偶尔	不读	每天	每周	每月	偶尔	不读	1本/月及以上	1~6本/年	不读	每天	每周	偶尔	不读
纸质主导型	√	√			√	√	√			√				√	√	
数字纸质复合型	√	√			√	√	√			√			√			
数字主导型			√					√			√		√			
单一数字型													√	√		

表2-35　不同重度阅读样本群的获取策略与使用频次

纸质主导型

使用频次／获取策略	每天		每周		偶尔		不读	
	小计	比例（%）	小计	比例（%）	小计	比例（%）	小计	比例（%）
数字资源	0	0	104	85.95	17	14.05	0	0
纸质报纸	35	28.93	86	71.07	0	0	0	0

纸质杂志	每天		每周		每月		偶尔		不读	
	小计	比例（%）	小计	比例（%）	小计	比例（%）	小计	比例（%）	小计	比例（%）
	14	11.57	76	62.81	31	25.62	0	0	0	0

纸质图书	1本/月及以		1~6本/年		不读	
	小计	比例（%）	小计	比例（%）	小计	比例（%）
	121	100	0	0	0	0

数字纸质复合型

使用频次／获取方式	每天		每周		偶尔		不读	
	小计	比例（%）	小计	比例（%）	小计	比例（%）	小计	比例（%）
数字资源	328	100	0	0	0	0	0	0
纸质报纸	132	40.24	196	59.76	0	0	0	0

纸质杂志	每天		每周		每月		偶尔		不读	
	小计	比例（%）	小计	比例（%）	小计	比例（%）	小计	比例（%）	小计	比例（%）
	78	23.78	187	57.01	63	19.21	0	0	0	0

纸质图书	1本/月及以		1~6本/年		不读	
	小计	比例（%）	小计	比例（%）	小计	比例（%）
	328	100	0	0	0	0

数字主导型

使用频次／获取方式	每天		每周		偶尔		不读	
	小计	比例（%）	小计	比例（%）	小计	比例（%）	小计	比例（%）
数字资源	451	100	0	0	0	0	0	0
纸质报纸	0	0	0	0	451	100	0	0

纸质杂志	每天		每周		每月		偶尔		不读	
	小计	比例（%）	小计	比例（%）	小计	比例（%）	小计	比例（%）	小计	比例（%）
	0	0	0	0	0	0	451	100	0	0

纸质图书	1本/月及以上		1~6本/年		不读	
	小计	比例（%）	小计	比例（%）	小计	比例（%）
	0	0	451	100	0	0

获取方式	使用频次	每天		每周		偶尔		不读		
		小计	比例（%）	小计	比例（%）	小计	比例（%）	小计	比例（%）	
单一数字型	数字资源	138	100	0	0	0	0	0	0	
	纸质报纸	0	0	0	0	0	0	138	100	

		每天		每周		每月		偶尔		不读	
		小计	比例（%）	小计	比例（%）	小计	比例（%）	小计	比例（%）	小计	比例（%）
单一数字型	纸质杂志	0	0	0	0	0	0	0	0	138	100

		1本/月及以上		1~6本/年		不读		
		小计	比例（%）	小计	比例（%）	小计	比例（%）	
单一数字型	纸质图书	0	0	0	0	0	100	

下面将从人口统计特征、内容源与阅读主题偏好等方面对重度阅读资源使用者进行分析。

2.5.2 人口统计特征比较

通过对年龄、性别、生活和工作环境、教育程度、职业、收入的综合分析，我们发现不同的重度阅读群体之间存在着较为显著的人口统计特征差异。

2.5.2.1 年龄

从年轻程度来看，"单一数字型"重度阅读者的年龄构成最为年轻，其次是"数字主导型"重度阅读者。"单一数字型"重度阅读者中，39岁及以下样本占93.48%；"数字主导型"重度阅读者中，39岁及以下样本占81.81；二者均明显高于样本总体水平（71%），并略高于其他重度阅读群体水平。

从成熟程度来看，"纸质主导型"重度阅读者的年龄构成最为成熟，"纸质主导型"重度阅读者中，40岁及以上的样本占27.28%，略高于样本总体水平（26.76%），并明显高于其他重度阅读群水平。

"数字纸质复合型"重度阅读者介于年轻与成熟之间，具有一种较为均匀的年龄构成：39岁及以下的样本占78.05%，40岁及以上样本占21.94%，见表2-36所示。

表2-36　不同重度阅读群的年龄分布

样本群 年龄	纸质主导型		数字纸质复合型		数字主导型		单一数字型		样本总体	
	小计	比例（%）	小计	比例（%）	小计	比例（%）	小计	比例（%）	小计	比例（%）
15~19岁	1	0.83	0	0	2	0.44	0	0	34	1.02
20~24岁	1	0.83	0	0	6	1.33	1	0.72	106	3.17
25~29岁	47	38.84	141	42.99	200	44.35	56	40.58	1084	32.46
30~34岁	24	19.83	63	19.21	101	22.39	36	26.09	655	19.62
35~39岁	15	12.40	52	15.85	60	13.30	19	13.77	492	14.73
40~44岁	20	16.53	49	14.94	59	13.08	17	12.32	488	14.62
45~49岁	8	6.61	11	3.35	10	2.22	5	3.62	144	4.31
50~54岁	3	2.48	4	1.22	7	1.55	2	1.45	80	2.40
55~59岁	1	0.83	5	1.52	3	0.67	1	0.72	79	2.37
60~64岁	0	0	2	0.61	1	0.22	0	0	50	1.50
65~69岁	0	0	0	0	0	0	1	0.72	52	1.56
70岁及以上	1	0.83	1	0.30	2	0.44	0	0	75	2.25

2.5.2.2 性别

整体而言，重度阅读者中女性样本的比例高于男性。

"纸质主导型"重度阅读者最为女性化，女性样本占此样本群的比例达63.63%；其次是"数字纸质复合型"重度阅读者，女性样本占此样本群的比例达62.50%，二者均明显高于样本总体水平（53.31%）和其他重度阅读群水平。

"单一数字型"重度阅读者最为男性化，男性样本占此样本群的比例达51.45%，明显高于样本总体水平（46.69%）和其他重度阅读群水平，见表2-37所示。

表2-37　不同重度阅读群的性别分布

样本群 性别	纸质主导型		数字纸质复合型		数字主导型		单一数字型		样本总体	
	小计	比例（%）	小计	比例（%）	小计	比例（%）	小计	比例（%）	小计	比例（%）
男性	44	36.36	123	37.50	215	47.67	71	51.45	1559	46.69
女性	77	63.63	205	62.50	236	52.33	67	48.55	1780	53.31

2.5.2.3 生活和工作环境

整体而言,本次调查的样本以生活、工作在城市的样本为主,但不同重度阅读群在生活和工作环境方面仍体现出较为显著的城乡构成差异,见表2-38所示。

"数字纸质复合型"重度阅读者和"纸质主导型"重度阅读者中城市样本比例较高。"数字纸质复合型"重度阅读者中,城市样本所占比例为96.65%,稍高于其他重度阅读群和样本总体水平(91.64%)。其次是"纸质主导型"重度阅读群,城市样本占其比例为94.21%。

"数字主导型"重度阅读者中,县/乡/镇样本所占比例为8.65%,明显高于样本总体水平(5.06%)和其他重度阅读群水平。"单一数字型"重度阅读者中,县/乡/镇样本比例(5.79%)高于"纸质主导型"重度阅读者,低于"数字主导型"重度阅读者。

表2-38 不同重度阅读群生活和工作环境分布

样本群 / 环境	纸质主导型		数字纸质复合型		数字主导型		单一数字型		样本总体	
	小计	比例(%)	小计	比例(%)	小计	比例(%)	小计	比例(%)	小计	比例(%)
城市	114	94.21	317	96.65	410	90.91	129	93.48	3060	91.64
县/乡/镇	6	4.96	7	2.13	39	8.65	8	5.79	169	5.06
村	1	0.83	4	1.22	2	0.44	1	0.72	110	3.29

2.5.2.4 受教育程度

"数字纸质复合型"重度阅读者受教育程度相对较高,受教育程度为大专/本科(77.44%)和研究生及以上(19.21%)的样本合计占此样本群的96.65%。其次是"纸质主导型"重度阅读者,受教育程度为大专/本科(83.47%)和研究生及以上(12.40%)的样本合计占此样本群的95.87%。再次是"数字主导型"重度阅读者,受教育程度为大专/本科(70.73%)和研究生及以上(21.51%)的样本合计占此样本群的92.24%。

"单一数字型"重度阅读者的受教育程度相对较低,受教育程度为高中/中专(20.29%)、初中(2.17%)和小学(1.45%)的样本合计占此样本群的23.91%,远高于其他重度阅读群,见表2-39所示。

表2-39　重度阅读群的教育程度分布

样本群 教育程度	纸质主导型		数字纸质复合型		数字主导型		单一数字型		样本总体	
	小计	比例（%）	小计	比例（%）	小计	比例（%）	小计	比例（%）	小计	比例（%）
没上过学	0	0	0	0	0	0	0	0	7	0.21
小学	0	0	0	0	0	0	2	1.45	64	1.92
初中	0	0	5	1.52	7	1.55	3	2.17	295	8.83
高中/中专	5	4.13	6	1.83	28	6.21	28	20.29	388	11.62
大专/本科	101	83.47	254	77.44	319	70.73	82	59.42	1932	57.86
研究生及以上	15	12.40	63	19.21	97	21.51	23	16.67	653	19.56

2.5.2.5 职业

整体而言，重度阅读者以企事业单位工作人员为主。

"纸质主导型"重度阅读者多为企业工作人员（57.02%）、事业单位工作人员（23.14%）和教育系统工作人员（8.26%），三者合计占到样本群的88.42%；"数字纸质复合型"重度阅读者也多为企业单位工作人员（53.35%）、事业单位工作人员（25.30%）和教育系统工作人员（8.54%），三者合计占到样本群的87.19%；以上两个数值均远远高于样本总体水平（62.89%）。

"单一数字型"重度阅读者以企业工作人员（47.10%）、自营职业者（20.29%）、进城务工者/在村镇从事非农业生产者（12.32%）等为主。"数字主导型"重度阅读者以企业工作人员（57.65%）、自营职业者（10.64%）、学生（8.43%）等为主，见表2-40所示。

表2-40　不同重度阅读群的职业分布

样本群 职业类型	纸质主导型		数字纸质复合型		数字主导型		单一数字型		样本总体	
	小计	比例（%）	小计	比例（%）	小计	比例（%）	小计	比例（%）	小计	比例（%）
企业单位	69	57.02	175	53.35	260	57.65	65	47.10	1430	42.83
事业单位	28	23.14	83	25.30	64	14.19	16	11.59	508	15.21
教育系统	10	8.26	28	8.54	17	3.77	2	1.45	162	4.85

职业类型\样本群	纸质主导型		数字纸质复合型		数字主导型		单一数字型		样本总体	
	小计	比例 (%)	小计	比例 (%)	小计	比例 (%)	小计	比例 (%)	小计	比例 (%)
自营职业	4	3.31	23	7.01	48	10.64	28	20.29	278	8.33
务农	0	0	0	0	1	0.22	0	0	41	1.23
进城务工/在村镇从事非农业生产	3	2.48	4	1.22	9	2.00	17	12.32	418	12.52
照顾家庭	2	1.65	2	0.61	6	1.33	2	1.45	47	1.41
学生	3	2.48	7	2.13	38	8.43	6	4.35	188	5.63
退休	1	0.83	3	0.91	4	0.89	2	1.45	233	6.98
待业	1	0.83	3	0.91	4	0.89	0	0.00	34	1.02

2.5.2.6 收入

"纸质主导型"和"数字纸质复合型"的重度阅读者收入相对较高,以家庭收入9001元/月及以上为主。在"纸质主导型"重度阅读者中,家庭收入9001元/月及以上的样本占样本群的62.81%;在"数字纸质复合型"重度阅读者中,家庭收入9001元/月及以上的样本占样本群的61.28%;以上两个数值均明显高于样本总体水平(36.03%)。

"数字主导型"和"单一数字型"重度阅读者收入相对较低。在"数字主导型"重度阅读者中,家庭收入3000元/月及以下的样本占13.97%,3001~9000/月的样本占56.98%;在"单一数字型"重度阅读者中,家庭收入3000元/月及以下的样本占13.04%;3001~9000元/月的样本占55.79%;以上数值均高于样本总体水平和其他样本群水平。值得关注的是,"单一数字型"重度阅读者中,收入24001元/月及以上的样本所占比为6.52%,高于样本总体水平和其他重度阅读群水平,见表2-41所示。

表2-41　不同重度阅读群的收入分布

样本群 / 收入	纸质主导型		数字纸质复合型		数字主导型		单一数字型		样本总体	
	小计	比例 (%)	小计	比例 (%)	小计	比例 (%)	小计	比例 (%)	小计	比例 (%)
1000元/月及以下	3	2.48	3	0.91	9	2.00	3	2.17	52	1.56
1001~3000元/月	4	3.31	17	5.18	54	11.97	15	10.87	383	11.47
3001~6000元/月	16	13.22	58	17.68	147	32.59	48	34.78	1066	31.93
6001~9000元/月	22	18.18	49	14.94	110	24.39	29	21.01	635	19.02
9001~12000元/月	17	14.05	52	15.85	54	11.97	20	14.49	444	13.30
12001~18000元/月	33	27.27	100	30.49	45	9.98	10	7.25	442	13.24
18001~24000元/月	20	16.53	33	10.06	20	4.43	4	2.90	186	5.57
24001/月元及以上	6	4.96	16	4.88	12	2.66	9	6.52	131	3.92

2.5.3 基于互联网(含移动互联网)平台的阅读内容源偏好比较

在阅读源偏好方面,"数字纸质复合型"重度阅读者常用阅读源最为广泛,他们经常阅读网络新闻(91.77%)、电子报(75.00%)、电子书(69.21%)、电子杂志(67.68%),也经常阅读关注网络百科(66.16%)和微博、微信上的名人、大V账号、公众账号(61.89%)等。除网络文库外,他们当中经常使用各类内容源的比例都明显高于样本总体和其他样本群水平。

相对于其他重度阅读群,"单一数字型"重度阅读者兴趣相对集中于高频次更新的、具有信息流特征的内容源:他们当中经常阅读网络新闻的比例最高,达到94.20%,远远高于样本整体水平(74.78%),明显高于"纸质主导型"重度阅读者(85.12%)和"数字主导型"重度阅读者(86.70%),并略高于"数字纸质复合型"重度阅读者(91.77%)。"单一数字型"重度阅读者经常阅读微博、微信上的名人、大V账号、公众账号的比例为59.42%,仅次于"数字纸质复合型"重度阅读者。

"数字主导型"重度阅读者中经常使用各类内容源的比例基本介于"数字纸质复合型"重度阅读者和"单一数字型"重度阅读者之间。他们经常使用网络新闻（86.70%）、电子书（56.32%）、微博、微信上的名人、大 V 账号、公众账号（54.55%）等。

　　除了经常使用网络新闻、电子报、电子书等，"纸质主导型"重度阅读者还对网络文库有明显的偏好，他们当中经常使用网络文库的比例最高，达到48.76%，明显高于样本总体水平和其他样本群水平。"纸质主导型"重度阅读者中经常使用电子政务/政府信息公开的比例也较高，达到23.14%，仅次于"数字纸质复合型"重度使用者，明显高于其他重度阅读者和样本总体水平，见表2-42、图2-18所示。

表2-42　不同重度阅读群基于互联网（含移动互联网）平台的阅读内容源偏好

内容源＼样本群	纸质主导型		数字纸质复合型		数字主导型		单一数字型		样本总体	
	小计	比例（%）	小计	比例（%）	小计	比例（%）	小计	比例（%）	小计	比例（%）
网络新闻	103	85.12	301	91.77	391	86.70	130	94.20	2497	74.78
电子书(含网络小说)	63	52.07	227	69.21	254	56.32	68	49.28	1607	48.13
电子报	72	59.50	246	75.00	223	49.45	64	46.38	1556	46.60
电子杂志	50	41.32	222	67.68	215	47.67	51	36.96	1335	39.98
网络百科	70	57.85	217	66.16	216	47.89	65	47.10	1478	44.26
网络问答	36	29.75	173	52.74	194	43.02	48	34.78	1129	33.81
网络文库	59	48.76	156	47.56	211	46.78	54	39.13	1296	38.81
网络摄影网站、图片库等	20	16.53	148	45.12	115	25.50	36	26.09	772	23.12
电子政务/政府信息公开	28	23.14	76	23.17	83	18.40	26	18.84	526	15.75
微博、微信名人、大V、公众账号	34	28.10	203	61.89	246	54.55	82	59.42	1455	43.58
其他	0	0	5	1.52	4	0.89	3	2.17	28	0.84

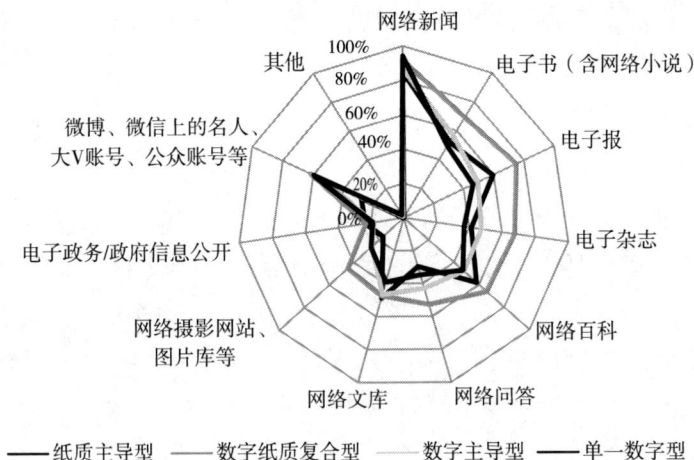

图2-18　不同重度阅读群基于互联网(含移动互联网)平台的阅读内容源偏好

2.5.4 阅读主题偏好

"纸质主导型"重度阅读者，常用的阅读主题呈现出强烈的生活气息。他们经常阅读的主题有"医疗保健养生"（63.64%）、"美食"（60.33%）、"生活窍门/消费知识"（52.89%）、"音乐/电影/娱乐"（51.24%）、"小说"（49.59%）、"新闻时政/军事外交"（48.76%）、"电脑网络/消费电子"（42.15%）、"旅游"（40.50%）、"时尚服饰/健身美容"（31.40%）、"投资理财/经营管理"（30.58%）等。"纸质主导型"重度阅读者中常使用"励志/成功/心灵鸡汤"（23.14%）、"情感/两性/婚姻/家庭"（18.18%）、"儿童/青少年课外读物"（12.40%）等阅读主题的比例高于样本总体和其他样本群水平。

"数字纸质复合型"重度阅读者阅读主题最为广泛。他们常用的阅读主题有"新闻时政/军事外交"（58.84%）、"旅游"（72.26%）、"美食"（69.21%）、"医疗保健养生"（68.29%）、"音乐/电影/娱乐"（60.67%）、"小说"（60.67%）、"生活窍门/消费知识"（60.37%）、"电脑网络/消费电子"（50.61%）、"时尚服饰/健身美容"（46.95%）、"汽车"（41.46%）、"家居装饰装修"（37.5%）、"投资理财/经营管理"（37.5%）等。除个别主题外，"数字纸质复合型"重度阅读者中使用各个阅读主题的比例都超过了样本总体和其他样本群的水平。

"数字主导型"重度阅读者常用的阅读主题为"新闻时政/军事外交"

（68.51%）、"美食"（49.89%）、"旅游"（47.45%）、"音乐/电影/娱乐"（47.01%）、"医疗保健养生"（43.02%）、"小说"（42.79%）、"生活窍门/消费知识"（41.46%）、"投资理财/经营管理"（34.59%）、"电脑网络/消费电子"（31.04%）等。"数字主导型"重度阅读者中使用"新闻时政/军事外交"（68.51%）、"投资理财/经营管理"（34.59%）、"母婴/育儿/家庭教育"（20.18%）、"动漫/游戏/电子竞技"（15.52%）的比例都超过了样本总体和其他样本群的水平。

"单一数字型"重度阅读者经常阅读的主题有"新闻时政/军事外交"（63.77%）、"音乐/电影/娱乐"（44.20%）、"美食"（39.13%）、"生活窍门/消费知识"（39.13%）、"旅游"（38.41%）、"医疗保健养生"（35.51%）、"小说"（35.51%）、"电脑网络/消费电子"（32.61%）。"单一数字型"重度阅读者中使用"科技前沿/科普新知"（24.64%）、"房地产信息"（19.57%）、"求职信息"（15.22%）、"致富项目"（12.32%）、"进城务工技能"（5.80%）等阅读主题的样本比例明显高于样本总体和其他样本群水平，见表2-43、图2-19所示。

表2-43 不同重度阅读群常用阅读主题

阅读主题 \ 样本群	纸质主导型		数字纸质复合型		数字主导型		单一数字型		样本总体	
	小计	比例（%）	小计	比例（%）	小计	比例（%）	小计	比例（%）	小计	比例（%）
新闻时政/军事外交	59	48.76	192	58.84	309	68.51	88	63.77	2003	59.99
医疗保健养生	77	63.64	224	68.29	194	43.02	49	35.51	1396	41.81
小说	60	49.59	199	60.67	193	42.79	49	35.51	1312	39.29
投资理财/经营管理	37	30.58	108	32.93	156	34.59	37	26.81	964	28.87
生活窍门/消费知识	64	52.89	198	60.37	187	41.46	54	39.13	1270	38.04
诗歌散文杂文	12	9.92	48	14.63	29	6.43	9	6.52	248	7.43
政策法律法规/热点案例	26	21.49	79	24.09	87	19.29	24	17.39	652	19.53
音乐/电影/娱乐	62	51.24	199	60.67	212	47.01	61	44.20	1420	42.53
文化艺术	22	18.18	84	25.61	70	15.52	19	13.77	544	16.29
动漫/游戏/电子竞技	11	9.09	37	11.28	70	15.52	15	10.87	367	10.99
励志/成功/心灵鸡汤	28	23.14	73	22.26	69	15.30	20	14.49	570	17.07

样本群 / 阅读主题	纸质主导型		数字纸质复合型		数字主导型		单一数字型		样本总体	
	小计	比例（%）	小计	比例（%）	小计	比例（%）	小计	比例（%）	小计	比例（%）
哲学/宗教	8	6.61	35	10.67	25	5.54	14	10.14	224	6.71
电脑网络/消费电子	51	42.15	166	50.61	140	31.04	45	32.61	937	28.06
社交口才/职场心理	20	16.53	67	20.43	61	13.53	19	13.77	479	14.35
儿童/青少年课外读物	15	12.40	34	10.37	55	12.20	9	6.52	269	8.06
科技前沿/科普新知	16	13.22	78	23.78	92	20.40	34	24.64	605	18.12
情感/两性/婚姻/家庭	22	18.18	52	15.85	73	16.19	22	15.94	496	14.85
中/小学教辅	5	4.13	24	7.32	20	4.43	3	2.17	138	4.13
美食	73	60.33	227	69.21	225	49.89	54	39.13	1504	45.04
母婴/育儿/家庭教育	21	17.36	64	19.51	91	20.18	22	15.94	547	16.38
继续教育/资格考试（含英语）	8	6.61	40	12.20	38	8.43	5	3.62	270	8.09
旅游	49	40.50	237	72.26	214	47.45	53	38.41	1424	42.65
历史	19	15.70	89	27.13	96	21.29	15	10.87	638	19.11
专业研究/学术讨论	4	3.31	37	11.28	39	8.65	9	6.52	269	8.06
体育	18	14.88	95	28.96	120	26.61	27	19.57	728	21.80
人物传记	14	11.57	77	23.48	61	13.53	15	10.87	510	15.27
农林畜牧相关技术	3	2.48	11	3.35	6	1.33	4	2.90	60	1.80
汽车	22	18.18	136	41.46	122	27.05	32	23.19	786	23.54
地理/社会风俗	23	19.01	91	27.74	72	15.96	19	13.77	557	16.68
进城务工技能	1	0.83	5	1.52	4	0.89	8	5.80	77	2.31
时尚服饰/健身美容	38	31.40	154	46.95	121	26.83	31	22.46	871	26.09
摄影/美术/设计/收藏	8	6.61	63	19.21	47	10.42	17	12.32	359	10.75
致富项目	11	9.09	21	6.40	31	6.87	17	12.32	223	6.68
家居装饰装修	16	13.22	123	37.50	98	21.73	20	14.49	604	18.09
房地产信息	11	9.09	53	16.16	85	18.85	27	19.57	463	13.87
求职信息	13	10.74	33	10.06	56	12.42	21	15.22	318	9.52
其他	1	0.83	2	0.61	1	0.22	1	0.72	25	0.75

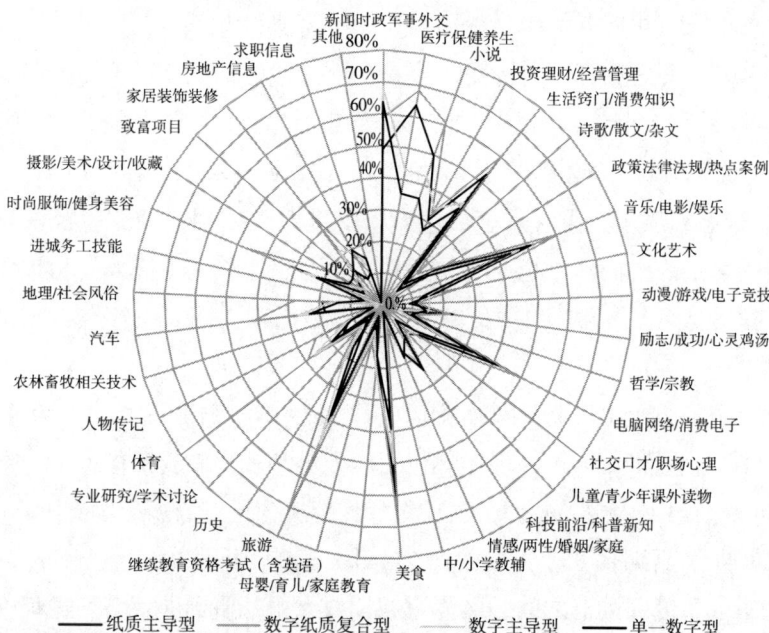

图2-19　不同重度阅读群常用阅读主题

2.5.5　本节小结

依据阅读资源的获取策略与相应的使用频次，可以将重度阅读资源使用者划分为"纸质主导型""数字纸质复合型""数字主导型""单一数字型"四种类型。各个重度阅读群体内部都具有强烈的内聚性，不同重度阅读群体之间清晰的区隔。

（1）"单一数字型"重度阅读者以受过大专/本科、高中教育的城市、县/乡/镇的年轻男性为主。他们多是企业工作人员、自营职业者、进城务工者/在村镇从事非农业生产者，家庭收入以3001~9000/月为主，也包含有24001元/月及以上的样本。他们关注高频次更新的、具有信息流特征的内容源，如网络新闻、微博、微信上的名人、大V账号、公众账号等，以获得"新闻时政/军事外交""音乐/电影/娱乐""科技前沿/科普新知""房地产信息""求职信息""致富项目""进城务工技能"等内容。他们中也有人撰写微博、微信、上传图片等。

（2）"数字主导型"重度阅读者以受过大专/本科、研究生及以上教育的城市、县/乡/镇的年轻男性为主。他们多是企业工作人员、自营职业者、学生，家庭收入以3001~9000元/月为主。他们关注网络新闻、电子书、微博、微信上的名人、大V账号、公众账号、网络文库、电子政务/政府信息公开等，以获得"新闻时政/军事外交""美食""旅游""音乐/电影/娱乐""小说""投资理财/经营管理""母婴/育儿/家庭教育""动漫/游戏/电子竞技"等主题相关的内容。

（3）"数字纸质复合型"重度阅读者以受过大专/本科、研究生及以上的城市中青年男女为主。他们多为企业单位工作人员、事业单位工作人员和教育系统工作人员，家庭收入以9001元/月及以上为主。他们广泛地关注各类内容源和各类阅读主题。

（4）"纸质主导型"重度阅读者以受过大专/本科教育的城市中青年女性为主。她们多为企业工作人员、事业单位工作人员和教育系统工作人员，家庭收入以9001元/月及以上为主。她们关注"医疗保健养生""美食""励志/成功/心灵鸡汤""情感/两性/婚姻/家庭""儿童/青少年课外读物"等主题。

（5）不同重度阅读群之间的区隔有阅读媒介由纸质到数字转换过程中形成的代际区隔，如"单一数字型"重度阅读者和"数字主导型"重度阅读者更为年轻；而"纸质主导型"重度阅读者和"数字纸质复合型"重度阅读者年龄更为成熟。同样是重度阅读群，不同重度阅读群体之间的差别更多地体现在所获取的内容方面。而造成这种阅读群体区隔的主要是横向的因素，如城乡、性别、受教育程度、收入等，以及由此形成的阅读积习。

2.6 付费使用数字文化资源情况分析

公众为数字文化资源使用付费，可以大致分为两类：一类是为基本的网络接入和基础内容包付费，另一类是为特定内容的视听、阅读、下载、高品质观赏、点播、互动等付费。前者更多体现的是使用者的共性需求，后者则更多体现了使用者的个性化需求。

2.6.1 付费项目

数据显示，被访者普遍为基本的网络接入和基础内容包付费，包括手机流量（80.65%）、宽带（72.36%）和有线电视（71.31%）。可以看到，为手机流量和宽带付费的比例已经高于为有线电视付费的比例。

在为特定内容的视听、阅读、下载、高品质观赏、点播、互动等付费方面,有21.77%的人为网络游戏付费,18.21%的人为通过网络看影视剧付费,6.32%的人为数字音乐付费。随着用户个性化需求的增长,影视剧成为继网络游戏之后最大的付费视听项目。

在为数字阅读内容付费方面,网络小说和电子书仍是最主要的付费使用板块:被访者中16.71%的人为网络小说付费,15.21%的人为电子书付费,14.08%的人为手机报付费,9.07%的人为电子杂志付费。另外还有4.34%的被访者为网络新闻客户端付费,见表2-44所示。

表2-44 付费使用数字文化资源的项目 (N=3339)

付费类别	付费项目	小计	比例(%)
为基本的接入付费	手机流量	2693	80.65
	宽带	2416	72.36
	有线电视	2381	71.31
	网吧	500	14.97
为特定数字视听内容付费	影视剧	608	18.21
	网络游戏	727	21.77
	数字音乐	211	6.32
为特定数字阅读内容付费	网络小说	558	16.71
	电子书	508	15.21
	手机报	470	14.08
	电子杂志	303	9.07
	网络新闻客户端	145	4.34

2.6.2 付费额度

在付费额度方面,被访者每月为数字文化资源支付的费用总额多集中在300元/月及以下。支付0~300元/月的样本占到样本总体的90.82%,见表2-45所示。

表2-45 付费使用数字文化资源付费的每月支付额度 (N=3339)

额度	小计	比例(%)
0~5元/月	285	8.54
6~20元/月	424	12.70

额度	小计	比例（%）
21~50元/月	631	18.90
51~80元/月	288	8.63
81~100元/月	330	9.88
101~150元/月	463	13.87
151~200元/月	366	10.96
201~300元/月	245	7.34
301~400元/月	92	2.76
401~500元/月	76	2.28
501~600元/月	46	1.38
601~700元/月	10	0.30
701~800元/月	15	0.45
801~900元/月	13	0.39
901~1000元/月	19	0.57
1001~1500元/月	12	0.36
1501~2000元/月	12	0.36
2001元/月及以上	12	0.36

2.6.3 重度视听者付费使用数字视听内容情况分析

2.6.3.1 重度视听者为基本的接入和基础内容包付费情况

84.34%的"网络主导型"重度视听者，84.21%"广电网络复合型"重度视听者、84.21%的"单一网络型"重度视听者、81.42%的"广电主导型"重度视听者为手机流量付费，四者基本持平，均略高于样本总体水平（80.65%）。41.55%的"单一电视型"重度视听者为手机流量付费，远远低于样本总体水平。

87.32%的"单一电视型"重度视听者、80.49%的"广电网络复合型"重度视听者为有线电视付费，明显高于样本总体水平（71.31%）。73.77%的"广电主导型"重度视听者为有线电视付费，略高于样本总体水平。48.65%的"网络主导型"重度视听者、40.79%的"单一网络型"重度视听者为有线电视付费，远远低于样本总体水平。

76.97%的"单一网络型"重度视听者、75.74%的"广电网络复合型"重度视听者、75.59%的"网络主导型"重度视听者为宽带付费,三者基本持平,均高于样本总体水平(72.36%)。68.85%的"广电主导型"重度视听者、35.92%的"单一电视型"重度视听者为宽带付费,明显低于样本总体水平。

26.32%的"单一网络型"重度视听者、21.38%的"网络主导型"重度视听者为网吧付费,明显高于样本整体水平(14.97%)。13.09%的"广电网络复合型"重度视听者、9.29%的"广电主导型"重度视听者为网吧付费,低于样本总体水平,见表2-46所示。

表2-46 不同重度视听群为基本接入和基础内容包付费的情况

样本群 项目	广电网络复合型		广电主导型		单一电视型		网络主导型		单一网络型		样本总体	
	小计	比例(%)	小计	比例(%)	小计	比例(%)	小计	比例(%)	小计	比例(%)	小计	比例(%)
手机流量	656	84.21	149	81.42	59	41.55	501	84.34	128	84.21	2693	80.65
有线电视	627	80.49	135	73.77	124	87.32	289	48.65	62	40.79	2381	71.31
宽带	590	75.74	126	68.85	51	35.92	449	75.59	117	76.97	2416	72.36
网吧	102	13.09	17	9.29	0	0.00	127	21.38	40	26.32	500	14.97

2.6.3.2 重度视听者为特定视听内容付费的情况

整体而言,"广电网络复合型"重度视听者为特定内容付费的样本比例较高,其次是"单一网络型"重度视听者。

网络游戏仍是最大宗的付费视听内容。28.63%的"广电网络复合型"重度视听者、28.29%的"单一网络型"重度视听者和22.56%的"网络主导型"重度视听者为网络游戏付费,高于样本总体水平(18.21%)。15.85%的"广电主导型"重度视听者为网络游戏付费,但较样本总体水平为低。

在影视剧方面,25.29%的"广电网络复合型"重度视听者为影视剧付费,明显高于样本总体水平(18.21%)。14.75%的"广电主导型"重度视听者、13.97%的"网络主导型"重度视听者、13.16%的"单一网络型"重度视听者为影视剧付费,但较样本总体水平为低。

在数字音乐方面，9.93%的"网络主导型"重度视听者、9.76%的"广电网络复合型"重度视听者中和9.21%的"单一网络型"重度视听者为数字音乐付费，高于样本总体水平（6.32%）。也有5.46%的"广电主导型"重度视听者为数字音乐付费，但较样本总体水平为低。

"单一网络型"重度视听者和"网络主导型"重度视听者为其他内容付费的比例也较高，并高于样本总体水平。

表2-47   不同重度视听群为特定的网络视听内容付费的情况

样本群 / 项目	广电网络复合型		广电主导型		单一电视型		网络主导型		单一网络型		样本总体	
	小计	比例(%)	小计	比例(%)	小计	比例(%)	小计	比例(%)	小计	比例(%)	小计	比例(%)
影视剧	197	25.29	27	14.75	0	0.00	83	13.97	20	13.16	608	18.21
网络游戏	223	28.63	29	15.85	0	0.00	134	22.56	43	28.29	727	21.77
数字音乐	76	9.76	10	5.46	0	0.00	59	9.93	14	9.21	211	6.32
其他	2	0.26	0	0	0	0.00	7	1.18	2	1.32	15	0.45

2.6.4 重度阅读者付费使用数字阅读资源情况分析

2.6.4.1 重度阅读者为基本的接入和基础内容包付费情况

"数字纸质复合型"重度阅读者中为手机流量付费的比例为88.72%，高于样本总体和其他样本群水平；为宽带付费的比例为82.93%，仅次于"单一数字型"重度样本群，高于样本总体和其他样本群水平。

"单一数字型"重度阅读者中为宽带付费的比例为84.78%，高于样本总体和其他样本群水平；为手机流量付费的比例为88.41%，仅次于"数字纸质复合型"重度样本群，高于样本总体和其他样本群水平。

"数字主导型"重度阅读者中为网吧付费的比例为19.29%，高于样本总体和其他样本群水平；为手机流量付费的比例（86.03%）和为宽带付费的比例（80.04%）低于"数字纸质复合型"重度阅读者和"单一数字型"重度阅读者，高于样本总体和纸质主导型水平。

"纸质主导型"重度阅读者中为基本接入和基础内容包付费的比例较其他重

度阅读者相对较低,但高于样本总体水平,见表2-48所示。

表2-48 不同重度阅读群为基本接入和基础内容包付费的情况

样本群 项目	纸质主导型		数字纸质复合型		数字主导型		单一数字型		样本总体	
	小计	比例(%)	小计	比例(%)	小计	比例(%)	小计	比例(%)	小计	比例(%)
手机流量	97	80.17	291	88.72	388	86.03	122	88.41	2693	80.65
宽带	92	76.03	272	82.93	361	80.04	117	84.78	2416	72.36
网吧	18	14.88	44	13.41	87	19.29	23	16.67	500	14.97

2.6.4.2 重度阅读者为特定阅读内容付费的情况

"数字纸质复合型"重度阅读者积极、广泛地为各种数字阅读内容付费。在"数字纸质复合型"重度阅读者中,为网络小说付费的比例为41.77%,为电子书付费的比例为21.65%,为电子杂志付费的比例为17.38%,为网络新闻客户端付费的比例为7.01%,以上比例均明显高于样本总体和其他样本群水平。

在"纸质主导型"重度阅读者中,为手机报付费的比例为21.49%,高于样本总体和其他样本群水平。在"纸质主导型"重度阅读者中,为网络小说付费的比例(23.14%)和为电子书付费的比例(16.53%)也较高,仅次于"数字纸质复合型"重度阅读者。

"数字主导型"重度阅读者和"单一数字型"重度阅读者中为特定数字阅读内容付费的比例较其他重度样本群低,甚至低于样本总体水平。

表2-49 不同重度阅读群为特定的数字阅读内容付费的情况

样本群 项目	纸质主导型		数字纸质复合型		数字主导型		单一数字型		样本总体	
	小计	比例(%)	小计	比例(%)	小计	比例(%)	小计	比例(%)	小计	比例(%)
网络小说	28	23.14	137	41.77	62	13.75	13	9.42	558	16.71
电子书	18	14.88	71	21.65	65	14.41	18	13.04	508	15.21
手机报	26	21.49	59	17.99	79	17.52	14	10.14	470	14.08
电子杂志	20	16.53	57	17.38	34	7.54	9	6.25	303	9.07
网络新闻客户端	4	3.31	23	7.01	19	4.21	6	4.53	145	4.34
其他	0	0	1	0.30	0	0	0	0	15	0.45

2.6.5 本节小结

通过调查，本研究发现：

（1）北京市公众普遍为基本的网络接入和基础内容包付费，包括手机流量（80.65%）、宽带（72.36%）和有线电视（71.31%）。为手机流量和宽带付费的比例已经高于为有线电视付费的比例。

（2）在为特定试听内容付费方面，21.77%的人为网络游戏付费，18.21%的人为通过网络看影视剧付费，6.32%的人为数字音乐付费。影视剧已经成为继网络游戏之后最大的付费视听项目。在为数字阅读内容付费方面，网络小说和电子书仍是最主要的付费使用板块：被访者中16.71%的人为网络小说付费，15.21%的人为电子书付费。

（3）重度视听者也是积极的付费者。"广电网络复合型"重度视听者积极地为手机流量、宽带、有线电视付费，也最为积极地为网络游戏、影视剧等付费。"网络主导型"重度视听者积极地为手机流量、宽带、网络游戏、数字音乐等付费。"单一网络型"重度视听者积极地为手机流量、宽带、网络游戏、数字音乐等付费。"单一电视型"重度视听者则主要为有线电视等付费。

（4）在版权管理不力、免费阅读资源丰富的环境下，仍有超一成的公众坚持为网络小说、电子书、网络新闻客户端等数字阅读资源付费。"数字纸质复合型"重度阅读者积极地为手机流量、宽带付费，也最为积极地为网络小说、电子书、电子杂志、网络新闻客户端等各种数字阅读内容付费。"数字主导型"重度阅读者积极地为网吧、手机流量、宽带付费。"单一数字型"重度阅读者积极地为宽带、手机流量付费。"数字主导型"和"单一数字型"重度阅读者为特定数字阅读内容付费人的比例较其他样本群低，甚至低于样本总体水平。"纸质主导型"重度阅读者中为基本接入和基础内容包付费人的比例较其他重度阅读者相对较低，但高于样本总体水平；同时他们较为积极地为手机报、网络小说和电子书付费。

总体而言，在网络接入方面，手机流量成为最普遍的付费项目，在内容获取方面，公众的文化需求中个性化的因素正在凸显，这也引发影视剧、电子书等付费使用项目的拓展。

2.7 公共文化场馆及其数字文化资源使用情况分析

北京地区的公共文化场馆由三大类场馆构成:公益性的公共文化场馆,如公共图书馆等;经营性的公共文化场馆,如电影院、音乐厅等;还有民间志愿者创建的公共文化场馆,如私人博物馆等。

公共文化场馆的文化资源数字化有两种最基本的途径:一种是在文化场馆内部,利用数字化技术,提升产品与服务品质;另一种是将本需场馆内使用的资源数字化,支持使用者远程获取。本次调查对这两种途径都有所涉及。

2.7.1 公共图书馆(含阅览室)数字文化资源使用者

目前,在北京的区、县、街道等层级,公共图书馆和文化馆等合一运转,中小型的公共图书馆、阅览室基本都设在文化馆或文化活动中心内。在政府的统一规划下,北京地区的公共图书馆、阅览室都普遍设置了数字资源阅览的区域或将数字资源对外开放。此次调查对以上资源一并进行了询问。

2.7.1.1 公共图书馆(含阅览室)接触情况

数据显示,近一年以来,实地或者通过网络,有68.70%的被访者造访过公共图书馆,见表2-50所见。

从造访频次来看,3.68%的被访者造访频次为1次/星期,4.43%的被访者造访频次为多次/星期,合计8.11%的被访者造访公共图书馆1次/星期及以上。5.69%的被访者造访频次为1次/月,5.93%的被访者造访频次为2~3次/月,合计11.62%的被访者造访频次为1~3次/月。11.11%的被访者造访频次为3~4次/年,6.41%的被访者造访频次为2~6次/年,合计17.52%的被访者造访公共图书馆的3~6次/年。31.45%的被访者偶尔造访公共图书馆1~2次/年。31.30%的被访者在近一年的时间里,没有造访过公共图书馆。

表2-50 实地或者通过网络造访公共图书馆(含阅览室)的频次 (*N*=3339)

频次	小计	占样本总体比例(%)
多次/星期	148	4.43
1次/星期	123	3.68
2~3次/月	198	5.93
1次/月	190	5.69

频次	小计	占样本总体比例（%）
2~6次/年	214	6.41
3~4次/年	371	11.11
1~2次/年	1050	31.45
没有造访	1045	31.30

2.7.1.2 公共图书馆(含阅览室)使用者群体划分及其人口统计特征

根据公共图书馆的接触频次，研究者对样本进行了分群：命名造访频次为1次/星期及以上的样本为"频繁使用者"。"频繁使用者"占样本总体的8.11%。命名造访频次为1~3次/月的样本为"经常使用者"。"经常使用者"占样本总体的11.62%。命名造访频次为3~6次/年的样本为"间歇性使用者"。"间歇性使用者"占样本总体的17.52%。命名造访频次为1~2次/年的样本为"偶尔使用者"。"偶尔使用者"占样本总体的31.45%。将不曾造访的样本，命名为"不使用者"。"不使用者"占样本总体的31.30%，见表2-51、图2-20所示。

表2-51　基于公共图书馆（含阅览室）接触频次的使用者群体划分（N=3339）

样本群	小计	占样本总体比例（%）
频繁使用者	271	8.11
经常使用者	388	11.62
间歇性使用者	585	17.52
偶尔使用者	1050	31.45
不使用者	1045	31.30

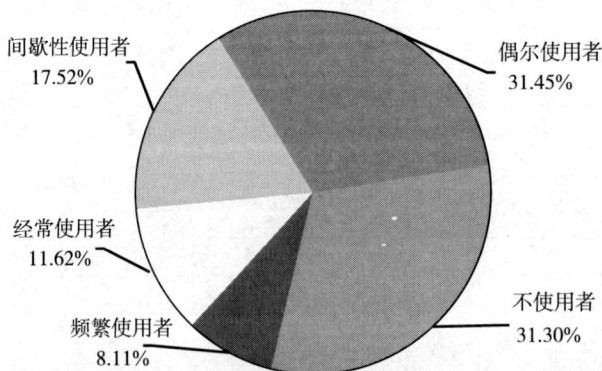

图2-20　基于公共图书馆(含阅览室)接触频次的使用者群体划分（N=3339）

"频繁使用者"以15~19岁和25~39岁的事业单位工作人员、教育系统工作人员、学生、待业人员为主。他们中相当多的人受过研究生及以上教育,未婚或者已婚尚没有孩子,家庭收入6000元/月及以下为主。他们通过网络或实地,每星期使用公共图书馆一次及以上,见表2-52所示。

"经常使用者"以25~39岁和55~59岁的企事业单位工作人员、学生为主。他们多受过大专、本科及以上教育,未婚或已婚有孩子,家庭收入以1000元/月及以下和6001元/月及以上为主。他们每月使用公共图书馆1~3次。

"间歇性使用者"以15~19岁和25~44岁的企事业单位工作人员、教育系统工作人员、自营职业者、待业者为主。他们多受过大专、本科及以上教育,未婚,或者已婚没有孩子,家庭收入以6001元/月及以上为主。通过网络或实地,他们每年使用公共图书馆3~6次。

"偶尔使用者"以25~34岁和40~44岁的企事业单位工作人员、教育系统工作人员、自营职业者为主。他们多受过大专、本科教育,已婚有/没有孩子或单身有孩子,家庭收入以9001元/月及以上为主。通过网络或实地,他们每年使用公共图书馆1~2次。

"不使用者"以15~24岁和45岁及以上的进城务工者、务农者、照顾家庭人员、退休人员、待业者为主。他们多没上过学或接受过小学、初中、高中、中专教育,单身有孩子、老年夫妻或鳏寡,家庭收入以1001~6000元/月为主。

表2-52 不同公共图书馆(含阅览室)使用者群体的年龄构成

(频繁使用者 n_1=271, 经常使用者 n_2=388, 间歇性使用者 n_3=585, 偶尔使用者 n_4=1050, 不使用者 n_5=1045, 样本总体 N=3339)

样本群 年龄	频繁使用者		经常使用者		间歇性使用者		偶尔使用者		不使用者		样本总体	
	小计	比例(%)	小计	比例(%)	小计	比例(%)	小计	比例(%)	小计	比例(%)	小计	比例(%)
15~19岁	3	1.11	2	0.52	8	1.37	2	0.19	19	1.82	34	1.02
20~24岁	7	2.58	5	1.29	10	1.71	10	0.95	74	7.08	106	3.17
25~29岁	96	35.42	118	30.41	213	36.41	445	42.38	212	20.29	1084	32.46
30~34岁	56	20.66	104	26.80	139	23.76	215	20.48	141	13.49	655	19.62
35~39岁	52	19.19	70	18.04	95	16.24	150	14.29	125	11.96	492	14.73
40~44岁	39	14.39	54	13.92	86	14.70	162	15.43	147	14.07	488	14.62
45~49岁	9	3.32	16	4.12	18	3.08	35	3.33	66	6.32	144	4.31
50~54岁	2	0.74	5	1.29	9	1.54	15	1.43	49	4.69	80	2.40

数字文化资源 公共需求与使用研究

样本群 年龄	频繁使用者		经常使用者		间歇性使用者		偶尔使用者		不使用者		样本总体	
	小计	比例(%)	小计	比例(%)	小计	比例(%)	小计	比例(%)	小计	比例(%)	小计	比例(%)
55~59岁	2	0.74	10	2.58	2	0.34	10	0.95	55	5.26	79	2.37
60~64岁	2	0.74	1	0.26	3	0.51	1	0.10	43	4.11	50	1.50
65~69岁	1	0.37	0	0.00	0	0.00	3	0.29	48	4.59	52	1.56
70岁及以上	2	0.74	3	0.78	2	0.34	2	0.20	66	6.32	75	2.25

表2-53 不同公共图书馆（含阅览室）使用者群体的教育程度分布

（频繁使者 n_1=271，经常使用者 n_2=388，间歇性使用者 n_3=585，偶尔使用者 n_4=1050，不使用者 n_5=1045，样本总体 N=3339）

样本群 教育程度	频繁使用者		经常使用者		间歇性使用者		偶尔使用者		不使用者		样本总体	
	小计	比例(%)	小计	比例(%)	小计	比例(%)	小计	比例(%)	小计	比例(%)	小计	比例(%)
没上过学	1	0.37	0	0.00	0	0.00	1	0.10	5	0.48	7	0.21
小学	0	0.00	0	0.00	1	0.17	5	0.48	58	5.55	64	1.92
初中	3	1.11	3	0.77	7	1.20	19	1.81	263	25.17	295	8.83
高中/中专	17	6.27	24	6.19	27	4.62	82	7.81	238	22.78	388	11.62
大专/本科	120	44.28	236	60.82	404	69.06	761	72.48	411	39.33	1932	57.86
研究生及以上	130	47.97	125	32.22	146	24.96	182	17.33	70	6.70	653	19.56

表2-54 不同公共图书馆（含阅览室）使用者群体的职业分布

（频繁使者 n_1=271，经常使用者 n_2=388，间歇性使用者 n_3=585，偶尔使用者 n_4=1050，不使用者 n_5=1045，样本总体 N=3339）

样本群 职业	频繁使用者		经常使用者		间歇性使用者		偶尔使用者		不使用者		样本总体	
	小计	比例(%)	小计	比例(%)	小计	比例(%)	小计	比例(%)	小计	比例(%)	小计	比例(%)
企业单位	84	31.00	170	43.81	289	49.40	598	56.95	289	27.66	1430	42.83
事业单位	45	16.61	92	23.71	140	23.93	173	16.48	58	5.55	508	15.21
教育系统	31	11.44	23	5.93	35	5.98	52	4.95	21	2.01	162	4.85
自营职业	21	7.75	30	7.73	58	9.91	120	11.43	49	4.69	278	8.33
进城务工/在村镇 从事非农业生产	8	2.95	10	2.58	12	2.05	40	3.81	348	33.30	418	12.52
退休	5	1.85	10	2.58	5	0.85	12	1.14	201	19.23	233	6.98
照顾家庭	3	1.11	5	1.29	6	1.03	14	1.33	19	1.82	47	1.41

续表

样本群 职业	频繁使用者		经常使用者		间歇性使用者		偶尔使用者		不使用者		样本总体	
	小计	比例(%)	小计	比例(%)	小计	比例(%)	小计	比例(%)	小计	比例(%)	小计	比例(%)
务农	0	0	1	0.26	0	0	2	0.19	38	3.64	41	1.23
待业	4	1.48	1	0.26	8	1.37	10	0.95	11	1.05	34	1.02
学生	70	25.83	46	11.86	32	5.47	29	2.76	11	1.05	188	5.63

表2-55　不同公共图书馆（含阅览室）使用者群体的收入分布

（频繁使用者 n_1=271，经常使用者 n_2=388，间歇性使用者 n_3=585，偶尔使用者 n_4=1050，不使用者 n_5=1045，样本总体 N=3339）

样本群 收入	频繁使用者		经常使用者		间歇性使用者		偶尔使用者		不使用者		样本总体	
	小计	比例(%)	小计	比例(%)	小计	比例(%)	小计	比例(%)	小计	比例(%)	小计	比例(%)
1000元/月及以下	11	4.06	9	2.32	7	1.20	16	1.52	9	0.86	52	1.56
1001~3000元/月	44	16.24	35	9.02	44	7.52	89	8.48	171	16.36	383	11.47
3001~6000元/月	89	32.84	90	23.20	154	26.32	275	26.19	458	43.83	1066	31.93
6001~9000元/月	40	14.76	84	21.65	128	21.88	195	18.57	188	17.99	635	19.02
9001~12000元/月	30	11.07	68	17.53	93	15.90	150	14.29	103	9.86	444	13.30
12001~18000元/月	30	11.07	52	13.40	96	16.41	203	19.33	61	5.84	442	13.24
18001~24000元/月	13	4.80	31	7.99	33	5.64	76	7.24	33	3.16	186	5.57
24001元/月及以上	14	5.17	19	4.90	30	5.13	46	4.38	22	2.11	131	3.92

表2-56　不同公共图书馆（含阅览室）使用者群体的婚姻家庭状况

样本群 婚姻家庭	频繁使用者		经常使用者		间歇性使用者		偶尔使用者		不使用者		样本总体	
	小计	比例(%)	小计	比例(%)	小计	比例(%)	小计	比例(%)	小计	比例(%)	小计	比例(%)
中青年未婚	114	42.07	119	30.67	212	36.24	315	30.00	243	23.25	1003	30.04
中青年已婚（无孩）	47	17.34	60	15.46	109	18.63	214	20.38	135	12.92	565	16.92
中青年已婚（有孩）	100	36.90	198	51.03	251	42.91	494	47.05	444	42.49	1487	44.53
中青年单身（有孩）	4	1.48	4	1.03	8	1.37	16	1.52	18	1.72	50	1.50
老年夫妻独居	5	1.85	3	0.77	2	0.34	4	0.38	101	9.67	115	3.44
老年夫妻与儿女同住	0	0.00	3	0.77	2	0.34	6	0.57	67	6.41	78	2.34
鳏寡与子女同住	0	0.00	0	0.00	0	0.00	0	0.00	30	2.87	30	0.90
鳏寡独居	1	0.37	1	0.26	1	0.17	1	0.10	7	0.67	11	0.33

2.7.1.3 公共图书馆(含阅览室)数字文化资源接触情况

调查者进一步了解了通过公共图书馆（含阅览室），使用者接触数字文化资源的情况。

数据显示，有52.83%的被访者表示有通过公共图书馆使用数字文化资源的经验。88.20%的"频繁使用者"、86.08%的"经常使用者"、83.42%的"间歇性使用者"通过公共图书馆使用了数字文化资源。可以看到以上不同群体使用数字文化资源的比例之间并没有非常大的差距。另外，有66.95%"偶尔使用者"也使用了图书馆的数字资源，见表2-57所示。

表2-57　公共图书馆（含阅览室）数字文化资源使用者在不同使用者群中的分布情况

样本群	使用数字资源样本小计	占本样本群比例（%）	本样本群样本数
频繁使用者	239	88.20	271
经常使用者	334	86.08	388
间歇性使用者	488	83.42	585
偶尔使用者	703	66.95	1050

以上现象暗示了三种可能：一是经常使用公共图书馆的使用者，仍看重其作为一个实体空间的价值；二是偶尔使用图书馆的人群虽然不依赖图书馆作为一个实体空间的功能，但仍通过使用数字资源将公共图书馆作为重要的虚拟资源；三是现有数字文化资源不能满足使用者的需求，他们仍需要纸质阅读资源。

2.7.1.4 使用公共图书馆(含阅览室)数字文化资源的地点分析

在通过公共图书馆（含阅览室）使用数字资源的样本中，有52.27%的人在场馆外通过互联网（含移动互联网）使用数字文化资源，有47.73%的人在场馆内通过本地服务器，或者通过互联网使用数字文化资源。从整体上看，目前在馆外使用数字文化资源者居多。

"频繁使用者"群体中，53.14%的人在馆内使用数字资源，46.86%的人在馆外使用数字资源。"经常使用者"群体中，63.47%的人在馆内使用数字资源，36.53%的人在馆外使用数字资源。"间歇性使用者"群体中，55.94%的人在馆内使用数字资源，44.06%的人在馆外使用数字资源。"偶尔使用者"群体中，44.10%的人在馆内使用，55.90%的人在馆外使用，见表2-58所示。

表2-58　公共图书馆（含阅览室）数字文化资源使用地点

使用地点　样本群	公共文化机构场馆外		公共文化机构场馆内	
	小计	占样本群比例（%）	小计	占样本群比例（%）
频繁使用者	112	46.86	127	53.14
经常使用者	122	36.53	212	63.47
间歇性使用者	215	44.06	273	55.94
偶尔使用者	393	55.90	310	44.10
通过公共图书馆（含阅览室）使用数字文化资源样本总体	842	47.73	922	52.27

　　总体来看，"偶尔使用者"在馆外使用的概率较高。结合前文的分析，可以认为，"偶尔使用者"使用公共图书馆实体空间的频次有限。他们更多是通过在场馆外远程完成资源获取的。

2.7.1.5 使用者对公共图书馆（含阅览室）数字资源的内容源偏好

　　北京市现有公共图书馆的数字文化资源基本包括以下九个基本类别：①电子书库；②数字化报刊库，如学术期刊与论文数据库、电子杂志库、电子报纸库；③图片库；④教育类音视频数据库，如英语学习等；⑤娱乐类音视频数据库，如动漫、影视、古典音乐等；⑥行业数据库；⑦政府信息公开；⑧国家级数字文化资源库"文化共享工程"；⑨自建的馆藏特色资源。

　　数据显示，电子书是被访者最常使用的数字文化资源，有40.64%的被访者通过图书馆等使用过电子书；有22.25%的被访者使用过电子报；有18.96%的被访者使用过各类图片库；有超过15%的被访者使用过电子杂志、学术论文库、政府信息公开等；有14.23%的被访者使用过娱乐类音视频库；有10.21%的被访者使用过教育类音视频库；有9.16%的被访者使用过行业数据库。相比较而言，国家级数字文化资源库"文化共享工程"使用率并不怎么理想，只有5.72%的被访者使用过相关资源，也仅有5.24%的被访者使用过馆藏特色数字资源，见表2-60所示。

表2-59　公共图书馆（含阅览室）数字文化资源内容源使用情况（*N*=3339）

数字资源类型	小计	频次（%）
电子书	1357	40.64
电子报	743	22.25
各类图片库	633	18.96
电子杂志（龙源等）	552	16.53
学术论文库（知网等）	514	15.39
政府信息公开	507	15.18
娱乐类音视频库	475	14.23
教育类音视频库	341	10.21
行业数据库	306	9.16
文化共享工程	191	5.72
馆藏特色资源库	175	5.24

注：多选题，合计比例大于100%。

不同的群体对数字内容源的偏好不同。"频繁使用者"更多地使用电子书（65.68%）和学术论文库（45.39%）；"经常使用者"经常使用电子书（61.08%）、电子报（40.46%）和电子杂志（35.31%）；"间歇性使用者"主要是使用电子书（57.44%）；"偶尔使用者"主要使用电子书，见表2-60所示。

表2-60　不同公共图书馆（含阅览室）使用者群体的数字内容源偏好

数字资源 \ 频次	频繁使用者		经常使用者		间歇性使用者		偶尔使用者	
	小计	频次（%）	小计	频次（%）	小计	频次（%）	小计	频次（%）
电子书	178	65.68	237	61.08	336	57.44	503	47.90
学术论文库（知网等）	123	45.39	146	37.63	125	21.37	99	9.43
电子报	97	35.79	157	40.46	184	31.45	247	23.52
各类图片库	93	34.32	131	33.76	160	27.35	201	19.14
电子杂志（龙源等）	82	30.26	137	35.31	138	23.59	169	16.10
政府信息公开	75	27.68	96	24.74	146	24.96	154	14.67
娱乐类音视频库	67	24.72	98	25.26	118	20.17	153	14.57
行业数据库	64	23.62	83	21.39	76	12.99	61	5.81

频次 数字资源	频繁使用者		经常使用者		间歇性使用者		偶尔使用者	
	小计	频次(%)	小计	频次(%)	小计	频次(%)	小计	频次(%)
教育类音视频库	62	22.88	82	21.13	106	18.12	76	7.24
馆藏特色资源库	51	18.82	51	13.14	41	7.01	27	2.57
文化共享工程	34	12.55	43	11.08	59	10.09	48	4.57
其他	1	0.37	1	0.26	0	0.00	5	0.48

2.7.2 博物馆等及其数字文化资源接触情况

调查人员还进一步询问了博物馆等公共文化场馆的造访情况。数据显示,近一年里,通过网络或实地,64.18%的被访者造访过文博馆、美术馆等;18.09%的被访者造访过自然博物馆、科技馆、天文馆等;8.78%的被访者造访过少年宫等。

近年来,文化部已经将虚拟博物馆、美术馆等作为未来发展的重要方向。本次调查显示,通过博物馆等场馆或相关网站,有6.38%的被访者使用过网络虚拟博物馆,有5%以上的被访者使用过电子导游器、数字技术支持的互动体验区、二维码展品介绍;有4%以上的被访者获取展演信息;有3%以上的被访者使用过网络虚拟美术馆、手机APP讲解等,见表2-61所示。

表2-61　通过博物馆等使用数字文化资源的情况（N=3339）

资源	小计	比例(%)
网络虚拟博物馆	213	6.38
电子导游器	193	5.78
数字技术支持的互动体验区	189	5.66
二维码展品介绍	189	5.66
展演信息	149	4.46
网络虚拟美术馆	115	3.44
手机APP讲解	111	3.32

注:多选题,合计比例大于100%。

整体而言,公共文化场馆中的数字视听资源利用率不高。这意味着数字技术引发的媒介融合、传播竞争以及公众媒介使用习惯的变化，正在削弱公共图书馆等在公共文化服务体系中的地位。如何借助数字技术焕发公共文化场馆的价值，是需要我们认真探讨的课题。

2.7.3 吸引公众使用公共文化场馆数字资源的主要因素

调查人员询问了有公共文化场馆数字资源使用经验的 1930 位被访者，以了解是哪些因素在吸引他们使用公共文化场馆中的数字资源，见表2-62所示。

排在前五位的因素有"我能够找到自己需要的数字资源"（42.02%）；"数字资源可以提高我的学习、工作效率"（40.16%）；"公共文化场馆进行了新闻宣传"（37.20%）；"经过学习，我能够比较自如地操作相关系统和软件"（33.63%）；"公共文化场馆进行了现场的展示和讲解"（32.33%）。

表2-62　吸引公众使用公共文化场馆数字文化资源的因素（N=1930）

排序	主要原因	小计	比例（%）
1	我能够找到自己需要的数字资源	811	42.02
2	数字资源可以提高我的学习、工作效率	775	40.16
3	公共文化场馆进行了新闻宣传	718	37.20
4	经过学习，我能够比较自如地操作相关系统和软件	649	33.63
5	公共文化场馆进行了现场的展示和讲解	624	32.33
6	可以在公共文化场馆外检索使用数字资源	546	28.29
7	公共文化场馆提供了详尽的操作指导，增加了我使用的信心	482	24.97
8	可以在场馆外下载数字资源	450	23.32
9	在使用过程中，工作人员能够提供及时、有效的帮助	449	23.26
10	数字资源权威、可信	447	23.16
11	我认为数字资源比传统资源更好	424	21.97
12	数字资源新奇、有趣	362	18.76
13	我周围的人都在使用数字资源	227	11.76
14	其他	22	1.14

注：非必答题，多选题，百分比合计大于100%。

从以上数据可以看出，资源的有用性、操作系统的可掌握性、文化场馆的宣传和讲解是吸引使用者使用数字文化资源的主要因素。

2.7.4 影响公众使用公共文化场馆数字资源的主要问题

调查人员询问了有公共文化场馆数字资源使用经验的被访者，以了解他们在使用公共文化场馆数字资源时所遇到的各种问题，见表2-63。

当今公众已经习惯了网络互联、终端同步的各种便利，因此公共文化场馆数字资源接入渠道和终端的限制也影响了数字资源的利用。33.44%的被访者认为，"资源不能在我的电脑、平板、阅读器、手机等之间同步"影响了自己的使用。23.97%的被访者认为，"所需数字资源仅限场馆内访问，不便利用"影响了自己的使用。

由于公共文化场馆的宣传推广不到位，因此有32.75%的被访者表示"不了解图书馆有哪些数字资源"，自然也就不会去使用。

数字资源庞大的数量和错综复杂的结构所带来的认知压力也对使用者形成困扰：30.55%的被访者认为"数字资源太多，不知道该看什么"；24.13%的被访者认为"检索系统效率低，查找资料花费的时间和精力比较多"。

数字文化资源数量巨大，并不意味着其结构和内容的完整。在调查中，21.03%的被访者就表示"我知道自己需要什么数字资源，但图书馆没有收藏"。

在使用数字资源的过程中还会遇到许多流程性、操作性问题。31.86%的被访者表示"借用、归还时，手续很麻烦"，而且，28.81%被访者还表示"遇到操作问题，不能得到及时、有效的帮助"。

另外，"数字资源使用收费"（23.66%）、"网速太慢"（30.49%）也有被访者提及。

由于数字出版公共服务仍缺乏成熟的多赢模式，出版商为了保护自身利益，倾向于对电子书的版权进行严格的控制，这也增加了使用中的问题。调查中，有14.14%的被访者认为"数字资源副本少，等待借阅时间长"，有11.09%的被访者认为"数字资源的借阅期限太短"。

可以看出，使用不便捷、资源不完整、使用者需求和资源之间难以迅速匹配都成为影响公众使用公共文化场馆数字资源的主要问题。

表2-63 影响公众使用公共文化场馆数字资源的主要问题（$N=1902$）

排序	主要问题	小计	比例（%）
1	资源不能在我的电脑、平板、阅读器、手机等之间同步	636	33.44
2	不了解公共文化场馆中有哪些数字资源	623	32.75
3	借用、归还时，手续很麻烦	606	31.86
4	数字资源太多，不知道该看什么	581	30.55
5	网速太慢	580	30.49
6	遇到操作问题，不能得到及时、有效的帮助	548	28.81
7	检索系统效率低，查找资料花费的时间和精力比较多	459	24.13
8	所需数字资源仅限场馆内访问，不便利用	456	23.97
9	数字资源使用收费	450	23.66
10	我知道自己需要什么数字资源，但公共文化场馆没有提供	400	21.03
11	数字资源副本少，等待借阅时间长	269	14.14
12	数字资源的借阅期限太短	211	11.09
13	其他	16	0.84

注：非必答题，多选题，百分比合计大于100%。

在公共文化场馆内使用数字资源的使用者和在公共文化场馆外使用数字资源的使用者所遭遇的问题略有差异。

场馆外使用者，更多地会遇到"网速太慢""数字资源使用收费"这两个问题。场馆内使用者则更多地遇到资源检索、下载同步、工作人员的服务态度与能力等方面的问题。场馆内使用者虽然在场馆内使用资源，但是他们表示这是无奈之举，因为所需资源限定于馆内访问，见表2-64所示。

表2-64 使用地点与资源使用中遇到的主要问题

使用地点／问题	公共文化机构场馆外		公共文化机构场馆内	
	小计	比例（%）	小计	比例（%）
资源不能在我的电脑、平板、阅读器、手机等之间同步	299	32.68	337	34.14
不了解公共文化机构场馆中有哪些数字资源	291	31.80	332	33.64
网速太慢	287	31.37	293	29.69
借用、归还时，手续很麻烦	276	30.16	330	33.43

使用地点　　　　　问题	公共文化机构场馆外		公共文化机构场馆内	
	小计	比例（%）	小计	比例（%）
数字资源太多，不知道该看什么	275	30.05	306	31.00
数字资源使用收费	254	27.76	196	19.86
遇到操作问题，不能得到及时、有效的帮助	240	26.23	308	31.21
检索系统效率低，查找资料花费的时间和精力比较多	215	23.50	244	24.72
所需数字资源仅限机构场馆内访问，不便利用	186	20.33	270	27.36
我知道自己需要什么数字资源，但公共文化机构场馆没有提供	181	19.78	219	22.19
数字资源副本少，等待借阅时间长	114	12.46	155	15.70
数字资源借阅期限太短	97	10.60	114	11.55
其他	4	0.44	12	1.22

　　在数字资源使用过程中如果遇到问题，使用者会如何应对呢？当被问及"遇到以上问题时，您一般采取什么方法解决？"时，使用者采用的方法主要可分三类：方法一是咨询他人，包括"询问工作人员"（60.15%）、"询问朋友、家人或其他使用者"（26.29%）；方法二是自己尝试，包括"仔细阅读使用说明"（43.85%）、"自己多试几次就熟悉了"（30.39%）；方法三是寻找替代方案，包括"使用其他网络免费资源"（38.96%）、"放弃使用"（22.56%）和"自行购买所需资源"（9.78%），见表2-65所示。

表2-65　使用数字文化资源遇到问题时的主要解决方法（N=1902）

排序	解决方法	小计	比例（%）
1	询问工作人员	1144	60.15
2	仔细阅读使用说明	834	43.85
3	使用其他网络免费资源	741	38.96
4	自己多试几次就熟悉了	578	30.39
5	询问家人、朋友、其他使用者	500	26.29
6	放弃使用	429	22.56
7	自行购买所需资源	186	9.78
8	其他	13	0.68

注:非必答题，多选题，百分比合计大于100%。

2.7.5 促进公共文化场馆数字资源利用的机制和方法

为了促进公共文化场馆数字资源的利用，调查人员拟定了一些可能促进公共文化场馆数字资源利用的机制和方法，请被访者选择。

呼吁开放的、随时随地、多屏获取的"少量付费，接入手机等移动终端"（35.40%）、"少量付费，开放公共文化场馆数字资源阅/视/听"（31.24%）和"少量付费，接入家中有线电视网"（28.03%）位列前三。

"资源质量大众评级、评论，优胜劣汰"（23.09%）、"根据使用者兴趣推荐资源"（20.90%）这两样提升资源有用性、促进需求和资源之间迅速匹配的措施也赢得了支持。

另外，"鼓励使用，根据阅/视/听积分提供奖励"（18.18%）、"网上读书会"（18.09%）等提升使用者成就感、促进使用者之间交流的措施也赢得不少支持，见表2-66所示。

表2-66 促进公共文化场馆数字资源利用的机制和方法（N=3339）

排序	机制和方法	小计	比例（%）
1	少量付费，接入手机等移动终端	1182	35.40
2	少量付费，开放公共文化场馆数字源阅/视/听	1043	31.24
3	少量付费，接入家中有线电视网	936	28.03
4	资源质量大众评级、评论，优胜劣汰	771	23.09
5	根据使用者兴趣推荐资源	698	20.90
6	鼓励使用，根据阅/视/听积分提供奖励	607	18.18
7	网上读书会	604	18.09
8	二手资源交流	504	15.09
9	公众需求登记，由需求程度决定数字资源是否引进	381	11.41
10	出租电子书	244	7.31
11	出租平板电脑、阅读器	194	5.81
12	付费定制绝版书的电子书	145	4.34
13	出租电子杂志	120	3.59
14	付费定制/翻录珍稀音像资料的数字音视频	117	3.50
15	出租音视频	110	3.29
16	其他	52	1.56

注：多选题，合计百分比大于100%。

2.7.6 本节小结

通过此次调查,我们的主要发现如下:

(1)根据公共图书馆的接触频次,图书馆的使用者可以分为:"频繁使用者""经常使用者""间歇性使用者""偶尔使用者""不使用者"。"频繁使用者"占样本总体的8.11%,"经常使用者"占样本总体的11.62%,"间歇性使用者"占样本总体的17.52%,"偶尔使用者"占样本总体的31.45%,"不使用者"占样本总体的31.30%。

(2)52.83%的被访者有通过公共图书馆(含阅览室)使用数字文化资源的经验。电子书是被访者最常使用的数字资源,有40.64%的被访者通过图书馆等使用了电子书。88.20%的"频繁使用者"、86.08%的"经常使用者"、83.42%的"间歇性使用者"和66.95%的"偶尔使用者"通过图书馆使用了各类数字资源。以上数据暗示了三种可能:一是经常使用公共图书馆的使用者,仍看重其作为一个实体空间的价值;二是偶尔使用图书馆的人群虽然不依赖图书馆作为一个实体空间的功能,但仍通过使用数字资源然将公共图书馆作为重要的虚拟资源;三是现有数字文化资源不能满足使用者的需求,他们仍需要纸质阅读资源。

(3)近一年里,通过网络或实地,64.18%的被访者造访过文博馆、美术馆等;18.09%的被访者造访过自然博物馆、科技馆、天文馆等;8.78%的被访者造访过少年宫等。被访者中有6.38%的人使用过网络虚拟博物馆,有5%以上的人使用过电子导游器、数字技术支持的互动体验区、二维码展品介绍等数字资源。

(4)被访者中,有52.27%的人在场馆外使用数字文化资源,有47.73%的在场馆内使用数字文化资源。

(5)资源的有用性、操作系统的可掌握性、文化场馆的宣传和讲解是吸引公众使用公共文化场馆数字资源的主要因素。使用不便捷、资源不完整、使用者需求和资源之间难以迅速匹配都成为影响公众使用公共文化场馆数字资源的主要问题。使用者需要开放的、随时随地的、多屏的获取途径,他们支持促进需求和资源之间迅速匹配的措施,以及提升使用者成就感、促进使用者之间交流的措施。

(6)不同的公共图书馆(含阅览室)使用者群体之间,尤其是在使用者和不使用者之间在教育程度、经济和生活状况等各个方面的差异明显。公共图书馆本意上是为大众社会的文化权利公平而设的,然而从以上数据来看,"不使用者"

恰恰是传统观念中被认为文化资源贫乏而最需要使用公共图书馆的人。

总体而言，数字技术引发的媒介融合、传播竞争及公众媒介使用习惯的变化，正在对公共图书馆等在公共文化服务体系中的地位和功能提出挑战。如何在数字环境下重构公共图书馆的价值、提升其服务效能成为一个需要积极应对的问题。

2.8 数字文化资源生产的参与者分析

数字技术具有自上而下释放文化资源的特性，同时，它也为使用者自下而上参与数字文化资源生产开辟了广泛的路径。本节即重点探讨此问题。

我们将撰写博客、微博、微信等，网络问答中提问、回答，编辑网络百科条目，制作上传图片，制作电子杂志，参与网络文学创作，制作和上传视频，制作和上传音频，为数字阅读、视听产品写评论、打分，通过互联网与文化名人、文化企业和机构互动等行为视为在不同层面参与了数字文化资源的生产。将通过以上各种方式参与了数字文化资源生产的使用者命名为"数字文化资源生产参与者"。

此次调查的数据显示，有2224个样本参与了数字文化资源的生产，占样本总体的66.61%。

以下，从人口统计指标、参与方式等方面对"数字文化资源生产参与者"进行初步的描述与分析。

2.8.1 人口统计指标

2.8.1.1 年龄

对参与者年龄的分析显示：从15岁到70岁及以上，基本上各个年龄段样本都或多或少地参与了数字文化资源的生产，见表2-67所示。

从年龄构成来看，在参与者中，25~29岁年龄段样本所占比例最高，为36.83%；30~34岁年龄段的样本其次，占22.26%；35~39岁年龄段的样本再次，占15.78%；以上三者所占比例均高于样本总体水平。因此，25~39岁的中青年是数字文化资源生产的主要和积极的参与者。

40~44岁年龄段样本占参与者的14.61%,居第四位,这个比例仅较样本总体水平低0.01%。可以认为,40~44岁年龄段样本也较为普遍地参与了数字文化资源的生产。

表2-67 "数字文化资源生产参与者"的年龄分布(N=2224)

样本群 年龄	参与者总体		样本总体	
	小计	比例(%)	小计	比例(%)
15~19岁	23	1.03	34	1.02
20~24岁	73	3.28	106	3.17
25~29岁	819	36.83	1084	32.40
30~34岁	495	22.26	655	19.62
35~39岁	351	15.78	492	14.73
40~44岁	325	14.61	488	14.62
45~49岁	72	3.24	144	4.31
50~54岁	25	1.12	80	2.40
55~59岁	20	0.90	79	2.37
60~64岁	10	0.45	50	1.50
65~69岁	5	0.22	52	1.56
70岁及以上	6	0.26	75	2.25

2.8.1.2 性别

从性别来看,"数字视听资源生产参与者"中,男性参与者所占比例为47.35%,略高于男性样本在样本总体中所占比例;女性参与者比例为52.65%,略低于女性样本在样本总体中所占比例。可以认为,男性比女性更积极地参与了数字文化资源的生产,见表2-68所示。

表2-68 "数字文化资源生产参与者"的性别分布(N=2224)

样本群 性别	数字文化资源生产参与者		样本总体	
	小计	比例(%)	小计	比例(%)
男性	1053	47.35	1559	46.69
女性	1171	52.65	1780	53.31

2.8.1.3 生活和工作环境

对参与者工作与生活环境分布的分析显示，参与者在城市、县/乡/镇、农村均有分布，见表2-69所示。

城市样本占参与者的93.44%，略高于样本总体水平（91.64%），是最主要且积极的参与者。县/乡/镇的样本占参与者的5.31%，略高于样本总体水平（5.06%）。这意味着，县/乡/镇样本也较为普遍且积极地参与了数字文化资源的生产。

表2-69 "数字文化资源生产参与者"的环境分布（N=2224）

样本群 环境	数字文化资源生产参与者		样本总体	
	小计	比例（%）	小计	比例（%）
城市	2078	93.44	3060	91.64
县/乡/镇	118	5.31	169	5.06
村	28	1.26	110	3.29

2.8.1.4 受教育程度

对参与者教育程度的分析显示：从没上过学到研究生，基本上各个受教育程度的被访者都或多或少地参与了数字文化资源的生产，见表2-70所示。

从没上过学到大专、本科，随着教育程度的提升，参与者比例也在增加。然而，参与者比例随教育程度提升而增加的过程，并没有体现在从大专、本科到研究生的层面。

从构成比例来看，在参与者中，大专/本科样本中占比例最高，为65.11%，且明显高于样本总体水平（57.86%）；其次是研究生及以上教育程度的样本，占23.20%，且略高于样本总体水平（19.56%）。因此，受教育程度为大专/本科及以上的样本是主要且积极的参与者。

表2-70 "数字文化资源生产参与者"受教育程度的分布（N=2224）

样本群 教育程度	数字文化资源生产参与者		样本总体	
	小计	比例（%）	小计	比例（%）
没上过学	2	0.09	7	0.21
小学	8	0.36	64	1.92

样本群	数字文化资源生产参与者		样本总体	
教育程度	小计	比例（%）	小计	比例（%）
初中	58	2.61	295	8.83
高中/中专	192	8.63	388	11.62
大专/本科	1448	65.11	1932	57.86
研究生及以上	516	23.20	653	19.56

2.8.1.5 职业

对参与者职业的分析显示，各个职业类型的样本都参与了数字文化资源的生产，见表2-71所示。

从构成比例来看，企业工作人员占参与者的47.35%，比例最高；其次是事业单位工作人员，占参与者的18.39%；以上两个数值均略高于样本总体水平。因此，企事业单位工作人员是数字文化资源生产最主要的参与者。

另外，自营职业者占参与者的10.03%，学生占参与者的6.83%，教育系统工作人员占参与者的6.21%；退休人员占参与者的1.26%，均略高于样本总体水平。因此，他们也是数字文化资源生产的积极参与者。

进城务工人员、在农村从事非农业生产的人员也参与了数字文化资源的生产，其占参与者比例为7.64%，虽然已经算显著，但仍明显低于样本总体水平的12.52%。随着条件的改善，进城务工人员、在农村从事非农业生产的人员将更多地参与到数字文化资源的生产中。

表2-71 "数字文化资源生产参与者"职业分布（N=2224）

样本群	数字文化资源生产参与者		样本总体	
职业	小计	比例（%）	小计	比例（%）
企业单位	1053	47.35	1430	42.83
事业单位	409	18.39	508	15.21
教育系统	138	6.21	162	4.85
自营职业	223	10.03	278	8.33
进城务工/在村镇从事非农业生产	170	7.64	418	12.52
照顾家庭	26	1.17	233	6.98

样本群 职业	数字文化资源生产参与者		样本总体	
	小计	比例（%）	小计	比例（%）
学生	152	6.83	34	1.02
务农	2	0.09%	188	5.63%
退休	28	1.26%	41	1.23%
待业	23	1.03%	47	1.41%

2.8.1.6 收入

对参与者收入分布的分析显示：从家庭收入1000元/月及以下到24001元/月及以上，各个收入阶层的样本都或多或少地参与了数字文化资源的生产，见表2-72所示。

从构成比例来看，家庭收入3001~6000元/月的样本占参与者的26.80%，家庭收入6001~9000元/月的样本占参与者的18.97%，但以上比例均略低于样本总体水平。

家庭收入1000元/月及以下的样本占参与者的1.80%，9001~12000元/月的样本占参与者的15.56%，12001~18000元/月的样本占参与者的16.37%，18001~24000元/月的样本占参与者的6.65%，24001元/月及以上的样本占参与者的4.59%，而且比例均略高于样本总体水平。因此，家庭收入1000元/月及以下和9001元/月及以上的样本更为积极地参与了数字文化资源的生产。

表 2-72　"数字文化资源生产参与者"的收入分布（N=2224）

样群 收入	数字文化资源生产参与者		样本总体	
	小计	比例（%）	小计	比例（%）
1000 元/月及以下	40	1.80	52	1.56
1001~3000 元/月	206	9.26	383	11.47
3001~6000 元/月	596	26.80	1066	31.93
6001~9000 元/月	422	18.97	635	19.02
9001~12000 元/月	346	15.56	444	13.30
12001~18000 元/月	364	16.37	442	13.24
18001~24000 元/月	148	6.65	186	5.57
24001 元/月及以上	102	4.59	131	3.92

综上所述,"数字文化资源生产参与者"以25~44岁的中青年男女为主,男性略多于女性,他们广布于城市、县、乡、镇,多为受大专、本科及以上教育的企事业单位工作人员、自营职业者、学生、教育系统工作人员、退休人员,其家庭收入多在1000元/月及以下或9001元/月及以上。

2.8.2 获取数字文化资源的主要策略

在数字文化资源获取方式方面,"数字文化资源生产参与者"以上网使用免费资源作为首选方式,见图2-21所示。

*选项得分=(Σ频数×权值)/本题填写人次。权值由选项被排列的位置决定。例如,3个选项参与排序,那排在第一个位置的权值为3,第二个位置权值为2,第三个位置权值为1。

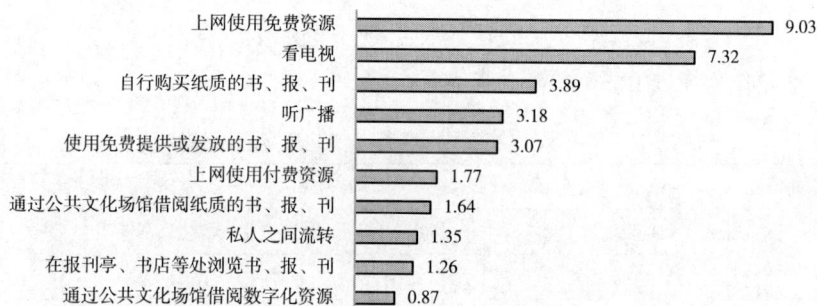

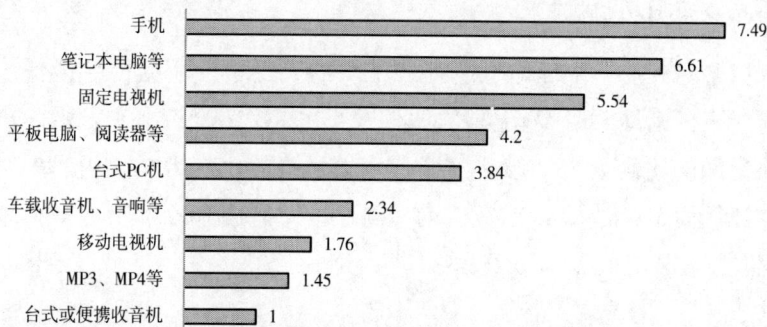

选项	得分
上网使用免费资源	9.03
看电视	7.32
自行购买纸质的书、报、刊	3.89
听广播	3.18
使用免费提供或发放的书、报、刊	3.07
上网使用付费资源	1.77
通过公共文化场馆借阅纸质的书、报、刊	1.64
私人之间流转	1.35
在报刊亭、书店等处浏览书、报、刊	1.26
通过公共文化场馆借阅数字化资源	0.87

图2-21 "数字文化资源生产参与者"获取各类文化资源的常用方式(N=2224)

在数字资源获取终端方面,"数字文化资源生产参与者"以手机为第一终端,以笔记本电脑为第二终端,见图2-22所示。

*选项得分=(Σ频数×权值)/本题填写人次。权值由选项被排列的位置决定。例如,3个选项参与排序,那排在第一个位置的权值为3,第二个位置权值为2,第三个位置权值为1。

选项	得分
手机	7.49
笔记本电脑等	6.61
固定电视机	5.54
平板电脑、阅读器等	4.2
台式PC机	3.84
车载收音机、音响等	2.34
移动电视机	1.76
MP3、MP4等	1.45
台式或便携收音机	1

图2-22 "数字文化资源生产参与者"常用接收终端(N=2224)

综合获取方式与接收终端，"数字文化资源生产参与者"主要以手机、笔记本等上网获取免费资源为主要策略；其次是看电视。同样可知他们也主要是通过手机、笔记本电脑等上网作为自己参与数字文化资源生产的主要途径。

2.8.3 使用数字文化资源的频次

与样本总体相比，"数字文化资源生产参与者"倾向于更高频次的使用数字阅读和视听资源，见表2-73所示。

在"数字文化资源生产参与者"中，每天使用数字阅读资源的人的比例为70.28%，远远高出样本总体水平（54.00%）。

"数字文化资源生产参与者"中每天使用数字视听资源的人的比例为61.60%。略高于样本总体；每周使用数字视听资源的人的比例为26.21%，明显高于样本总体水平（13.54%）。

表2-73 "数字文化资源生产参与者"数字资源使用频次

使用的资源	数字阅读资源				数字视听资源			
	数字文化资源生产参与者		样本总体		数字文化资源生产参与者		样本总体	
使用频次	小计	比例（%）	小计	比例（%）	小计	比例（%）	小计	比例（%）
每天使用	1563	70.28	1803	54.00	1370	61.60	2033	60.89
每周使用	349	15.69	774	23.18	583	26.21	452	13.54
偶尔使用	108	4.86	421	12.61	237	10.66	174	5.21

2.8.4 数字文化资源内容源偏好

2.8.4.1 数字阅读资源内容源偏好

"数字文化资源生产参与者"中有52.11%的人经常使用微博、微信上的名人、大V账号、公众账号，高出样本总体（15.75%）36个百分点。参与者中经常使用网络新闻的比例为85.30%，经常使用电子报的比例为55.80%，经常使用网络百科的比例为53.46%，以上数值均高出样本总体近10个百分点，体现了参与者的内容源偏爱，见表2-74、图2-23所示。

表 2-74　"数字文化资源生产参与者"数字阅读源偏好（$N=2224$）

样本群 数字阅读源	数字文化资源生产参与者		样本总体	
	小计	比例（%）	小计	比例（%）
网络新闻（如网易新闻/腾讯新闻/百度新闻/凤凰新闻等）	1897	85.30	2497	74.78
电子书(含网络小说)	1226	55.13	1607	48.13
电子报(含报纸的手机报、网站、博客、微博、APP、微信等)	1241	55.80	1556	46.60
电子杂志(含杂志的网站、博客、微博、APP、微信等)	1078	48.47	1478	44.26
网络百科(如维基百科/百度百科等)	1189	53.46	1455	43.58
网络问答(如百度知道/知乎等)	931	41.86	1335	39.98
网络文库(如百度文库/豆丁等)	1046	47.03	1296	38.81
网络摄影网站、图片库等	639	28.73	1129	33.81
电子政务/政府信息公开	431	19.38	772	23.12
微博、微信上的名人、大V账号、公众账号等	1159	52.11	526	15.75
其他	21	0.94	28	0.84

注:多选题,百分比合计大于100%。

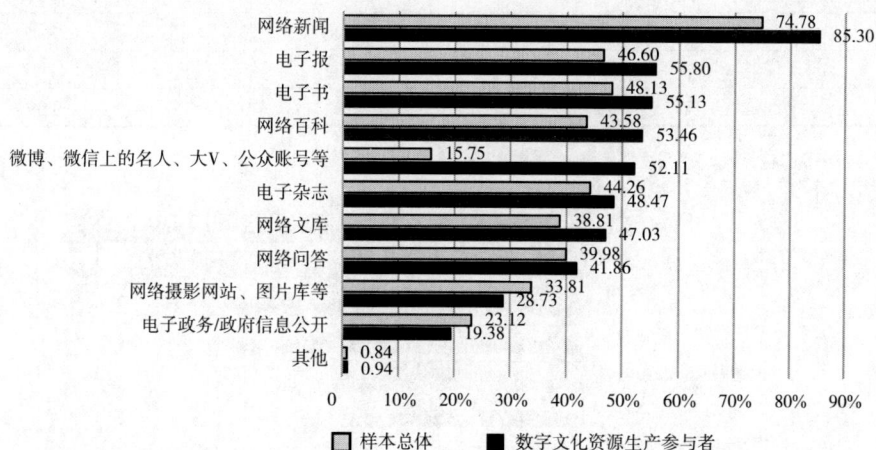

图 2-23　"数字文化资源生产参与者"数字阅读源偏好（$N=2224$）

2.8.4.2 数字视听资源内容源偏好

在传统内容产业生产的内容方面,"数字视听资源生产参与者"中经常上网看电影的比例为85.70%,高出样本总体水平十多个百分点。74.60%参与者经常上网看电视剧,59.85%的参与者经常上网听音乐或看MV,56.56%的参与者经常上网看电视节目，以上比例均高出样本总体水平7个以上的百分点。

在网络产业自制内容方面，41.05%的参与者经常看网络原创电影/微电影，32.06%的参与者经常打网络游戏，22.44%的参与者经常听网络原创音乐，22.03%的参与者经常看网络原创节目，19.24%的参与者经常看视频网站自制剧集，以上比例均高出样本总体水平4个左右的百分点，见表2-75、图2-24所示。

表2-75　"数字文化资源生产参与者"数字视听内容源偏好（N=2224）

样本群 内容源	数字文化资源生产参与者		样本总体	
	小计	比例（%）	小计	比例（%）
电影	1906	85.70	2506	75.05
网络原创电影/微电影	913	41.05	1089	32.61
电视剧	1659	74.60	2210	66.19
视频网站自制剧集	428	19.24	514	15.39
电视节目	1258	56.56	1614	48.34
网络原创节目（定期、连续播出）	490	22.03	576	17.25
音乐（含MV）	1331	59.85	1752	52.47
网络原创音乐（含MV）	499	22.44	598	17.91
游戏	713	32.06	938	28.09
草根视频	294	13.22	373	11.17
其他	25	1.12	33	0.99

注：多选题，合计百分比大于100%。

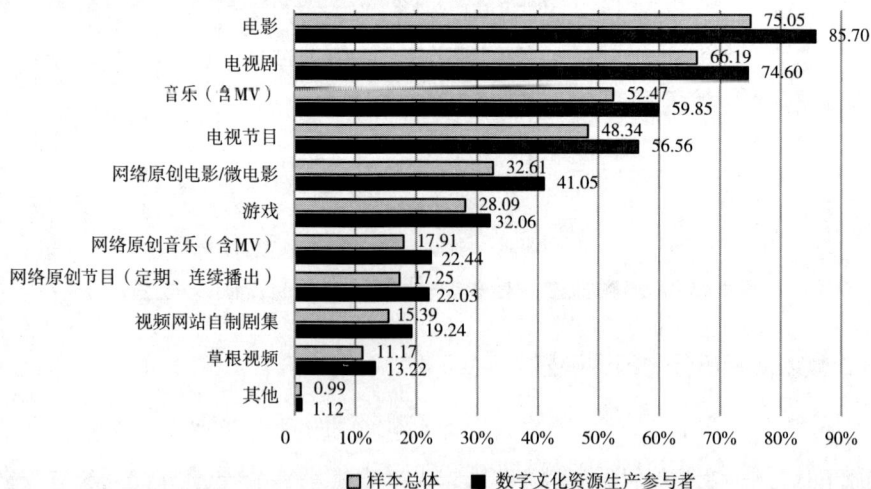

图2-24　"数字文化资源生产参与者"数字视听内容源偏好（N=2224）

2.8.5 参与数字文化资源生产的主要方式

2.8.5.1 参与数字文化资源生产的主要方式

在创作数字视听和阅读资源方面,73.56%的参与者撰写博客、微博、微信等;50.58%的参与者制作、拍摄和上传图片;19.83%的参与者制作和上传视频;10.93%的参与者制作和上传音频;10.43%的参与者参与网络文学创作;7.82%的参与者制作电子杂志。

网络问答和网络百科也成为参与者活动的重要领域:49.91%的参与者在网络问答中提问、回答;9.89%的参与者编辑网络百科条目。

在围绕数字视听和阅读资源的互动方面,27.43%的参与者为影视剧、音乐、小说等作品写评论、打分。12.14%的参与者通过网络与文化名人/企业/公共机构互动,见表2-76、图2-25所示。

表2-76　"数字文化资源生产参与者"参与数字文化资源生产的主要方式（N=2224）

排序	参与方式	小计	比例（%）
1	撰写博客、微博、微信等	1636	73.56
2	制作、拍摄和上传图片	1125	50.58
3	在网络问答中提问、回答	1110	49.91
4	为影视剧、音乐、小说等作品写评论、打分	610	27.43
5	制作和上传视频	441	19.83
6	通过网络与文化名人/企业/公共机构互动	270	12.14
7	制作和上传音频作品	243	10.93
8	参与网络文学创作	232	10.43
9	编辑网络百科条目	220	9.89
10	制作电子杂志	174	7.82
11	其他	15	0.67

注:多选题,百分比合计大于100%。

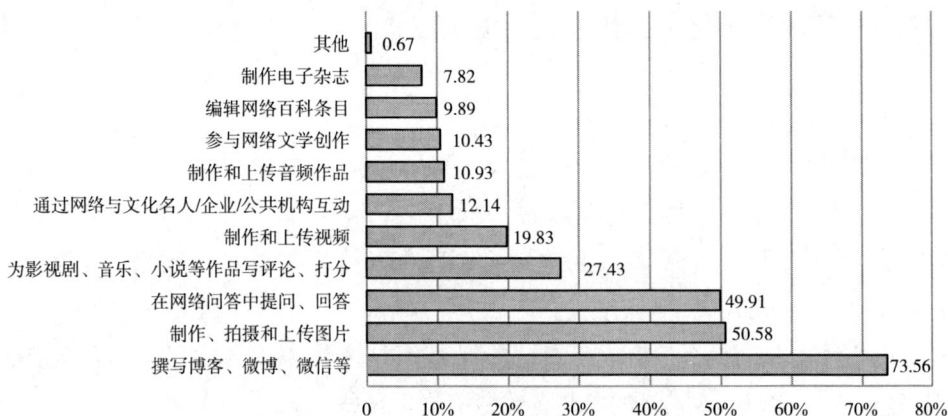

图2-25 "数字文化资源生产参与者"参与数字文化资源生产的主要方式（$N=2224$）

2.8.5.2 性别与参与数字文化资源生产的主要方式

不同性别的参与者所倚重的参与数字文化资源生产的方式有明显的不同。相对于女性参与者，男性参与者更为积极地制作和上传视频（58.05%），制作电子杂志（54.60%），制作和上传音频（51.44%），编辑网络百科条目（50.91%），在网络问答中提问、回答（50.72%）。

相对于男性参与者，女性参与者更积极地通过网络与文化名人/企业/公共机构互动（57.04%），制作拍摄和上传图片（56.09%），撰写博客、微博、微信等（54.77%），为影视剧、音乐、小说等作品写评论、打分（53.61%），参与网络文学创作（50.43%），见表2-77、图2-26所示。

表2-77 不同性别的"数字文化资源生产参与者"参与生产的方式

性别　参与方式	男性		女性	
	小计	比例（%）	小计	比例（%）
撰写博客、微博、微信等	740	45.23	896	54.77
在网络问答中提问、回答	563	50.72	547	49.28
制作、拍摄和上传图片	494	43.91	631	56.09
参与网络文学创作	115	49.57	117	50.43
制作和上传视频	256	58.05	185	41.95

性别 参与方式	男性		女性	
	小计	比例（%）	小计	比例（%）
制作电子杂志	95	54.60	79	45.40
制作和上传音频	125	51.44	118	48.56
通过网络与文化名人/企业/公共机构互动	116	42.96	154	57.04
为影视剧、音乐、小说等作品写评论、打分	283	46.39	327	53.61
在网络百科中编辑条目	112	50.91	108	49.09
其他	8	53.33	7	46.67
参与者总体	1053	47.35	1171	52.65

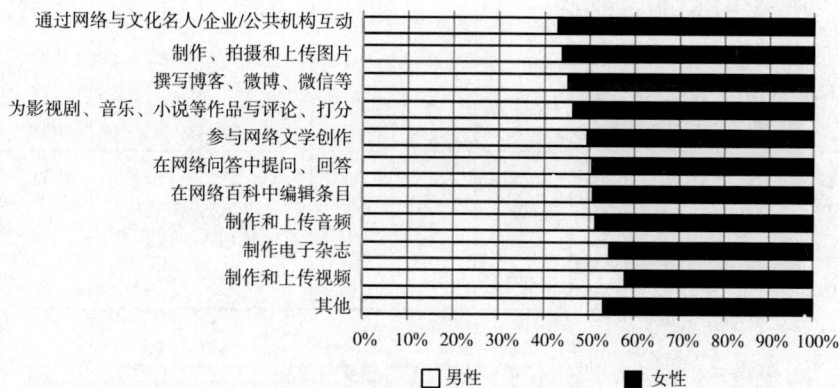

图2-26　不同性别的"数字文化资源生产参与者"参与生产的方式

2.8.5.3 受教育程度与参与数字文化资源生产的主要方式

受教育程度与参与数字文化资源生产方式之间有明确的联系。如高中及以下受教育程度的样本对通过网络与文化名人/企业/公共机构互动的参与方式普遍表现得比较积极。又如大专/本科教育程度的样本更为积极地在网络问答中提问、回答，也更为积极地制作电子杂志，研究生及以上教育程度的样本更为积极地在网络百科中编辑条目，见表2-78、图2-27所示。

表2-78　不同受教育程度的"数字文化资源生产参与者"参与生产的方式

受教育程度 参与方式	没上过学	小学	初中	高中/中专	大专/本科	研究生及以上
撰写博客、微博、微信等	0	0.43%	2.51%	7.76%	65.59%	23.72%
在网络问答中提问、回答	0	0.18%	1.80%	7.57%	65.14%	25.32%
制作、拍摄和上传图片	0	0.36%	2.58%	8.44%	67.64%	20.98%
参与网络文学创作	0	0.43%	1.29%	3.45%	68.97%	25.86%
制作和上传视频	0.45%	0	2.72%	9.30%	66.44%	21.09%
制作电子杂志	0	0	1.72%	5.75%	63.79%	28.74%
制作和上传音频作品	0	0	3.29%	9.05%	67.08%	20.58%
通过网络与文化名人/企业/公共机构互动	0.37%	0.37%	4.81%	9.26%	61.85%	23.33%
为影视剧、音乐、小说等作品写评论、打分	0	0.33%	3.11%	7.54%	64.10%	24.92%
在网络百科中编辑条目	0	0	1.36%	5.00%	55.45%	38.18%
其他	0	0	0	20	66.67%	13.33%
参与者总体	0.09%	0.36%	2.61%	8.63%	65.11%	23.20%

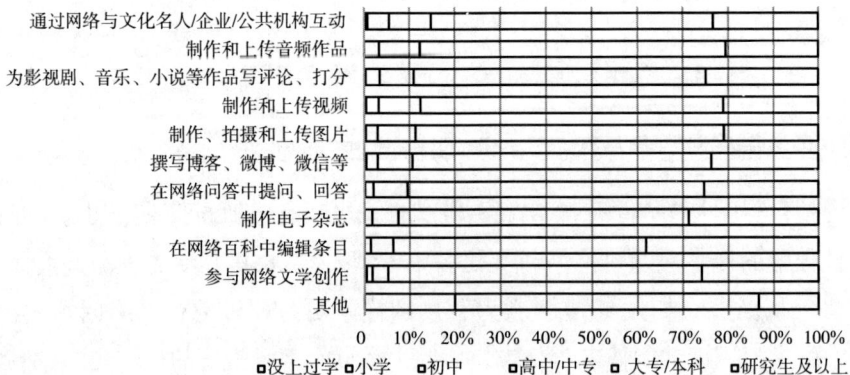

图2-27　不同受教育程度的"数字文化资源生产参与者"参与生产的方式

2.8.5.4 数字文化资源获取策略、使用频次与参与文化资源生产情况

"网络主导型"和"单一网络型"重度视听者积极地"为影视剧、音乐等写评论、打分","广电网络复合型"和"广电主导型"重度视听者更为积极地"制作和上传视频"及"制作和上传音频""通过网络与文化名人/企业/公共机构互动",表2-79、图2-28所示。

表2-79 重度视听群参与视听资源生产的主要方式

样本群 参与方式	单一电视型		广电主导型		广电网络 复合型		网络主导型		单一网络型		样本总体	
	小计	比例 (%)	小计	比例 (%)	小计	比例 (%)	小计	比例 (%)	小计	比例 (%)	小计	比例 (%)
为影视剧、音乐等 写评论、打分	0	0	9	42.86	177	52.06	128	59.53	35	57.38	196	29.74
制作和上传视频	0	0	12	57.14	165	48.53	79	36.74	27	44.26	156	23.67
制作和上传音频	0	0	6	28.57	102	30	36	16.74	13	21.31	93	14.11
通过网络与文化名人/ 企业/公共机构互动	0	0	7	33.33	76	22.35	48	22.33	10	16.39	84	12.75
其他	0	0	0	0	5	1.47	5	2.33	1	1.64	3	0.46

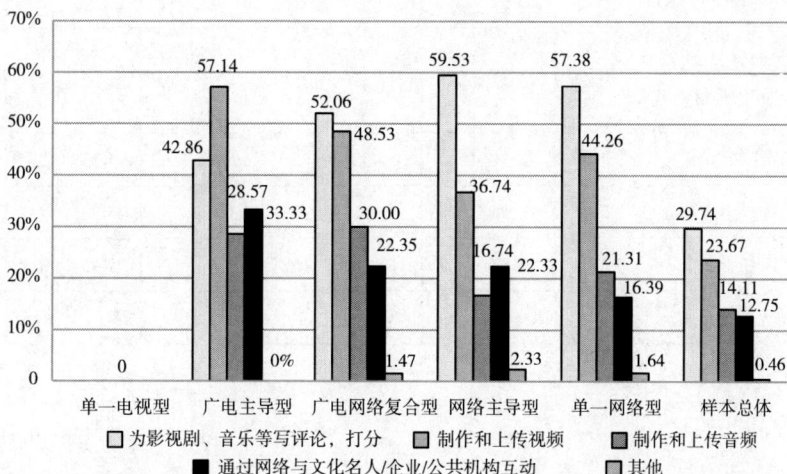

图2-28 重度视听样本群参与公共数字文化资源生产的主要方式

"数字纸质复合型"和"纸质主导型"重度阅读者更为积极地参与到各种方式的数字文化资源生产中。"纸质主导型"重度阅读者最为积极地参与网络文学创作、通过网络与文化名人/企业/公共机构互动、编辑网络百科条目和制作电子杂志。"数字纸质复合型"重度阅读者最为积极地撰写博客、微博、微信等制作、拍摄和上传图片，为作品评论、打分。"数字主导型"重度阅读者最为积极地在网络问答中提问、回答。"单一数字型"重度阅读者参与数字阅读资源生产的比例低于样本总体和其他重度阅读群的水平，见表2-80、图2-29所示。

表2-80　重度阅读群参与阅读资源生产的主要方式

样本群 参与方式	纸质主导型		数字纸质复合型		数字主导型		单一数字型		样本总体	
	小计	比例(%)	小计	比例(%)	小计	比例(%)	小计	比例(%)	小计	比例(%)
撰写博客、微博、微信等	78	64.46	242	73.78	234	51.88	61	44.20	1636	49.00
制作、拍摄和上传图片	70	57.85	198	60.37	138	30.60	35	25.36	1125	33.69
在网络问答中提问、回答	41	33.88	134	40.85	191	42.35	38	27.54	1110	33.24
为作品写评论、打分	29	23.97	85	25.91	91	20.18	17	12.32	610	18.27
通过网络与文化名人/企业/公共机构互动	16	13.22	38	11.59	38	8.43	6	4.35	270	8.09
参与网络文学创作	27	22.31	47	14.33	25	5.54	6	4.35	232	6.95
在网络百科中编辑条目	15	12.40	28	8.54	23	5.10	8	5.80	220	6.59
制作电子杂志	14	11.57	33	10.06	15	3.33	2	1.45	174	5.21
其他	0	0	2	0.61	0	0	0	0	15	0.45

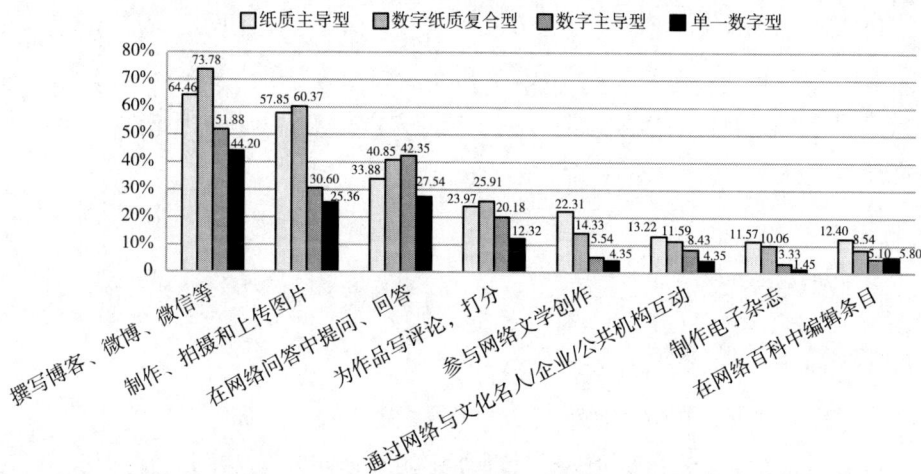

图2-29　重试阅读群参与阅读资源生产的主要方式

2.8.6　本节小结

（1）被访者中有66.61%的人参与了数字文化资源的生产。这些"数字文化资源生产参与者"以25~44岁的中青年男女为主，男性略多于女性。他们广布于城市、县、乡、镇，多为受大专、本科及以上教育的企事业单位工作人员、自营职业者、学生、教育系统工作人员、退休人员。其家庭收入多在1000元/月及以下或9001元/月及以上。值得一提的是，在参与者中，进城务工人员占了7.56%，他们从事着餐饮服务、美容美发、送水送餐、建筑装修等各种行业。通过参与视听资源的生产，他们描述了自身的处境与喜忧，表达着只有他们才能表达的声音。参与者也并没有被高学历者垄断。参与者中有0.28%人为小学教育程度，3.17%的人为初中教育程度，9.03%的人为高中教育程度。

（2）"数字文化资源生产参与者"倾向于更高频次地使用数字阅读和视听资源，"数字文化资源生产参与者"主要以手机等上网来获取数字文化资源并参与数字文化资源的生产。

（3）在参与方式方面，73.56%的参与者撰写博客、微博、微信等；50.58%的参与者制作、拍摄和上传图片；49.91%的参与者在网络问答中提问、回答；27.43%的参与者为影视剧、音乐、小说等作品写评论、打分；19.83%的参与者制作和上传视频等。参与者常用的参与方式也受到性别、教育程度等因素的影响。

借助数字终端与传播技术，公众正以积极的面貌，在不同层面参与到数字视听资源的生产中，形成了视听资源生产的社会化趋势。随着数字终端的日益普及和公众媒介素养的普遍提高，会有更多样的人群参与到数字视听资源的生产中，以推动数字视听资源生产的社会化。

2.9　小结

2.9.1　在数字视听资源方面

通过本次调查，在数字视听资源方面我们的主要发现如下：

（1）北京地区公众已经进入数字视听资源移动获取与多屏接收的时代。手机等移动终端成为最常用的终端，为手机流量与宽带接入付费的人比例已超过了有线电视，上网使用免费或付费资源已成为公众最主要的数字视听资源获取方式。

（2）77.18%的被访者频繁地上网以接触数字视听资源；71.04%的被访者频繁地看电视以接触数字视听资源；33.69%的被访者频繁地听广播以接触数字视听资源。小于45岁的被访者每天更多地上网以接触数字视听资源，而大于45岁的被访者则每天更多地通过看电视来接触数字视听资源。

（3）虽然偏爱上网所带来的自由、便利和互动，但公众目前仍更多地通过互联网来接触传统内容产业生产的内容源。75.05%的被访者经常上网看电影，66.19%的被访者经常上网看电视剧，52.47%的被访者经常上网收听音乐或看MV，48.34%的被访者经常上网收看各类电视节目。也有部分公众已经接受并习惯性地使用互联网产业自制内容和使用者创造的内容。32.61%的被访者经常看互联网原创电影、微电影，17.91%的被访者经常听网络原创音乐，17.25%的被访者经常观看互联网原创节目，15.39%的被访者经常观看视频网站自制剧集，还有11.17%的被访者经常观看草根视频。性别对内容源偏好施加着显著的影响。相较于男性，女性更经常通过互联网看电视剧、电视节目、听歌或看MV。相对于女性，男性则更经常看草根视频、网络原创电影、微电影、视频网站自制剧集等。

（4）新闻和影视剧是最受关注的视听主题。55.23%的被访者关注"新闻时政/军事外交"，51.75%的被访者关注"热门影视剧"，46.45%的被访者关注"经典影视剧"类资源。其他较受关注的视听主题还有"美食"（39.11%）、"综艺"

（36.21%）、"热门音乐"（36.06%）、"经典音乐"（35.97%）、"旅游"（35.43%）和"医疗保健养生"（35.40%）等。调查亦显示，受教育程度越高的人经常使用的视听主题也越加广泛；受教育程度越高，使用知识性的视听主题越多。

（5）依据数字视听资源的获取策略与相应的使用频次，重度视听资源使用者群可以划分为"单一网络型""网络主导型""单一电视型""广电网络复合型""广电主导型"五个群体。这些不同的重度视听者共存于一个大的视听环境下，彼此张望，各得其所。形成不同重度视听群之间区隔的因素中有纵向的时代因素，即在视听媒介数字化进化的历史进程中，不同代际之间形成与生俱来的视听行为差异。形成不同重度视听群之间区隔的因素中也有横向的人口统计因素，如城乡之别、受教育程度的不同、职业差异、收入差距等。这些外在因素逐步内化入视听者的内在思维和行为模式，或拓展或局限，影响着使用者对终端、获取方式、视听内容源、视听主题等的偏好，终而形塑了使用者的视听模式。在视听资源获取日益便捷、内容日益丰富的当代，"知沟""信息沟"等不再单纯地体现在获取量上，而更多地体现在资源获取策略和获取内容的多样化、均衡化方面。不同重度视听群之间的差异，强调了这一点。

2.9.2　在数字阅读资源方面

通过本次调查，在数字阅读资源方面我们的主要发现如下：

（1）北京地区公众已经进入了免费数字阅读为先、付费纸质阅读随后的阶段，近七成的被访者交叉使用数字和纸质平台来接触阅读资源。25~45岁的被访者经常性地通过各类阅读平台来接触阅读资源，其中包括频繁地使用数字阅读平台来获取阅读数字资源；大于45岁的被访者阅读行为减少，并且更多依靠频繁地使用纸质阅读平台来获取阅读资源。

（2）网络新闻是最常用的阅读数字阅读源，74.78%的被访者表示经常阅读网络新闻。其他较常用的数字阅读源还有：电子书（含网络小说）（48.13%）、电子报纸（46.60%）、网络百科（44.26%）、微博、微信上的大V账号和公共账号（43.58%）、电子杂志（39.98%）等。如年龄相对年轻的样本更多地使用电子书，性别对数字阅读源的偏好施加着明显的影响。相较于男性，女性更加关注具有人格化特征的信源，如微博、微信上的大V账号、公共账号、网络问答等。

（3）"新闻时政/军事外交"是最受关注的阅读主题。被访者中59.99%的人经常关注此主题。其他排名较靠前的阅读主题还有："美食"（45.04%）、"旅游"（42.65%）、"音乐/电影/娱乐"（42.53%）、"医疗/保健养生"（41.81%）、"小说"（39.29%）、"生活窍门/消费知识"（38.04%）等。性别对阅读主题的选择产生了几乎是决定性的影响。男性常用阅读主题有"新闻时政/军事外交""体育""投资理财""科技"等。女性常用阅读主题有"美食""时尚服饰/健身美容""家居装饰装修""情感/两性/婚姻/家庭"等。阅读行为需要更多智力资源的支持，也有赖于成长和生活环境。分析也显示，受教育程度越高的人经常涉猎的阅读主题也越加广泛。

（4）依据阅读资源的获取策略与相应的使用频次，可以将重度阅读资源使用者划分为"纸质主导型""数字纸质复合型""数字主导型""单一数字型"四种类型。不同重度阅读群之间的区隔有阅读媒介由纸质到数字转换过程中形成的代际区隔，如"单一数字型"重度阅读者和"数字主导型"重度阅读者更为年轻；而"纸质主导型"重度阅读者和"数字纸质复合型"重度阅读者年龄更为成熟。同样是重度阅读群，不同重度阅读群体之间的差别更多地体现在所获取的内容方面。而造成这种阅读群体区隔的主要是横向的因素，如城乡、性别、受教育程度、收入等，以及由此形成的阅读积习。

2.9.3 在付费使用数字文化资源方面

在付费使用数字文化资源方面，本次调查发现：

（1）北京市公众普遍为基本的网络接入和基础内容包付费，包括手机流量（80.65%）、宽带（72.36%）和有线电视（71.31%）。为手机流量和宽带付费的人比例已经高于为有线电视付费人的比例。

（2）在为特定视听内容付费方面，21.77%的人为网络游戏付费，18.21%的人为通过网络看影视剧付费，6.32%的人为数字音乐付费。影视剧已经成为继网络游戏之后最大的付费视听项目。在为数字阅读内容付费方面，在版权管理不力、免费阅读资源丰富的环境下，仍有超一成的公众坚持为网络小说、电子书、网络新闻客户端等数字阅读资源付费。网络小说和电子书仍是最主要的付费使用板块：被访者中16.71%的人为网络小说付费，15.21%的人为电子书付费。

（3）重度视听者也是积极的付费者。"广电网络复合型"重度视听者积极地为手机流量、宽带、有线电视付费，也最为积极地为网络游戏、影视剧等付费。

"网络主导型"重度视听者积极地为手机流量、宽带、网络游戏、数字音乐等付费。"单一网络型"重度视听者积极地为手机流量、宽带、网络游戏、数字音乐等付费。"单一电视型"重度视听者则主要为有线电视等付费。

（4）"数字纸质复合型"重度阅读者积极地为手机流量、宽带付费，也最为积极地为网络小说、电子书、电子杂志、网络新闻客户端等各种数字阅读内容付费。"数字主导型"重度阅读者积极地为网吧、手机流量、宽带付费。"单一数字型"重度阅读者积极地为宽带、手机流量付费。"数字主导型"和"单一数字型"重度阅读者为特定数字阅读内容付费的比例较其他样本群低，甚至低于样本总体水平。"纸质主导型"重度阅读者中为基本接入和基础内容包付费的人的比例较其他重度阅读者相对较低，但高于样本总体水平；同时他们较为积极地为手机报、网络小说和电子书付费。

总体而言，在网络接入方面，手机流量成为最普遍的付费项目，在内容获取方面，公众的文化需求中个性化的因素正在凸显，这也引发影视剧、电子书等付费使用项目的拓展。

2.9.4 在公共文化场馆及其数字文化资源方面

在公共文化场馆及其数字文化资源方面，通过调查，我们的主要发现如下：

（1）近一年以来，实地或者通过网络，有68.70%的被访者造访过公共图书馆（含阅览室）。从造访频次来看，有8.11%的被访者造访公共图书馆1次/星期及以上；11.62%的被访者造访公共图书馆1~3次/月；17.52%的被访者造访公共图书馆3~6次/年；31.45%的被访者偶尔造访公共图书馆1~2次/年；31.30%的被访者在近一年的时间里，没有造访过公共图书馆。

（2）52.83%的被访者有通过公共图书馆（含阅览室）使用数字文化资源的经验。电子书是被访者最常使用的数字资源。经常使用公共图书馆的使用者，仍看重其作为一个实体空间的价值；偶尔使用图书馆的人群虽然不依赖图书馆作为一个实体空间的功能，但仍通过使用数字资源然将公共图书馆作为重要的虚拟资源。

（3）近一年里，通过网络或实地，64.18%的被访者造访过文博馆、美术馆等；18.09%的被访者造访过自然博物馆、科技馆、天文馆等；8.78%的被访者造访过少年宫等。被访者中有6.38%的人使用过网络虚拟博物馆，有5%以上的人使用过电子导游器、数字技术支持的互动体验区、二维码展品介绍等数字资源。

（4）在被访者中，有52.27%的人在场馆外使用数字文化资源，有47.73%的人在场馆内使用数字文化资源。

（5）"我能够找到自己需要的数字资源""数字资源可以提高我的学习、工作效率""公共文化场馆进行了新闻宣传"等是吸引公众使用公共文化场馆数字资源的主要因素。"资源不能在我的电脑、平板、阅读器、手机等之间同步""不了解图书馆有哪些数字资源""借用、归还时，手续很麻烦"等成为影响公共文化场馆数字文化资源利用的主要因素。

（6）公众认为，"少量付费，接入手机等移动终端""少量付费，开放公共文化场馆数字资源阅/视/听"和"少量付费，接入家中有线电视网"等措施可以有效地促进公共文化场馆数字资源的利用。

2.9.5 在公众参与数字文化资源生产方面

在公众参与数字文化资源生产方面，本次调查发现：

（1）66.61%的被访者参与了数字文化资源的生产。这些"数字文化资源生产参与者"以25~44岁的中青年男女为主，男性略多于女性。他们广布于城市、县、乡、镇，多为受大专、本科及以上教育的企事业单位工作人员、自营职业者、学生、教育系统工作人员、退休人员。其家庭收入多在1000元/月及以下或9001元/月及以上。值得一提的是，在参与者中，进城务工人员占了7.56%，他们从事着餐饮服务、美容美发、送水送餐、建筑装修等各种行业。通过参与视听资源的生产，他们描述了自身的处境与喜忧，表达着只有他们才能表达的声音。参与者也并没有被高学历者垄断。参与者中有0.28%人为小学教育程度，3.17%的人为初中教育程度，9.03%的人为高中教育程度。

（2）"数字文化资源生产参与者"倾向于更高频次地使用数字阅读和视听资源，"数字文化资源生产参与者"主要以手机等上网来获取数字文化资源并参与数字文化资源的生产。

（3）在参与方式方面，73.56%的参与者撰写博客、微博、微信等；50.58%的参与者制作、拍摄和上传图片；49.91%的参与者在网络问答中提问、回答；27.43%的参与者为影视剧、音乐、小说等作品写评论、打分；19.83%的参与者制作和上传视频等。参与者常用的参与方式也受到性别、教育程度等因素的影响。

　　总之,借助数字终端与传播技术,公众正以积极的面貌,在不同层面参与到数字视听资源的生产中,形成了视听资源生产的社会化趋势。随着数字终端的日益普及和公众媒介素养的普遍提高,会有更多样的人群参与到数字视听资源的生产中,以推动数字视听资源生产的社会化。

第3章　专题报告(Ⅰ):农民工数字文化资源公共需求与使用分析——以北京地区为例

　　帮助农民工有序融入城市是中国城镇化战略顺利实施的关键。有研究者指出:"由于受城乡二元结构的限制与自身文化、技能的制约,农民工在城市中难以获取稳定、高收入的工作,位于城市的边缘层,难以融入城市社会。这就给社会造成了不安定因素,阻碍了我国的城市化进程。"❶在这种形势下,帮助"农民工市民化"并在城市获得身份与文化认同已成为多方关注的问题。

　　"农民工市民化"涉及户籍、就业、升学、社会保障等一系列重大配套措施。农民工在职业、地域、身份转换的同时,还需要在文化上从"乡土社会"进入现代都市,开阔视野,发展生存技能,培育公民意识,提升人格上的尊严感,并获得精神上的安顿。

　　产生于"教育平民化"背景下的公共文化服务与生俱来就具有普惠大众的品格,在中国当今形势下,更可以发挥作用,帮助农民工更顺利地融入城市生活。文化部颁发的《文化部"十二五"时期公共文化服务体系建设实施纲要》(以下简称为《纲要》)提出,要把农民工纳入城市公共文化服务体系,把面向农民工的文化服务列为各级公益性文化单位的工作重点。同时,由于数字技术具有释放文化资源、降低获取门槛、普适大众的特性,《纲要》还进一步提出,要运用数字文化阵地,广泛开展多种形式的农民工文化服务。

　　为理解农民工的数字文化资源需求与使用状况,研究人员在数字文化资源公共需求与使用研究中,专辟"农民工"专题。本项研究所呈现的资料即此调查的数据和相关分析。

---

❶ 曹佳薇:《年轻进城务工人员生存现状与需求研究综述——以南农大后勤集团年轻职工为例》,《企业导报》2012年第5期。

3.1 基本概念与调查执行概况

农民工,又称民工、进城务工人员、外来务工人员。国家统计局的数据表明,2013年全国农民工总数已达2.69亿人。❶在城镇化的国家战略之下,未来10~40年内,中国大陆地区将有数亿农民脱离土地而成为城市人口。我们现在所言的农民工正是这迁移大潮中的先行人群。

此次调查所指农民工采用国家统计局的定义,指户籍仍在农村,在本地从事非农产业或外出从业6个月及以上的劳动者。

本次调查以问卷调查法为主导方法,深度访谈法为辅助性方法。2013年6~8月,调查人员在北京地区针对外来农民工发放纸质问卷,并最终回收有效问卷418份。

本次调查有效样本男女比例为52:48,见表3-1所示。

表3-1 样本性别分布(N=418)

性别	小计	比例(%)
男性	224	53.59
女性	194	46.41

有效样本从15~69岁不等,以20~44岁的青壮年农民工为主,见表3-2所示。

表3-2 样本年龄分布(N=418)

年龄	小计	比例(%)
15~19岁	19	4.55
20~24岁	85	20.33
25~29岁	90	21.53
30~34岁	52	12.44
35~39岁	52	12.44
40~44岁	60	14.35
45~49岁	28	6.70
50~54岁	16	3.83
55~59岁	14	3.35
60~64岁	1	0.24
65~69岁	1	0.24

❶ 中华人民共和国国家统计局:《2013年全国农民工监测调查报告》,http://www.stats.gov.cn/tjsj/zxfb/201405/t20140512_551585.html,2014年5月12日。

样本受教育程度从小学到研究生及以上，其中，受教育程度为高中的样本所占比例最高，为42.11%；其次是受教育程度为初中的样本，占37.32%，见表3-3所示。

表3-3　样本受教育程度分布（N=418）

受教育程度	小计	比例（%）
没上过学	0	0
小学	34	8.13
初中	156	37.32
高中/中专	176	42.11
大专/本科	49	11.72
研究生及以上	3	0.72

样本家庭与婚姻状态以已婚/离异/单身而有子女的为主，见表3-4所示。

表3-4　样本家庭与婚姻状态分布(N=418)

婚姻状态	小计	比例（%）
未婚	143	34.21
已婚（无子女）	45	10.77
已婚/离异/单身（有子女）	230	55.02

有效样本职业广泛分布于餐饮、销售、建筑、物业、摊点经营等各个领域，包括雇用他人的老板、自我雇佣的个体户和完全依赖打工挣薪的打工仔，见表3-5所示。

表3-5　样本职业分布（N=418）

职业	小计	比例（%）
餐饮酒店	54	12.92
销售、促销	45	10.77
建筑	44	10.53
物业服务、维修、绿化	32	7.66
店主/固定摊点经营	32	7.66
工人	32	7.66

职业	小计	比例（%）
理发、美容、按摩	31	7.42
装修	23	5.50
保安	23	5.50
司机	20	4.78
保洁、环卫	17	4.07
小时工、保姆	15	3.59
流动摊贩	14	3.35
快递	6	1.44
送水、送餐	5	1.20
废品回收	4	0.96
洗车、洗衣	4	0.96
护士	4	0.96
护工	3	0.72
其他	10	2.39

样本家庭收入从1000元/月及以下到24001元/月及以上不等，其中，家庭收入3001~6000元/月的样本占一半以上，见表3-6所示。

表3-6　样本家庭月收入分布（N=418）

收入	小计	比例（%）
1000元/月及以下	1	0.24
1001~3000元/月	100	23.92
3001~6000元/月	210	50.24
6001~9000元/月	67	16.03
9001~12000元/月	28	6.70
12001~18000元/月	5	1.20
18001~24000元/月	6	1.44
24001元/月及以上	1	0.24

中华人民共和国国家统计局发布的《2013年全国农民工监测调查报告》显示，2013年农民工中1980年及以后出生的新生代农民工达1.25亿，占农民工总

量的46.6%。新生代农民工中，初中以下文化程度仅占6.1%，初中占60.6%，高中占20.5%，大专及以上文化程度占12.8%。在老一代农民工中，初中以下文化程度占24.7%，初中占61.2%，高中占12.3%，大专及以上文化程度占1.8%。外出农民工人均收入（不包括包吃包住）2609元。另据北京市总工会的调查数据显示，北京市农民工就业的基本分布情况为建筑业25.2%、住宿餐饮业16.8%、制造业14.8%、居民服务和其他服务业11.9%。综合以上数据，可以认为此次农民工调查的样本结构基本合理。

本次调查中访谈男性农民工5名、女性农民工4名，访谈对象情况见表3-7。

表3-7　访谈对象概况

名字	性别	年龄	教育程度	婚姻与家庭	状态自述
ZYM	男	21	高中	未婚	黑龙江人。父母在京经营木材生意，经济上比较宽裕。自己在理发店打工。包吃住。月收入3000元左右
LCY	男	26	初中	已婚，无孩	吉林人。和兄长一起经营理发美容店。月收入25000元左右
CHG	男	31	高中	已婚，无孩	河南人。来京6年多。物业维修。月收入3000元左右
ZWH	男	35	高中	已婚，无孩	河南人。来京已7~8年，目前担任保安，同时和朋友合伙开淘宝店。保安工作包吃包住，一个月收入不到2000元。开店挣的钱比保安的工资高多了
XJ	男	38	初中	已婚，有孩	江苏人。来京8年。做装修，200~300元／天。每个月回家探望一次
WHX	女	21	高中	未婚	安徽人。来京一年多。美容院员工。包吃不包住。月收入3000元左右
CY	女	23	高中	未婚	山东人。刚到北京一个多月。之前曾在上海打工。目前在内衣店做销售员。包吃包住，月收入1500元左右
WYJ	女	25	中专	未婚	河北人。来京两年多。目前在美容店做管理工作，包吃包住，月收入5000元左右
KJ	女	26	高中	已婚，有孩	山东人。来京三年多。目前做化妆品销售员，月收入3000多元

以下从农民工数字文化资源获取策略、视听资源需求与使用状况、阅读资源需求与使用状况、文化资源消费付费情况，公共文化场馆和其数字资源使用情况，以及创造性参与等方面对调查结果进行分析。

3.2　农民工数字文化资源获取策略

首先,调查人员请农民工按照常用程度对自己获得各类阅读、视听资源的方式进行了综合排序。数据显示,看电视是农民工获得各类文化资源的最主要方式,排在第一位;其次是上网使用免费资源。其他选项综合得分与前两位差距较大,难算主流,见图3-1所示。

*选项得分=(∑频数×权值)/本题填写人次。权值由选项被排列的位置决定。例如,3个选项参与排序,那排在第一个位置的权值为3,第二个位置权值为2,第三个位置权值为1。

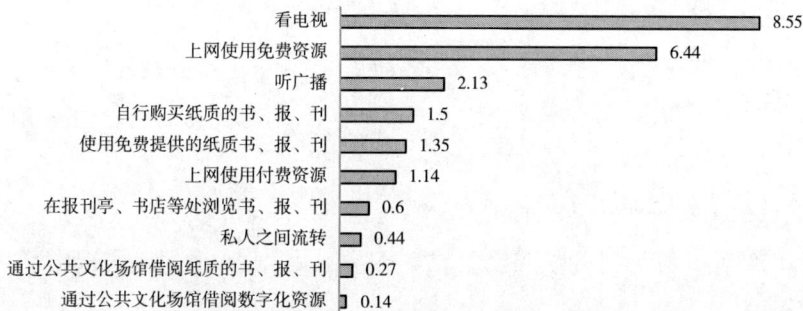

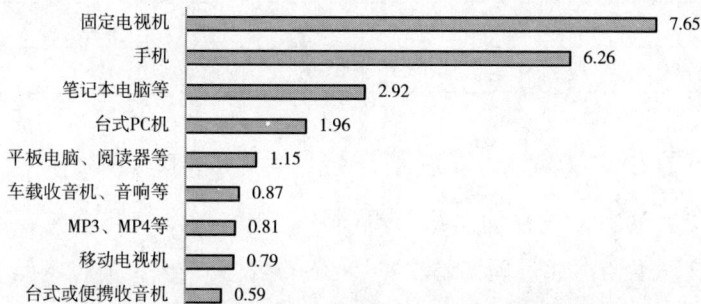

看电视　　　　　　　　　　　　　　　　8.55
上网使用免费资源　　　　　　　　　6.44
听广播　　　　　2.13
自行购买纸质的书、报、刊　　1.5
使用免费提供的纸质书、报、刊　　1.35
上网使用付费资源　　1.14
在报刊亭、书店等处浏览书、报、刊　　0.6
私人之间流转　　0.44
通过公共文化场馆借阅纸质的书、报、刊　　0.27
通过公共文化场馆借阅数字化资源　　0.14

图3-1　文化资源获取方式排序(N=418)

在资源接收终端方面,调查人员也请被访者按照常用程度对数字化接收终端进行了综合排序。数据表明,固定电视机仍然是农民工最常使用的接收终端,手机居第二位。其他排名进入前五位的方式还有自有笔记本电脑等、台式PC机、自有台式PC机、平板电脑、阅读器等,但这三项的综合得分与电视机和手机的差距较大,见图3-2所示。

*选项得分=(∑频数×权值)/本题填写人次。权值由选项被排列的位置决定。例如,3个选项参与排序,那排在第一个位置的权值为3,第二个位置权值为2,第三个位置权值为1。

固定电视机　　　　　　　　　　　7.65
手机　　　　　　　　　　　6.26
笔记本电脑等　　　2.92
台式PC机　　1.96
平板电脑、阅读器等　　1.15
车载收音机、音响等　　0.87
MP3、MP4等　　0.81
移动电视机　　0.79
台式或便携收音机　　0.59

图3-2　数字文化资源阶接收终端排序(N=418)

综合分析资源获取方式与接收终端，可以认为：农民工获取文化资源的主要策略是收看固定电视节目和用手机上网。

3.3 农民工数字视听资源需求及使用行为分析

3.3.1 不同获取方式下数字视听资源的接触频次

调查显示，52.87%的农民工每天收看电视，13.88%的农民工每周收看电视，二者合计，有66.75%的农民工比较频繁地收看电视。

定期收听广播的农民工较少。数据显示，有12.68%的农民工每天听广播，有7.42%的农民工每周听广播，二者合计，有20.10%的农民工仍在比较频繁地收听广播。

数据显示，农民工中74.64%的人有通过互联网（含移动互联网）使用数字视听资源的经验，在通过互联网接触数字视听资源方面，农民工表现出了一种开放的心态。

就使用频次而言，通过互联网，农民工中有39.95%的人每天使用数字视听资源，12.92%的人每周使用数字视听资源，二者合计，有52.87%的农民工比较频繁地通过互联网使用数字视听资源，见表3-8所示。

表3-8 农民工视听资源接触频次（N=418）

平台 频次	电视		广播		互联网（含移动互联网）	
	小计	比例（%）	小计	比例（%）	小计	比例（%）
每天使用	221	52.87	53	12.68	167	39.95
每周使用	58	13.88	31	7.42	54	12.92
偶尔使用	97	23.21	103	24.64	91	21.77
基本不使用	42	10.05	231	55.26	106	25.36

3.3.2 基于互联网平台(含移动互联网)平台的视听内容源偏好

当被问及"通过网络或移动网络，您经常使用的数字视听资源有哪些？"时，50.96%的农民工经常通过网络看电影，50%的农民工经常通过网络看电视剧，38.52%的农民工经常通过网络听音乐或看MV，36.12%的农民工则经常通过网络收看各类电视节目。可以看到，来自传统内容生产行业的视听资源最受农民工欢迎，见表3-9、图3-3所示。

表3-9 农民工基于互联网平台（含移动互联网）平台的视听内容源偏好（N=418）

排序	视听内容源	小计	比例（%）
1	电影	213	50.96
2	电视剧	209	50.00
3	音乐（含MV）	161	38.52
4	电视节目	151	36.12
5	游戏	121	28.95
6	网络原创电影/微电影	64	15.31
7	视频网站自制剧集	37	8.85
8	草根视频	35	8.37
9	网络原创节目	31	7.42
10	网络原创音乐（含MV）	31	7.42
11	其他	0	0.00

注:多选题,百分比合计大于100%。

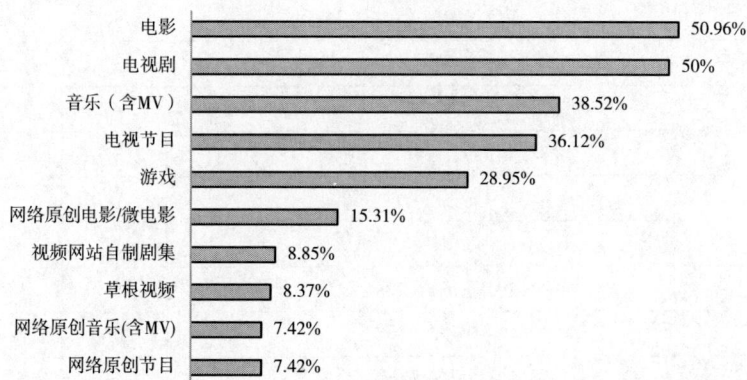

图3-3 农民工基于互联网(含移动互联网)平台的视听内容源偏好(N=418)

3.3.3 视听主题偏好

当被问及"您日常关注的视听主题有哪些?"时，最受关注的是"热门影视剧",有49.04%的农民工关注；其次,是"新闻时政/军事外交",有48.56%的农民关注；最后是"相声/小品/评书/笑话/广播剧",有30.14%的农民工关注,见表3-10所示。

与北京市公众整体数据相比较,农民工中经常使用"新闻时政/军事外交"主题的比例（49.04%）低于总体水平（55.23%）,而经常使用"相声/小品/评书/笑话/广播剧"主题的样本比例（30.14%）高于总体水平（25.39%）。农民工也更经常的使用"致富项目""进城务工技能"等视听主题。

表3-10　农民工常用视听主题（N=418）

排序	视听主题	小计	比例（%）
1	热门影视剧	205	49.04
2	新闻时政/军事外交	203	48.56
3	相声/小品/评书/笑话/广播剧	126	30.14
4	经典影视剧	115	27.51
5	经典音乐	114	27.27
6	综艺	106	25.36
7	热门音乐	97	23.21
8	医疗保健养生	90	21.53
9	政策法律法规/热点案例/纠纷调解	87	20.81
10	选秀/相亲/求职等真人秀	85	20.33
11	美食	82	19.62
12	体育	76	18.18
13	汽车	72	17.22
14	生活窍门/消费知识	68	16.27
15	脱口秀	65	15.55
16	自然科学类纪录片	56	13.40
17	动漫/游戏/电子竞技	55	13.16
18	旅游	54	12.92
19	致富项目	45	10.77
20	进城务工技能	44	10.53

续表

排序	视听主题	小计	比例（%）
21	人文社会类纪录片	43	10.29
22	名人访谈	41	9.81
23	时尚服饰/健身美容	33	7.89
24	戏曲戏剧	29	6.94
25	名家讲座	28	6.70
26	投资理财/经营管理	26	6.22
27	摄影/美术/设计/装修/收藏	18	4.31
28	舞蹈	12	2.87
29	农林畜牧相关技术	12	2.87
30	母婴/育儿/家庭教育	12	2.87
31	路况信息	12	2.87
32	远程教育/公开课	10	2.39
33	有声读物	9	2.15
34	棋类	6	1.44
35	其他	2	0.48

注:多选题,百分比合计大于100%。

性别对视听主题的选择几乎有着决定性的影响。从数据来看，男性农民工似乎更为积极地借用各类视听资源来监测环境、宣泄进攻本能、获取新知、提高生存技能，这体现在他们对新闻、体育、纪录片、公开课、汽车、棋类等内容的关注；女性农民工则似乎更多地借用视听资源寻求情感代入、扮美自己、改善生活技能，如她们对影视剧、时尚、舞蹈、美食、生活窍门、育儿等内容的关注，见图3-4、表3-11所示。

影视剧是女性农民工的最爱。她们大部分喜欢看热门的家庭剧、古装剧，电影则爱看电影院最新上映的。WHX 表示："前一段时间，看了《甄嬛传》。我喜欢看经典的电视剧，比如《大宅门》。我上网主要看电影，主要是新电影，最近看了《致青春》《泰囧》，都是在网上免费下载的。"KJ下班回到家就已经是晚上八九点了。她上网打游戏、看电影，有时间还看电视剧，她说"看家庭类的电视剧。现在不看韩剧了，那是年轻小姑娘看的。"年长些的男性农民工则很少看电影，也"不爱看电视剧"，或者只"喜欢看战争片或战争类电视剧"。年轻的男性农民工爱好广泛。ZYM看电影主要通过手机上的爱奇艺APP，他说："我是VIP会员，新电影基本就付费看。刚看了《中国合伙人》。我喜欢看家庭类的电视剧，最近刚看了《老米家的婚事》。"

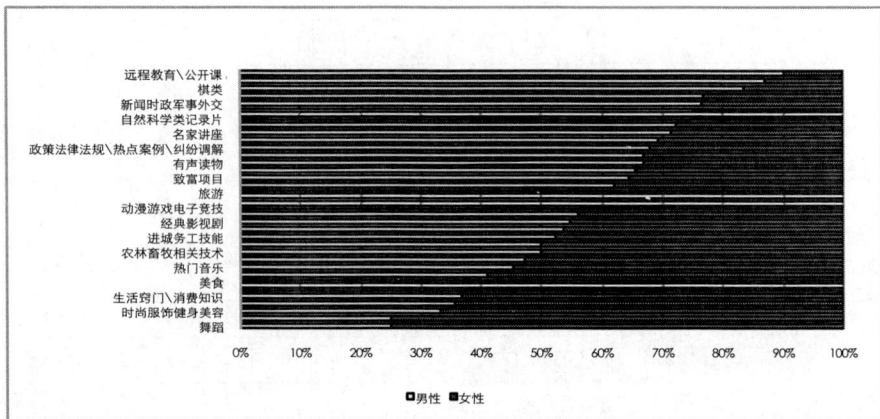

图3-4　农民工性别与常用视听主题

男性农民工对新闻、法律、体育、致富等主题的关注明显高于女性农民工。XJ看"国际新闻，军事动态。体育节目喜欢看NBA"。CHG则"关注劳动法。喜欢看《法律大讲堂》《法制进行时》《今日说法》。体育类节目喜欢看足球节目。偶尔看一下BTV-3教育频道的纪录片。还喜欢看农业频道的致富项目介绍"。

娱乐性强的电视节目则男女皆宜。《快乐大本营》《天天向上》《百变大咖秀》《中国好声音》《非诚勿扰》《我们约会吧》，还有周立波的脱口秀、郭德纲的相声都在访谈中被反复提及。被访的农民工表示，"喜欢看"，"电视上没看到的就从网上看"。看起来颇为"高端、大气、上档次"的求职节目——《职来职往》在年轻的农民工群体中很受欢迎，CHG觉得这个节目"挺好，能反映社会的实际情况"。ZYM则认为"看别人找工作，挺励志的"。

表3-11　农民工性别与常用视听主题

性别 视听主题	男性		女性	
	小计	比例（%）	小计	比例（%）
新闻时政/军事外交	155	76.35	48	23.65

性别 视听主题	男性		女性	
	小计	比例（%）	小计	比例（%）
医疗保健养生	37	41.11	53	58.89
名人访谈	23	56.10	18	43.90
投资理财/经营管理	18	69.23	8	30.77
生活窍门/消费知识	25	36.76	43	63.24
脱口秀	37	56.92	28	43.08
政策法律法规/热点案例/纠纷调解	59	67.82	28	32.18
热门影视剧	73	35.61	132	64.39
相声/小品/评书/笑话/广播剧	78	61.90	48	38.10
人文社会类纪录片	33	76.74	10	23.26
经典影视剧	63	54.78	52	45.22
名家讲座	20	71.43	8	28.57
自然科学类纪录片	42	75.00	14	25.00
热门音乐	44	45.36	53	54.64
远程教育/公开课	9	90.00	1	10.00
美食	33	40.24	49	59.76
经典音乐	61	53.51	53	46.49
有声读物	6	66.67	3	33.33
旅游	33	61.11	21	38.89
选秀/相亲/求职等真人秀	32	37.65	53	62.35
戏曲戏剧	19	65.52	10	34.48
体育	66	86.84	10	13.16
综艺	50	47.17	56	52.83
舞蹈	3	25.00	9	75.00
汽车	54	75.00	18	25.00
动漫/游戏/电子竞技	31	56.36	24	43.64
农林畜牧相关技术	6	50.00	6	50.00
棋类	5	83.33	1	16.67
时尚服饰/健身美容	11	33.33	22	66.67
进城务工技能	23	52.27	21	47.73
摄影/美术/设计/装修/收藏	13	72.22	5	27.78
母婴/育儿/家庭教育	3	25.00	9	75.00

性别 视听主题	男性		女性	
	小计	比例（%）	小计	比例（%）
致富项目	29	64.44	16	35.56
路况信息	8	66.67	4	33.33
其他	1	50.00	1	50.00

注：多选题，百分比合计大于100%。

3.4 农民工阅读资源需求及使用行为分析

3.4.1 不同获取策略下的阅读资源接触频次

在本次调查中，我们发现农民工很少使用纸质阅读资源，通过手机获取的数字阅读资源是农民工最主要的阅读资源。

在纸质阅读资源方面，此次调查数据表明，55.98%的农民工不读纸质报纸，31.82%的农民工偶尔读纸质报纸，二者合计，有87.80%的农民工基本不读纸质报纸。然而，仍有3.83%的农民工每天读报纸，8.37%的农民工每周读报纸，二者合计，有12.20%的农民工仍较为频繁地阅读纸质报纸，见表3-12所示。

表3-12 农民工纸质报纸接触情况（N=418）

接触频次	小计	比例（%）
不读	234	55.98
偶尔读	133	31.82
每周读	35	8.37
每天读	16	3.83

传统上，纸质杂志以季、月、半月、周为出版周期。本次调查表明，3.83%的农民工每周阅读纸质杂志，2.39%的农民工每月阅读纸质杂志，另有0.71%的农民工每天阅读纸质杂志，三者合计，有6.94%的农民工较为频繁地阅读纸质杂志，见表3-13所示。

数字文化资源公共需求与使用研究

表3-13　农民工纸质杂志接触情况 （*N*=418）

接触频次	小计	比例（%）
不读	239	57.18
偶尔读	150	35.89
每周读	16	3.83
每月读	10	2.39
每天读	3	0.71

在纸质图书阅读方面，数据表明，有0.96%的被访者阅读纸质图书的频次每星期读一本及以上，有4.07%的被访者阅读纸质图书的频次为每月读两三本，有4.55%的被访者阅读纸质图书的频次为每月读一本，三者合计，有9.58%的农民工较为频繁地阅读着纸质图书。另外，我们也看到有66.27%的农民工不读纸质图书了，见表3-14所示。

表3-14　农民工纸质图书接触情况 （*N*=418）

接触频次	小计	比例（%）
不读	277	66.27
每年读一两本	66	15.79
三四个月读一本	28	6.70
两三个月读一本	7	1.67
每月读一本	19	4.55
每月读两三本	17	4.07
每星期读一本及以上	4	0.96

在实证研究一中所获得的数据显示：超过三成的北京公众较为频繁地阅读纸质报纸；超过三成的北京公众较为频繁地阅读纸质杂志；超过1/4的北京公众较为频繁地阅读纸质图书。将农民工纸质阅读的数据与整体数据相比较，可以看到较为显著的差距。农民工与纸质阅读资源之间的隔阂由其成长环境、生活处境、自身需求共同铸就，短时间内难以消除。那么，数字阅读作为一种解决方案，农民工是否乐于尝试并积极使用呢？

调查显示，有17.22%的农民工接触过数字阅读平台。在接触频次方面，

11.00%农民工每天使用数字阅读平台，3.59%的农民工每周使用数字阅读平台，二者合计，共有14.59%的农民工较为频繁地使用数字阅读平台。另一方面，我们也看到有82.78%的农民工不使用数字阅读平台，见表3-15所示。

表3-15　农民工数字阅读平台接触情况（N=418）

使用频次	小计	比例（%）
每天使用	46	11.00
每周使用	15	3.59
偶尔使用	11	2.63
不使用	346	82.78

在实证研究一中所获得的数据显示：与在数字阅读平台接触方面，80.44%的北京市公众接触过数字阅读平台，超过七成的北京市公众比较频繁地使用数字阅读资源。由此，我们可以推断：在数字阅读方面，农民工与北京市公众整体水平之间的差距比纸质阅读方面的差距尤甚！

3.4.2　基于互联网(含移动互联网)平台的阅读内容源偏好

当被问及"通过互联网或移动互联网，您经常使用的数字阅读资源有哪些?"时，在农民工中，44.98%人使用网络新闻，32.06%人使用电子书（含网络小说），21.05%人使用电子报，12.92%的人使用电子杂志等。

颇值得关注的是，一些依托于使用者参与进行资源创造和组织的数字阅读资源在农民工中也有很好的使用基数。18.90%的农民工使用网络百科，16.03%的农民工使用网络问答，见表3-16、图3-5所示。

访谈中，农民工告诉我们："到一个地方不知道怎么走了，就到网上"问"一下。""有时候身体不舒服也会"问"一下。""别人提问，我知道的话，也会回答。"

表3-16　农民工基于互联网（含移动互联网）平台的阅读内容源偏好（N=418）

排序	内容源	小计	比例（%）
1	网络新闻（网易新闻/腾讯新闻/百度新闻/凤凰新闻等）	188	44.98
2	电子书（含网络小说）	134	32.06
3	电子报（含报纸的手机报、网站、博客、微博、APP、微信等）	88	21.05
4	网络百科（如维基百科/百度百科等）	79	18.90

续表

排序	内容源	小计	比例（%）
5	网络问答(如百度知道/知乎等)	67	16.03
6	网络文库(如百度文库/豆丁等)	56	13.40
7	电子杂志(含杂志的网站、博客、微博、APP、微信等)	54	12.92
8	微博、微信上的名人、大V账号、公众账号等	51	12.20
9	网络摄影网站、图片库等	35	8.37
10	电子政务/政府信息公开	25	5.98
11	其他	3	0.72

注:多选题,百分比合计大于100%。

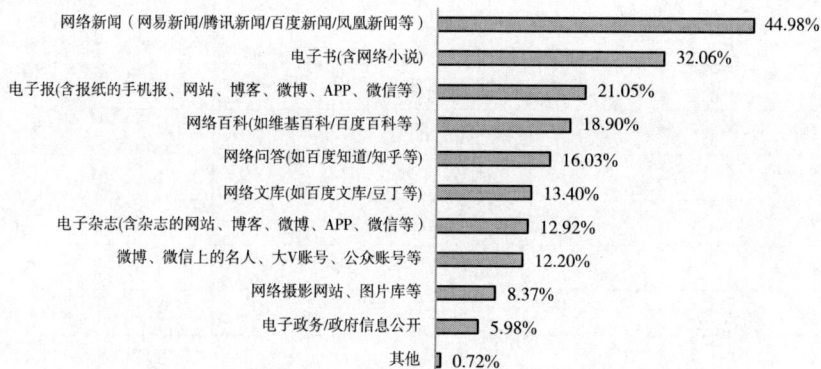

网络新闻（网易新闻/腾讯新闻/百度新闻/凤凰新闻等） 44.98%
电子书(含网络小说) 32.06%
电子报(含报纸的手机报、网站、博客、微博、APP、微信等) 21.05%
网络百科(如维基百科/百度百科等) 18.90%
网络问答(如百度知道/知乎等) 16.03%
网络文库(如百度文库/豆丁等) 13.40%
电子杂志(含杂志的网站、博客、微博、APP、微信等) 12.92%
微博、微信上的名人、大V账号、公众账号等 12.20%
网络摄影网站、图片库等 8.37%
电子政务/政府信息公开 5.98%
其他 0.72%

图3-5 农民工基于互联网(含移动互联网)平台的阅读内容源偏好(N=418)

3.4.3 阅读主题偏好

当被访农民工被问及"您日常关注的阅读主题有哪些?"时,41.39%农民工经常使用"新闻时政/军事外交"主题,25.60%的农民工经常使用"小说"主题,21.05%的农民工经常使用"音乐/电影/娱乐"主题。

其他较受关注的阅读主题还有:"美食"（17.94%）,"医疗保健养生"(16.75%),"生活窍门/消费知识"(16.75%)等,见表3-17所示。

表3-17　农民工常用阅读主题（$N=418$）

排序	阅读主题	小计	比例（%）
1	新闻时政/军事外交	173	41.39
2	小说	107	25.60
3	音乐电影娱乐	88	21.05
4	美食	75	17.94
5	医疗保健养生	70	16.75
6	生活窍门/消费知识	70	16.75
7	汽车	58	13.88
8	时尚服饰健身美容	57	13.64
9	旅游	54	12.92
10	政策法律法规/热点案例	51	12.20
11	励志/成功/心灵鸡汤	50	11.96
12	情感/两性/婚姻/家庭	47	11.24
13	进城务工技能	47	11.24
14	体育	44	10.53
15	社交口才/职场心理	41	9.81
16	致富项目	39	9.33
17	历史	37	8.85
18	人物传记	37	8.85
19	动漫/游戏/电子竞技	33	7.89
20	电脑网络/消费电子	28	6.70
21	科技前沿/科普新知	27	6.46
22	母婴/育儿/家庭教育	26	6.22
23	投资理财/经营管理	25	5.98
24	地理/社会风俗	23	5.50
25	文化/艺术	22	5.26
26	家居装饰装修	21	5.02
27	房地产信息	20	4.78
28	求职信息	20	4.78

续表

排序	阅读主题	小计	比例（%）
29	摄影/美术/设计/收藏	15	3.59
30	继续教育/资格考试（含英语）	14	3.35
31	农林畜牧相关技术	9	2.15
32	诗歌/散文/杂文	8	1.91
33	哲学/宗教	8	1.91
34	中/小学教辅	6	1.44
35	儿童/青少年课外读物	5	1.20
36	专业研究/学术讨论	5	1.20
37	其他	8	1.91

注:多选题,合计百分比大于100%。

与实证研究一中所获得的整体数据相比较,农民工中经常使用"新闻时政/军事外交"主题的样本比例（41.39%）明显低于北京市公众的总体水平（55.23%）,而经常使用"相声/小品/评书/笑话/广播剧"主题的样本比例（30.14%）高于总体水平（25.39%）。相对于总体,农民工也更经常使用"致富项目""进城务工技能"等阅读主题。

调查发现,性别和职业规划对被访者有关阅读主题的偏好有着显著的影响。

关注新闻时政/军事外交、政策法律法规、汽车、体育、历史、人物传记、进城务工技能、电脑网络/消费电子、科技前沿/科普新知等阅读主题的样本中,男性超过了69%,因而这些主题就具有"阳刚之气";而关注时尚服饰/健身美容、情感/两性/婚姻/家庭等主题的样本中,女性样本超过了70%,因此,这些主题就具有了明显的女性化特征,见表3-18、图3-6所示。

男性农民工会主动搜寻、获取时政新闻。他们关注钓鱼岛,也关注强拆迁、土地流转、农民工讨薪等社会热点问题。除了看报纸、浏览网页、看微信里的腾讯新闻,他们还会专门下载百度新闻等APP。女性被访者却较少主动关注时政新闻。KJ主要看微信里推送的腾讯新闻,"一般只看题目,大概知道"。WHX看新闻也是把"微信中的腾讯新闻扫一眼,感兴趣的话就看一下"。

在小说方面,被访农民工阅读的小说多为网络小说,消遣性强。男性多看武侠类的、玄幻类的；女性多看穿越类的、都市言情类的。阅读方式则多是下载到手机里看。WYJ付费读网络小说，"包月的，每月15元"。WHX主要是通过手机内置的云端书库看免费内容，"很方便"。

实用性的阅读多与职业发展有关。为了经营好淘宝店，ZWH会关注销售管理方面的内容。做物业维修的CHG则关注电工、消防中控、驾驶技能等方面的内容，他认为这些知识"以后用得着"。经营理发店的LCY读书主要是用平板电脑看电子书，"关注社交口才方面的，比如卡耐基的《人性的弱点》，最近看了《羊皮卷》"。LCY还每天泡论坛。他告诉调查人员："我泡的论坛是美容美发类的'美一天'。这个论坛非常专业，可以学习很多专业知识。我不懂的可以问；别人提问，我知道的，我就回答。论坛里面根据积分升级，现在我在论坛里是店长助理了，和我在现实生活中的位置是对应的。"在美容店工作的WHX需要开发和维护客户，所以她比较关注网络文库中有关销售技巧的内容。WHX还关注美容养生类的微信公共账号，"对工作很有帮助。有时候我一边给客人做美容，一边聊。客人也需要美容养生方面的知识"。

表3-18　农民工性别与常用阅读主题

性别 阅读主题	男性		女性	
	小计	比例（%）	小计	比例（%）
新闻时政/军事外交	136	78.61	37	21.39
医疗保健养生	38	54.29	32	45.71
小说	58	54.21	49	45.79
投资理财/经营管理	23	92.00	2	8.00
生活窍门/消费知识	33	47.14	37	52.86
诗歌/散文/杂文	5	62.50	3	37.50
政策法律法规/热点案例	38	74.51	13	25.49
音乐/电影/娱乐	49	55.68	39	44.32
文化/艺术	17	77.27	5	22.73
动漫/游戏/电子竞技	23	69.70	10	30.30
励志/成功/心灵鸡汤	20	40.00	30	60.00
哲学/宗教	8	100	0	0.00

续表

性别 阅读主题	男性		女性	
	小计	比例（%）	小计	比例（%）
电脑网络/消费电子	23	82.14	5	17.86
社交口才/职场心理	19	46.34	22	53.66
儿童/青少年课外读物	1	20.00	4	80.00
科技前沿/科普新知	23	85.19	4	14.81
情感/两性/婚姻/家庭	12	25.53	35	74.47
中/小学教辅	2	33.33	4	66.67
美食	28	37.33	47	62.67
母婴/育儿/家庭教育	7	26.92	19	73.08
继续教育/资格考试(含英语)	6	42.86	8	57.14
旅游	29	53.70	25	46.30
历史	29	78.38	8	21.62
专业研究/学术讨论	5	100	0	0
体育	38	86.36	6	13.64
人物传记	28	75.68	9	24.32
农林畜牧相关技术	8	88.89	1	11.11
汽车	46	79.31	12	20.69
地理/社会风俗	15	65.22	8	34.78
进城务工技能	24	51.06	23	48.94
时尚服饰/健身美容	11	19.30	46	80.70
摄影/美术/设计/收藏	3	20.00	12	80.00
致富项目	27	69.23	12	30.77
家居装饰装修	9	42.86	12	57.14
房地产信息	11	55.00	9	45.00
求职信息	6	30.00	14	70.00
其他	5	62.50	3	37.50

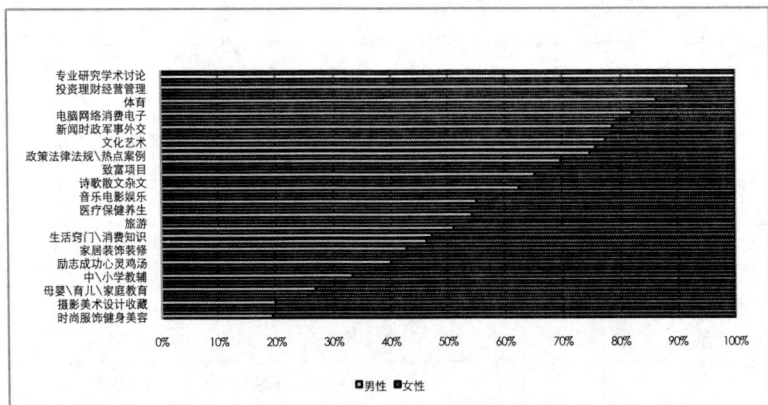

图3-6 农民工性别与常用阅读主题

3.5 农民工数字文化资源付费项目和支付额度分析

如前文所言，为数字文化资源使用付费，可以大致分为两类：一类是为基本的网络接入和基础内容包付费，另一类是为特定内容的视听、阅读、下载、高品质观赏、点播、互动等付费。前者更多体现的是使用者的共性需求，后者则更多体现了使用者的个性化需求。

农民工主要通过电视和网络获取文化资源，虽然大部分资源是免费的，但他们仍然需要支付各类网络接入费用，另外，无论是电视还是网络中的付费内容也在逐渐增加。

在为基本的网络接入和基础内容包付费方面，调查显示，有88.52%的被访者为手机流量付费，54.31%的被访者为有线电视付费，44.50%的被访者为宽带付费，16.03%的被访者为网吧付费，见表3-19所示。

在内容方面，在农民工中，有14.11%的被访者为通过网络看影视剧付费，11.48%的被访者为网络游戏付费，11.33%的被访者为网络小说付费，10.77%的被访者为电子书付费，9.81%的被访者为网络小说付费。

与实证研究一中北京市公众的整体数据相比较：农民工为手机流量和网吧付费的比例高于北京市公众整体水平；农民工为有线电视和宽带付费的比例低于北京市公众整体水平。农民工经常集体性居住，其宿舍或租住的房间可能不配备有

· 130 ·

线电视或宽带，或者虽然配备了电视或宽带，但也存在使用方面的不便。在这种情况下，他们更愿意以手机作为随身移动的、最私密的终端来使用，因此也非常依赖手机。综上所述，农民工为特定内容付费的比例低于北京市公众整体水平。

表3-19 农民工付费使用数字文化资源的项目 （$N=418$）

付费类别	付费项目	小计	比例（%）	北京市公众整体水平（%）
为基本的接入付费	手机流量	2693	88.52	80.65
	宽带	2416	44.50	72.36
	有线电视	2381	54.31	71.31
	网吧	500	16.03	14.97
为特定数字视听内容付费	影视剧	608	14.11	18.21
	网络游戏	727	11.48	21.77
	数字音乐	211	1.44	6.32
为特定数字阅读内容付费	网络小说	558	9.81	16.71
	电子书	508	10.77	15.21
	手机报	470	3.35	14.08
	电子杂志	303	3.83	9.07
	网络新闻客户端	145	2.39	4.34

在数字文化资源消费额度方面，19.86%的农民工消费额在0~5元/月，即手机费套餐中自带的流量费；26.31%的农民工消费额在6~50元/月；约15.07%的农民工消费额在51~100元/月；27.51%的农民工消费额在101~200元/月；2.63%的农民工消费额在300~500元/月；2.40%的农民工消费额在501~800元/月；1.20%的农民工消费额在801~1500元/月，见表3-20所示。

表3-20 农民工付费使用数字文化资源的每月支付额度 （$N=418$）

额度	小计	比例（%）	北京市公众整体水平（%）
0~5元/月	83	19.86	8.54
6~20元/月	49	11.72	12.70
21~50元/月	61	14.59	18.90
51~80元/月	41	9.81	8.63
81~100元/月	22	5.26	9.88

额度	小计	比例（%）	北京市公众整体水平（%）
101~150 元/月	73	17.46	13.87
151~200 元/月	42	10.05	10.96
201~300 元/月	21	5.02	7.34
301~400 元/月	7	1.67	2.76
401~500 元/月	4	0.96	2.28
501~600 元/月	4	0.96	1.38
601~700 元/月	2	0.48	0.30
701~800 元/月	4	0.96	0.45
801~900 元/月	1	0.24	0.39
901~1000 元/月	3	0.72	0.57
1001~1500 元/月	1	0.24	0.36
1501~2000 元/月	0	0.00	0.36
2001 元/月及以上	0	0.00	0.36

在访谈中我们发现，农民工数字文化资源消费额度和自身收入之间并无直接的关联。WYJ告诉我们："玩游戏，连续好几个月每月都花1000多元买装备。如果不买，自己养的角色就会被杀死。后来为了戒掉这个游戏，就把养的角色卖给别人了。"ZYM的手机费连续几个月每月都是700多元，大部分是看电影所产生的费用，包括流量费和点播费用。ZYM说："就是想第一时间看到电影。晚上下班后，我就在宿舍床上躺着看电影。"相对于以上两位貌似冲动的消费，ZWH就显得要理性得多。做物业保安的ZWH每月的手机流量费也要七八百元，但主要是他一边上班、一边用手机上网维护淘宝店产生的费用。

3.6　农民工与公共文化场馆及其数字资源接触情况

3.6.1　与公共图书馆（含阅览室）接触情况

数据显示，近一年以来，实地或者通过网络，有16.75%的农民工造访过公共图书馆（含阅览室）。从造访频次来看，0.48%的农民工造访频次为多次/星期；1.44%的农民工造访频次为1次/星期；1.91%的农民工造访频次为2~3次/月；0.48%的农民工造访频次为1次/月；0.72%的农民工造访频次为2~6次/年；2.15%的农民工造访频次为3~4次/年；9.57%的农民工造访频次为1~2次/年。数据亦显示，有83.25%的农民工在近一年的时间里没有造访过公共图书馆，见表3-21所示。

与实证研究一中所获得的北京市公众整体水平相对照，农民工中"偶尔使用者"和"间歇性使用者"所占比例远远低于北京市公众整体水平，这也直接导致了农民工中"不使用者"所占比例明显偏高。

与实证研究一中所获得的北京市公众整体水平相对照，农民工中"频繁使用者"所占比例低于北京市公众整体水平6.19个百分点；农民工中"经常使用者"所占比例低于北京市公众整体水平9.23个百分点。坦率地说，这个差距比研究者事先预想的要小。

"距离太远"常成为农民工不能频繁去图书馆的原因。在访谈中，ZWH告诉我们，他所在区划有一个大学图书馆。他办了一张借书卡，但一年也就去了3~4次。CY非常喜欢图书馆。她说："原来打工的地方距离图书馆就两站地，走路也就20多分钟，所以几乎每天都去图书馆。人家遛超市，我就遛图书馆。有时候从早晨九点呆到下午四五点。看看杂志。图书馆很安静，没声音。办个卡，每天下来也就一两毛钱。可是现在太远了，所以不去了。"

表3-21　农民工实地或者通过网络造访公共图书馆（含阅览室）的频次(N=418)

依据接触频次划分的使用者群体		小计	占农民工总体比例（%）	比例合计（%）	北京市公众整体水平（%）
频繁使用者	多次/星期	2	0.48	1.92	8.11
	1次/星期	6	1.44		
经常使用者	2~3次/月	8	1.91	2.39	11.62
	1次/月	2	0.48		
间歇性使用者	2~6次/年	3	0.72	2.87	17.52
	3~4次/年	9	2.15		
偶尔使用者	1~2次/年	40	9.57	9.57	31.45
不使用者	没有造访	348	83.25	83.25	31.30

3.6.2 与公共图书馆(含阅览室)数字资源接触情况

理论上，数字文化资源可以有效降低获取资源的物理成本和经济成本。调查者进一步了解了通过公共图书馆（含阅览室）农民工接触数字文化资源的情况。

数据显示：通过公共图书馆、阅览室，农民工中有9.57%的人使用过电子书；有6.22%的人使用过政府信息公开；有4.78%的人使用过各类图片库；有4.55%的人使用过电子报；有2.87%的人使用过娱乐类音视频库；有2.15%的人使用过教育类音视频库；有1.91%的人使用过电子杂志等，见表3-22所示。

表3-22 农民工与公共图书馆（含阅览室）数字资源接触情况

资源类型	小计	比例（%）
电子书	40	9.57
政府信息公开	26	6.22
各类图片库	20	4.78
电子报	19	4.55
娱乐类音视频库	12	2.87
教育类音视频库	9	2.15
电子杂志（龙源等）	8	1.91
文化共享工程	4	0.96
馆藏特色资源库	2	0.48
学术论文库（知网等）	1	0.24
行业数据库	1	0.24

注：多选题,百分比合计大于100%。

3.6.3 与电影院等公共文化场馆及其数字资源接触情况

调查人员还进一步询问了农民工对电影院等公共文化场馆的造访情况。数据显示，近一年里，通过网络或实地，农民工中，有29.67%的人造访过电影院、流动电影放映点；17.94%的人造访过旅游节、游园会、博览会、文化节等；14.59%的人造访过博物馆、美术馆等；10.53%的人去过音乐场馆、音乐会、音乐节等；5.74%的人造访过天文馆、自然博物馆、科技馆等，见表3-23所示。

表3-23　农民工与电影院等公共文化场馆接触情况

公共文化场馆网络及活动	小计	比例（%）
电影院、流动电影放映点	124	29.67
旅游节、游园会、博览会、文化节等	75	17.94
博物馆、美术馆	61	14.59
酒吧、餐厅（有演出）	44	10.53
音乐场馆、音乐会、音乐节	26	6.22
天文馆、自然博物馆、科技馆	24	5.74
书店、图书节、书展	16	3.83
茶馆、曲艺社等（有演出）	15	3.59
戏剧、戏曲	12	2.87
歌舞类表演	12	2.87
少年宫、少儿活动中心等	11	2.63
话剧表演	10	2.39
木偶戏、皮影戏表演等	3	0.72
其他	1	0.24

注:多选题,百分比合计大于100%。

在与电影院接触方面,"一年去电影院一两次",农民工基本上都这样说。为了降低看电影的成本,一位农民工告诉我们:"我们同住的几个姐妹通过美团团购电影票,29元、30元、35元一张。""也可以从票贩子手里买票。"一位男性被访者告诉我们,"我和我老婆每个月都去看电影,然后吃个饭。""我从票贩子手里买票。票贩子有会员卡,买票可以打折。他40元/张买,再以每张45元卖给我。他赚了,我也便宜了。"

通过电影院等公共文化场馆或相关网站,农民工中,有3.83%的人使用过手机APP讲解员;有2.87%的人使用过电子导游器;有2.63%的人使用过二维码展品介绍等,见表3-24所示。

通过上述情况可以看到,农民工对文化资源的陌生感强,对文化资源利用不足,这与距离、时间、习惯、支付能力都有关系。

表3-24　农民工与电影院等公共文化场馆中数字资源的接触情况（*N*=418）

数字文化资源	小计	比例（%）
手机APP讲解员	16	3.83
电子导游器	12	2.87
二维码展品介绍	11	2.63
互动体验区	6	1.44
展演信息	5	1.20
网络虚拟博物馆	2	0.48
网络虚拟美术馆	2	0.48
其他	2	0.48

注：多选题，百分比合计大于100%。

3.6.4 吸引农民工使用公共文化场馆数字资源的主要因素

调查人员询问了农民工使用者，以了解是哪些因素在吸引他们使用公共文化场馆中的数字资源。排在前五位的因素有："公共文化机构场馆进行了新闻宣传"（36.62%）；"数字资源新奇、有趣"（32.39%）；"经过学习，我能够比较自如地操作相关系统和软件"（29.58%）；"公共文化机构场馆进行了现场的展示和讲解"（28.17%）；"可以在机构场馆外检索和使用数字资源"（25.35%），见表3-25所示。

表3-25　吸引农民工使用公共文化场馆数字资源的主要因素（*N*=418）

排序	主要因素	小计	比例（%）
1	公共文化场馆进行了新闻宣传	26	36.62
2	数字资源新奇、有趣	23	32.39
3	经过学习，我能够比较自如地操作相关系统和软件	21	29.58
4	公共文化场馆进行了现场的展示和讲解	20	28.17
5	可以在公共文化场馆外检索和使用数字资源	18	25.35
6	我能够找到自己需要的数字资源	14	19.72
7	我周围的人都在使用数字资源	14	19.72
8	公共文化场馆提供了详尽的操作指导，增加了我使用的信心	13	18.31
9	在使用过程中，工作人员能够提供及时、有效的帮助	13	18.31
10	我认为数字资源比传统资源更好	13	18.31

续表

排序	主要因素	小计	比例（%）
11	数字资源可以提高我的学习和工作效率	12	16.90
12	数字资源权威、可信	7	9.86
13	可以在场馆外下载数字资源	3	4.23
14	其他	9	12.68

注:多选题,百分比合计大于100%。

3.6.5 农民工在使用公共文化场馆数字资源时遇到的主要困难及其解决方法

调查人员也了解了农民工使用者在使用公共文化场馆提供的数字资源时所遇到的各种问题。排在前五位的问题有："网速太慢"（46.24%）；"借用、归还时，手续很麻烦"（44.78%）；"资源不能在我的电脑、平板、阅读器、手机等之间同步"（32.84%）；"遇到操作问题时，不能得到及时、有效的帮助"（29.85%）；"数字资源太多，不知道该看什么"（26.87%），见表3-26所示。

表3-26 农民工在使用公共文化场馆数字资源时遇到的主要问题（N=418）

排序	主要困难	小计	比例（%）
1	网速太慢	31	46.24
2	借用、归还时，手续很麻烦	30	44.78
3	资源不能在我的电脑、平板、阅读器、手机等之间同步	22	32.84
4	遇到操作问题时，不能得到及时、有效的帮助	20	29.85
5	数字资源太多，不知道该看什么	18	26.87
6	不了解公共文化场馆中有哪些数字资源	17	25.37
7	所需数字资源仅限场馆内访问，不便利用	14	20.90
8	我知道自己需要什么数字资源，但公共文化场馆没有提供	12	17.91
9	检索系统效率低，查找资料花费的时间和精力比较多	11	16.42
10	数字资源借阅期限太短	11	16.42
11	数字资源使用收费	10	14.93
12	数字资源副本少，等待借阅时间长	6	8.96
13	其他	8	11.94

注:多选题,百分比合计大于100%。

如果在使用数字资源的过程中遇到问题，农民工使用者会如何应对呢？当被问及"遇到以上问题时，您一般采取什么方法解决？"时，农民工使用者采用的最主要的方法是"询问工作人员"（58.21%）和仔细阅读使用说明（40.30%），见表3-27所示。

表3-27 农民工使用公共文化场馆数字资源遇到问题时的主要解决方法（*N*=418）

排序	解决方法	小计	比例（%）
1	询问工作人员	39	58.21
2	仔细阅读使用说明	27	40.30
3	自己多试几次就熟悉了	20	29.85
4	放弃使用	16	23.88
5	使用其他网络免费资源	14	20.90
6	询问家人、朋友、其他使用者	13	19.40
7	自行购买所需资源	5	7.46
8	其他	5	7.46

注：多选题，百分比合计大于100%。

3.6.6 促进公共文化场馆数字资源利用的机制与方法

为了进一步提高农民工与数字文化资源的接触率，课题组拟定了一些可能的促进数字文化资源利用的机制与方法，请农民工投票选择，见表3-28所示。

在渠道接入方面，"少量付费，接入手机等移动终端"的呼声最高，获得33.73%的农民工支持，"少量付费，接入家中有线电视网"也得到认可，获得23.68%的农民工支持。这与农民工主要通过电视和手机获取文化资源的现实相匹配。针对一些数字资源只能在馆内免费使用的限制，"少量付费，开放公共机构数字文化源阅/视/听"也获得了12.44%的农民工的支持。

表3-28 农民工偏爱的促进公共文化场馆数字资源利用的机制和方法（*N*=418）

机制和方法	小计	比例（%）
少量付费，接入手机等移动终端	141	33.73
少量付费，接入家中有线电视网	99	23.68
少量付费，开放公共机构数字文化源阅/视/听	52	12.44
网上读书会	31	7.42

续表

机制和方法	小计	比例（%）
根据使用者兴趣推荐资源	29	6.94
资源质量大众评级、评论，优胜劣汰	24	5.74
鼓励使用，根据阅/视/听积分提供奖励	24	5.74
二手资源交流	17	4.07
出租平板电脑、阅读器	13	3.11
出租电子书	11	2.63
公众需求登记，由需求程度决定数字资源是否引进	10	2.39
出租电子杂志	8	1.91
出租音视频	5	1.20
付费定制/翻录珍稀音像资料的数字音视频	5	1.20
付费定制绝版书的电子书	3	0.72
其他	34	8.13

注:多选题,百分比合计大于100%。

3.7　农民工创造性地参与数字文化资源生产的情况

这些年农民工中产生了一些诗人和小说家。韩寒主编的电子杂志《一个》前一段时间刊发了描述农民工生活的短篇小说《天仙配》，其作者就是一名80后的农民工。工余时刻，他躺在嘈杂的工棚里，花了两个晚上的时间，在手机上完成了这篇小说，然后直接从手机上将稿件投到了编辑部。这个例子似乎预示着，借助网络平台和移动终端，农民工将进一步建构自己的文化生态，并逐步成为其中的文化主体。

随着智能手机的普及，写微博、微信，用"美图秀秀"上传照片，用"唱吧"上传自己唱的歌，在新一代的农民工中越来越普遍。本次调查显示，有40.67%的农民工创造性地参与了数字文化活动。

在农民工中，29.19%的被访者撰写博客、微博、微信等，尤其是微信，"基本24小时挂在上面"；22.01%的被访者制作、拍摄和上传图片；13.88%的被访者在网络问答中提问、回答；8.37%的被访者制作和上传视频；8.37%的被访者为影视剧、音乐、小说等作品写评论、打分；6.22%的被访者通过网络与文化名人/企业/公共机构互动；5.02%的被访者制作和上传音频作品；2.15%的被访者制作电子杂志；0.96%的被访者参与网络文学创作，见表3-29所示。

表3-29　农民工参与数字文化资源生产的主要方式（N=418）

参与方式	小计	比例（%）
撰写博客、微博、微信等	122	29.19
制作、拍摄和上传图片	92	22.01
在网络问答中提问、回答	58	13.88
制作和上传视频	35	8.37
为影视剧、音乐、小说等作品写评论、打分	35	8.37
通过网络与文化名人/企业/公共机构互动	26	6.22
制作和上传音频作品	21	5.02
制作电子杂志	9	2.15
参与网络文学创作	4	0.96

注：多选题，百分比合计大于100%。

有些农民工还会进行更为专业的数字文化资源的创作，寻求更多的成就感。ZYM是YY的老玩家，他说"当初我一边打游戏，一边用YY和伙伴交流、闲聊，组织进攻。后来我就买了一堆设备，如声卡、电容麦、打碟机，五个朋友一起玩YY。我们五个人各有特点，有的善于逗乐，有的擅长唱歌，这样能和别的组合PK，也积攒了不少人气和粉丝。"

3.8　小结

基于问卷调查与访谈，通过此次调查我们得到的主要结论如下：

（1）农民工主要通过看电视和用手机上网来获取自己所需的各类文化资源。

（2）在视听资源接触方面，66.75%的农民工比较频繁地看电视，52.87%的农民工比较频繁地通过互联网使用数字视听资源，20.10%的农民工比较频繁地收听广播。就数字视听资源接触方面而言，农民工与北京市公众整体水平之间的差距不大。农民工正逐渐用上网获取数字视听资源来代替看电视和听广播。农民工主要视听主题为"热门影视剧""新闻时政/军事外交""相声/小品/评书/笑话/广播剧"等。相对于其他公众,农民工更经常地使用"致富项目""进城务工技能"等视听主题。性别对农民工的视听主题选择有着决定性的影响。男性农民工更多地关注新闻、体育、纪录片、公开课、汽车、棋类等;女性农民工则更多地关注影视剧、时尚、舞蹈、美食、生活窍门、育儿等。

(3)在阅读资源方面,数字阅读资源已经成为农民工最重要的阅读资源:14.59%的农民工较为频繁地使用数字阅读平台,12.20%的农民工较为频繁地阅读纸质报纸,9.58%的农民工较为频繁地阅读纸质图书,6.94%的农民工较为频繁地阅读纸质杂志。但就数字阅读资源接触而言,农民工与北京市公众整体水平之间的差距较大。农民工上网主要阅读源有网络新闻、电子书(含网络小说)、网络百科等。主要的阅读主题有"新闻时政/军事外交""小说""音乐电影/娱乐"等。性别和职业规划对被访者有关阅读主题的偏好有着显著的影响。男性多关注新闻时政/军事外交、政策法律法规、汽车、体育、历史、人物传记、进城务工技能、电脑网络/消费电子、科技前沿/科普新知等阅读主题;女性则多关注时尚服饰/健身美容、情感/两性/婚姻/家庭等主题。知识技能类的阅读多与其职业发展有关。

(4)农民工具有消费数字文化资源的欲望和支付能力。农民工中为手机流量和网吧付费的比例高于北京市公众整体水平。农民工的内容花费主要在影视剧、网络游戏、电子书、网络小说等方面。年轻的农民工在数字文化资源消费额度和自身收入之间并无直接的关联,会有一些非理性的高额消费。

(5)有16.75%的被访农民工造访过公共图书馆(含阅览室),有29.67%的人造访过电影院、流动电影放映点;17.94%的人造访过旅游节、游园会等;14.59%的人造访过博物馆、美术馆等;10.53%的人去过音乐场馆、音乐会、音乐节等。通过公共图书馆、阅览室,被访农民工中有9.57%的人使用过电子书;有6.22%的人使用过政府信息公开。通过电影院等公共文化场馆或相关网站,农民工中,有3.83%的人使用过手机APP讲解员;有2.87%的人使用过电子导游器;有2.63%的人使用过二维码展品介绍等。吸引他们使用公共文化场馆中的数字资源的因素有"公共文化机构场馆进行了新闻宣传","数字资源新奇、有趣","经过学习,我能够比较自如地操作相关系统和软件","公共文化机构场馆进行了现场的展示和讲解"等。在促进数字文化资源利用的机制和方法方面，农民工最青睐"少量付费，接入手机等移动终端"。

（6）借助网络平台和移动终端，越来越多的农民工创造性地参与了数字文化活动。被访农民工有40.67%的人创造性地参与了数字文化活动。被访农民工中，29.19%的人撰写博客、微博、微信等，尤其是微信；22.01%的人制作、拍摄和上传图片；13.88%的人在网络问答中提问、回答等。

此次调查显示，农民工对于数字阅读和数字视听资源需求显著，且有一定的消费能力和较为长期的付费习惯，这给研究人员留下了深刻的印象。

既往的研究者普遍认为，视听资源对使用者的文化程度要求较低，是一种更为大众的文化资源。20世纪五六十年代，国家即发力使村村通了广播。21世纪的近十几年来，电视"村村通"的工程如火如荼地推进。近年，宽带"村村通"工程也已经启动，并已初见成效。在我们走访的贫困村中，一个村里大概也会有一两家安装了宽带，而村子附近的镇上也都有了网吧。视听资源天生的亲近性及传播渠道的普及，使农民工对其有熟稔感，且非常乐于使用。然而，聊聊QQ，聊聊微信，看看热门影视剧，打打游戏，大部分农民工对视听资源的使用也就止于此了。行走在城市和乡村之间，农民工似乎掉入了一个文化的缝隙：农业频道专门准备的各类节目，在农民工中并没有获得想象中的关注，因为他们并不打算再向土地讨生活；在城市公众中日益受到关注的纪录片、网络公开课等知识性内容，对大部分农民工而言也是与己无关的内容。如何针对农民工开发出公共文化视听资源，以引发农民工的兴趣，提升传播效果，是一个日益重要的课题。

普遍性的缺乏纸质阅读习惯确实是农民工文化资本不足的表征之一。在数字阅读情境中，大部分农民工阅读兴趣狭窄的问题也确实难以回避。然而，认为把有用的资源送上门农民工就会阅读，以此就可以提高其文化修养，这种想法或做法未免也显得一厢情愿。首先，阅读是一种积习。在先期所做的农村留守儿童调查中（参见实证研究三），我们发现，当今的农村留守儿童也极少阅读课本以外的纸质读物。其家庭基本不给他们这方面的资源支持，学校教师也没有给予更多的指导。进入初高中，他们偶有自主性的课外阅读，兴趣也多集中在言情小说、武侠小说、网游攻略这些主题上。这种结合了成长环境和个人习惯的阅读取向自小形成，仍在农民工和他们留守在村庄的孩子之间传递。其次，阅读是一种工具。在访谈中得知，35岁以上的被访农民工多将在村里盖房或在县里置业作为对自己打工生涯的总结，因此，城市只是他们青壮年时期的"淘金地"。他们披星戴月，以身体异常的辛苦和精神异常的贫乏为代价来换取高额的工资。对这部分农民工而言，他们不认为阅读有什么用，甚至认为消遣性的阅读都是多余的。

然而，城市生活给部分更为年轻的农民工带来了在城市扎根的企图心。即使不能留在北京，他们也将二、三线城市作为自己未来的归属地。这部分农民工有学习的动力，会为了自身的发展而使用文化资源。因此，该在多大程度上迎合其消遣性的文化需求，又该通过什么样的建设性的方式，将更多的有价值的文化资源推送到寻求发展的农民工面前，这个问题值得我们深入思考，并在实践中不断探索。

第4章 专题报告(Ⅱ):留守儿童数字文化资源公共需求与使用分析——以H省N县为例

有研究者指出:"留守儿童问题是在社会转型的大背景下,农民向城市流动所引发的一个重要的社会现象,其不仅是政策问题、制度问题,更是文化问题。乡村文化的衰落,乡村社区缺乏生机与活力,乡村文化价值体系的解体,直接导致了乡村儿童精神世界的荒芜。"❶

在实证研究二中,研究者对农民工的数字文化资源公共需求与使用情况作出了分析,并指出在数字环境下,农民工在文化资源获取与使用方面与城市公众整体水平之间的差距。文化资源的公共需求与使用深受家庭、学校等的影响,并常常在青少年时期就已经形成。因此,我们有必要将农民工和留守儿童的问题整合起来,进行一体化的分析:既关注仍留守在农村的青少年公共文化生活;也关注留守儿童在城市工作的父母的精神世界,并寻找协同解决的方案。

4.1 基本概念与调查执行情况

"留守儿童"指由于父母双方或单方外出务工而被留在户籍所在地,不能同父母双方共同生活的0~18周岁以下的农村儿童。❷

本调查以问卷调查法为主导方法。2013年3~4月,在H省N县展开调查。H省位于中部地区,属于劳动力输出大省,也因此产生了大量留守儿童。相关数据表明,H省农村儿童留守率达到51.3%,高于重庆市(40%)和河南省

❶ 江立华:《乡村文化的衰落与留守儿童的困境》,《江海学刊》2011年第4期。

❷ 关于留守儿童年龄的划分也不统一,有的学者以18岁为上限进行研究,有的则按初三为上限进行分析。由于农村儿童入学年龄不统一,所以宜以实际年龄为主要划分依据。本次调查参照卢德平所提出的划分标准进行。参见卢德平:《留守儿童面临的问题与挑战》,《美中教育评论(Journal of US-China Education Review)》2006年第1期。

（39.20%）。❶

　　研究者亦将深度访谈法作为重要的方法。本次调查中深度访谈留守初中生2名、高中生3名（见表4-1），Y村农家书屋负责人一名，N县图书馆负责人一名。

　　此次调查主要针对留守儿童中的青少年组。研究者在N县一中、县实验中学和此县下属乡镇中学共三所中学中，针对留守儿童，发放纸质问卷150份，回收有效问卷128份。N县一中为当地最好的中学，位于县城中心的街道，全县最拔尖的学生基本集中于此。县实验中学是当地仅次于一中的中学，属于民办。县实验中学分为培优班和普通班。差几分没有考上一中的学生集中于培优班，目标在于参加高考。乡镇中学主要是初中生和成绩一般的高中生。

　　此次调查样本男女比例为51.56%∶48.44%。11~15岁的样本占样本总体的17.19%，16~18岁的样本占样本总体的81.25%。初中生占样本总体的12.5%，高中生占样本总体的87.5%。

表4-1　访谈留守儿童概况

姓名	性别	出生年份	访谈时年龄	概况自述
XW	男	2001	12	初一，寄宿。父母均在外打工，和爷爷奶奶居住。"全班50人，只有4个同学不寄宿。"
WY	男	1997	16	初三。寄宿。"小学读的是私立学校，一学期要1000多元的学费。""中学距离家有几十公里。只有放寒暑假才回家。父母把我送到这里读书的原因是家里有亲戚在这里当老师，可以管着我。也不怎么想家，习惯了，我小学四年级就开始寄宿了。""我们家就我一个孩子。对我要求很高。现在成绩排班里前三名，年级前5名。高中计划考一中。我对此有80%的把握。我去一中看过，觉得那里不错。"
XK	男	1998	15	高一。寄宿。"将来要参加高考。现在成绩一般。没想过将来要做什么。"
YF	女	1997	16	高一。寄宿。将来要做幼儿园教师。父母、姐姐都在外地打工。家里刚修了一座新房。

❶ 参见人民网《全国留守儿童调查对象》，http://finance.people.com.cn/stock/GB/217390/220323/14535660.html，2011年5月3日。

姓名	性别	出生年份	访谈时年龄	概况自述
XS	女	1995	18	复读。在实验中学住宿和课本费的费用一学期大概是2000多元。"2012年参加高考，我发挥得不好，数学看错一题。离二本线差6分。自己向父母要求补习一年。假期出去打工挣了些钱。现在正全力准备考试。今年计划冲一下，我喜欢中医药大学，听说刚上重点线就能上了。"家中还有一妹（10岁）、一弟（5岁）

以下从数字文化资源的获取策略、内容偏好期望与建议等方面对调查结果进行分析。

4.2　留守儿童数字文化资源获取策略分析

4.2.1　文化资源获取方式

调查人员请留守儿童被访者对自己获取各类阅读、视听资源的途径进行了排序。数据显示，对留守儿童而言，上网使用免费资源是获取各类文化资源的最主要方式；其次是看电视、听广播，见图4-1所示。

*选项得分＝(Σ 频数×权值)/本题填写人次。权值由选项被排列的位置决定。例如，3个选项参与排序，那排在第一个位置的权值为3，第二个位置权值为2，第三个位置权值为1。

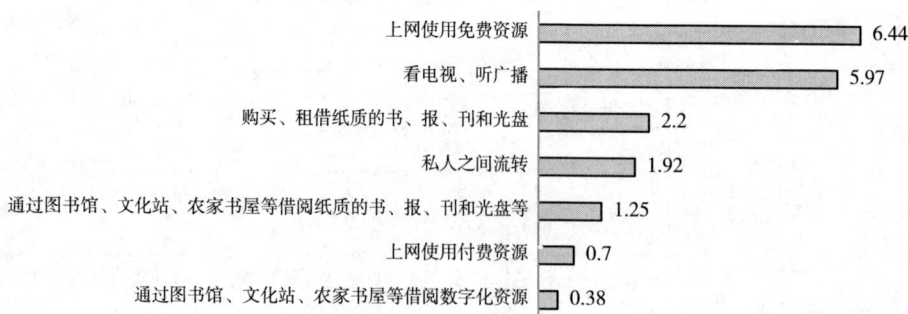

上网使用免费资源 6.44
看电视、听广播 5.97
购买、租借纸质的书、报、刊和光盘 2.2
私人之间流转 1.92
通过图书馆、文化站、农家书屋等借阅纸质的书、报、刊和光盘等 1.25
上网使用付费资源 0.7
通过图书馆、文化站、农家书屋等借阅数字化资源 0.38

图4-1　留守儿童常用文化资源获取方式(N=128)

4.2.2 数字文化资源接收终端

在数字文化资源接收终端方面，调查人员请留守儿童被访者对经常使用的各类终端按照使用程度进行了排序。数据显示，手机、固定电视机和网吧中的台式PC机是留守儿童文化资源接收终端的前三甲，见图4-2所示。

*选项得分=(Σ频数×权值)/本题填写人次。权值由选项被排列的位置决定。例如，3个选项参与排序，那排在第一个位置的权值为3，第二个位置权值为2，第三个位置权值为1。

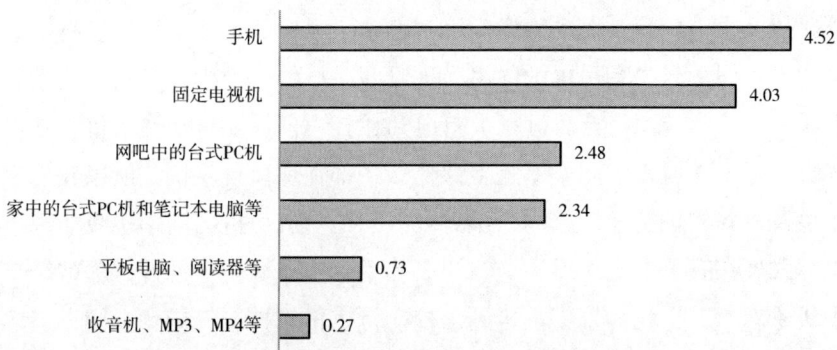

图4-2 留守儿童常用数字文化资源接收终端(N=128)

曾有研究表明，在农村留守儿童中，电视代替了父母，在儿童的社会化过程中扮演了重要的角色。亦有研究表明，网络已经成为对留守儿童最具影响力的媒介。在本次调研中，我们发现，对留守儿童来说，可随身携带的手机开始逐步取代电视的地位，移动互联网成为留守儿童获取文化资源的最主要平台。

在所调查地区，手机在中学生中的普及率很高。XK是在初二有了自己的第一部手机。"是SOP牌的，四五百块钱一部，自己去选的。现在用的这部是OU-KI牌的，六百多一部。也是自己去挑的。现在手机每天都在兜里揣着。"刚上高一的YF告诉我们："初三有了手机。因为爸爸妈妈都在外面打工，不好联系。于是就给我买了手机。买的是步步高手机，当时2000多元。"与YF家的情况类似，外出打工的父母基本上都送孩子一部手机，无论贵贱，都是父母的心意，是对孩子的一种陪伴，也方便联系。

目前的形势是，拥有手机的初龄还在不断降低。上初一的XW所在的班"一个班50多个学生，只有4个不寄宿"。XW说："我们班同学基本都有手机，但学校不允许带手机。老师知道大家都带手机，查宿舍时会摸枕头下面的地方。第一次、第二次发现不会没收，第三次发现就会没收了。隔壁班就有被没收的。所以同学白天把手机带到教室，藏在书包里，但不能拿出来。晚上再把手机带回宿舍，熄灯以后再用。"

对复读中的XS来说，手机是一种甜蜜又煎熬的诱惑："我上初中的时候，同学中有手机的也不是很多，大概不到1/3的同学有手机吧。初三读完，我差9分没有考上一中，我很生气。我爸要给我买手机，我不好意思要。连一中都考不上，还要什么手机！当时上乡镇中学读书的学生目标就是考上一中。高一上实验中学培优班，同学当中有手机的就多了，没有手机的人很少。到高中，家长基本都会给买手机。学校离得比较远了，打电话比较方便，而且现在手机也不贵。我们培优班还好，其他班的同学就是上课什么的都在那里玩手机，所以我们学校要禁止用手机。我们班主任好严的，没有人敢惹他。有手机的同学也只能把手机放在家里。我现在有了手机，没买卡，跟废弃了一样。班主任总说，你就一年，不要用手机，忍一下。我如果带手机到学校，肯定很难控制，毕竟有同学考入了大学，我会和他们聊天。"

在这些留守儿童的日常生活中，除了手机之外，最难抗拒的就是网吧了。无论在县城还是乡镇，学校周围都是网吧密集之处。XS"初三去网吧第一次上网。初三快毕业的时候，学校要补课，周六一天，周日半天。周日剩下的半天大家就去上网了"。XK也是"初三的时候第一次上网，是镇上的网吧，跟同学一起去的"。YF则是"初二的时候在网吧第一次上网，是和同学去的"。WY从初一就开始上网，"是同学带我去网吧上网。第一次上网打游戏，很开心"。XW也是从初一开始去网吧的，"和同学去的。看他们打游戏。看着看着就会了。班里50个人中有1/2去网吧。网吧就在校门口，跑步过去就2分钟。我们中午吃饭有一个小时，很多同学用20分钟吃完午饭，然后就跑着去网吧，可以玩半小时。下午吃完晚饭到晚自习之间有一个小时。学校的饭菜不好吃，每天吃酸菜。我们就把饭菜直接倒掉，然后到校门口买包子吃，一块钱4个。然后去网吧。"

与手机拥有初龄在不断降低一样，网吧接触初龄也有降低的趋势。XW告诉我们他的弟弟（2003年出生，小学五年级）从三年级就开始去网吧。"现在一到周六他就和班上另外两个同学一起花5元钱乘摩托车去镇上的网吧。在里面呆10多个小时，下午四五点的时候才回家。"

虽然现在的乡镇小学和中学都已经配备了电脑设备并开设了电脑课,但这些资源利用率不高,课程所提供的内容也很难吸引学生。"以前我们上小学的时候也有电脑课,不过不能上网,所以当时大家对电脑都不感兴趣。"YF说:"现在高中一星期有两节电脑课,可是上课时投影也看不清,我们就自己玩手机。一般情况下,一周讲课,下一周老师就让我们看电影。"YF还进一步向我们解释了他们不使用学校电脑室的原因:"现在同学基本上都有手机了,但还没有人有电脑。学校的电脑室有时候开、有时候不开,完全看老师的心情。而且学校电脑室网速很慢,很卡。我现在一般一周去3次网吧。"

结合获取方式与接收终端的情况,我们可以发现,通过手机和网吧上网是留守儿童获取数字文化资源的最主要途径。

在深度访谈中,我们主要询问了被访者用手机获取资源的情况。XK告诉我们:"平时手机下载内容还主要通过连接在电脑上下载。我自己家里没有电脑,邻居家有电脑可以上网。村里有3家开杂货店的,其中2家装了宽带。他们家也装了无线网。"XK在手机里安装的应用软件有UC浏览器、百度、wifip2p、QQ、快播、酷狗音乐、QQ音乐等,下载的游戏有僵尸短跑、恐龙快打、竞技摩托、捕鱼达人、冒险岛、水果忍者、愤怒的小鸟等。他告诉我们:"这些应用软件有些是自己选的,有些是同学推荐的,同时也要看看网上的排行和评价,自己试用一下。不好玩儿的就立刻删除。我们班大部分同学和我的状态差不多,大家对这些APP都很了解,还有比我更精通的。" YF手机中的资源主要通过同学之间的蓝牙发送获取:"有好多同学都有手机。我们经常玩对方的手机。有同学说某部小说挺好看的,他就用蓝牙发给我。还有那些好看的图片(包括一些动态的)、歌曲,我们彼此都会发。蓝牙是免费的,图片发起来很快,有些小说也很快,就是歌曲发起来比较慢。"

在网吧中,除了QQ聊天之外,男生在网吧主要是打CF游戏,女生主要是打一些小游戏,如冒险游戏、QQ秀。这些资源给了留守儿童一种极具游戏感、群体感的体验。

WY告诉我们:"周末每天有三四个钟头上网时间。上网主要就是打游戏,不看小说,也不怎么看新闻。打游戏一般是自己打,有时是和同学QQ约一下,一起打游戏。虽然一周有近8个小时的上网时间,但是还是有没上够的感觉。"

XK则"每周两三个小时在网吧上网，除了打游戏一般不看别的，玩的是CF游戏。在我们同学中，上网是个普遍现象，我算是上得少的。从高中开始，一周只放半天假，总共3个小时，很多同学2个多小时都上网了。一中的学生也去网吧，他们每天晚饭后有两三个小时的假。"

YF"上网主要是玩空间，玩QQ秀游戏。空间主要是看动态。偶尔会在上面写些东西"。当然，也有如XS一样对网吧保持距离的留守儿童。XS说："我现在一年上网也就几次，主要是上QQ什么的，同学们基本都在QQ上面。我家里没电脑，网吧我又不敢去。网吧太恐怖了，总是听说不是死了人就是打架什么的，我胆子比较小，所以我从不敢去网吧，也就很少用电脑上网了。我身边的女生都是乖乖女那种，她们基本都不会去网吧，大家都觉得网吧不太好。"

4.3 留守儿童阅读资源接触及偏好分析

4.3.1 与纸质图书接触

在纸质图书资源方面，本次调查的数据表明，留守儿童中，3.13%的人每星期读一本及以上，10.94%的人每月读两三本书，15.63%的人每月读一本书，以上三者合计，有29.70%的留守儿童仍在比较频繁地阅读纸质图书。另外，留守儿童中，25.00%的每年读1~3本书，18.75%的人不读书，二者合计，有43.75%的留守儿童基本不读纸质图书，见表4-2所示。

表4-2 留守儿童纸质图书接触情况（*N*=128）

接触频次	小计	比例（%）
不读	24	18.75
每年读一本至三本	32	25.00
三四个月读一本	22	17.19
两三个月读一本	12	9.38
每月读一本	20	15.63
每月读两三本	14	10.94
每星期读一本及以上	4	3.13

对留守儿童来说，课外阅读的启蒙多来自学校和同学，而不是来自父母。

WY说:"我小学时看过校图书馆的课外书。图书馆里的小说有名著,还有科幻、言情、武侠类小说。当时我看过《鲁滨逊漂流记》。"XS则是从初中开始才有了课外阅读的概念:"初中时在乡里的中学开始接触课外书,当时读过明晓溪的小说(青春小说)。当时看这些东西大概就是觉得无聊吧。初中时也读过几本世界名著,比如《老人与海》《羊脂球》。"

农村的青少年在自行购买图书方面,主要受预算和父母的限制。WY告诉我们:"我现在到镇上书店看到有兴趣的书会翻一翻。虽然我对武侠小说感兴趣,但爸妈不会给我买武侠小说,只有名著才可以买。"XS说:"没有定期逛书店的习惯,只有在购买学习资料的时候才会去逛一下。一般买得比较多的还是学习资料,比如《文综》等学习类书籍。很少买什么经典名著。小说就在书店看一下。在书店想看多久看多久,也没有人管,就是没有凳子而已。外面很多租书的地方。听同学说有一个×××图书店,可以租书,都是些武侠和言情小说。"

总体而言,青春的萌动、生活的枯燥、缺乏引导和沉重的课业,已经使这些青少年并没有太多欲望啃严肃的"大部头"。"现在不看课外书了。"WY说。XS也说:"高中培优班管理很严,总是要学习学习,没有时间看课外书。"

4.3.2 与纸质报刊接触

本次调查中,留守儿童中,51.56%的人不读报纸,45.31%的人偶尔读报纸,3.13%的被访者经常读报纸,每天读报纸的人为零。可以认为,留守儿童基本不读纸质报纸,见表4-3所示。

表4-3　留守儿童纸质报纸接触情况 (N=128)

接触频次	小计	比例（%）
不读	66	51.56
偶尔读	58	45.31
每周读	4	3.13
每天读	0	0

对于大多数留守儿童来说,杂志的境遇要好于报纸。杂志仍是仅次于图书的阅读资源。数据表明,留守儿童中,14.06%的人每周读杂志,14.06%的人每月读杂志,二者合计,有28.12%的留守儿童比较频繁地阅读纸质杂志,见表4-4所示。

表4-4　留守儿童纸质杂志接触情况（$N=128$）

接触频次	小计	比例（%）
不读	40	31.25
偶尔读	52	40.63
每周读	18	14.06
每月读	18	14.06
每天读	0	0

　　留守儿童的杂志阅读主要集中在三类：文摘类、青春文学类和教辅类。YF在访谈中表示："我不看报纸，也不喜欢看杂志，只是有的时候看小说类杂志。"WY说："杂志是老师自己买了然后借给我们看的。我比较喜欢《读者》。我还看过言情小说类的杂志。如果有杂志就看一下，假如没有也就不看了。我还订过《趣味语文》杂志，里面有短篇。我不怎么看报纸。实在没别的可看了才看一下。"XS也回忆起初中时同学看言情小说类杂志的事儿："比如《火花》杂志，我不是订阅而是在书店里购买，一本大概是一块五吧。不过不是每期都买。假如有一个同学买的话，班里同学就传着看。我一般很少看别的杂志。记得当时曾订阅了《中学生阅读》杂志，是老师要求的，每个人必须订。"

4.3.3　基于互联网（含移动互联网）平台的阅读内容源偏好

　　本次调查的数据显示，超过五成（53.13%）的留守儿童被访者接触过数字阅读资源。

　　当被问及"通过互联网/移动互联网，您经常使用的数字阅读资源有哪些？"时，留守儿童中，51.56%的人经常阅读电子书（含网络小说），见表4-5所示。

表4-5　留守儿童基于互联网（含移动互联网）平台的阅读内容源偏好（$N=128$）

阅读源	小计	比例（%）
电子书(含网络小说)	66	51.56
电子杂志	16	12.50
电子报	10	7.81
网络文库	6	4.69
网络新闻	4	3.13
网络百科	0	0
网络问答	0	0
其他	0	0

除电子书外，其他的数字阅读资源接触率普遍不高。访谈中，随时随地在低头看手机的XK坚决地表示："我不看书、报纸和杂志，一直都不看；也不看网络小说。我知道能用手机看报纸、杂志，但没兴趣。"XS则表示："我不知道报纸、杂志还可以做成电子的。"

4.3.4 阅读主题偏好

无论使用传统阅读资源还是使用数字阅读资源，阅读主题仍然是驱动阅读的主要因素，那么，留守儿童都在读什么呢？当被问及"您日常关注的阅读主题有哪些？"时，"小说/诗歌/散文/杂文"（59.38%）、"音乐/电影/娱乐/体育"（42.19%）、"动漫/游戏/电子竞技"（35.94%）位居常用阅读主题的前三位，见图4-3所示。

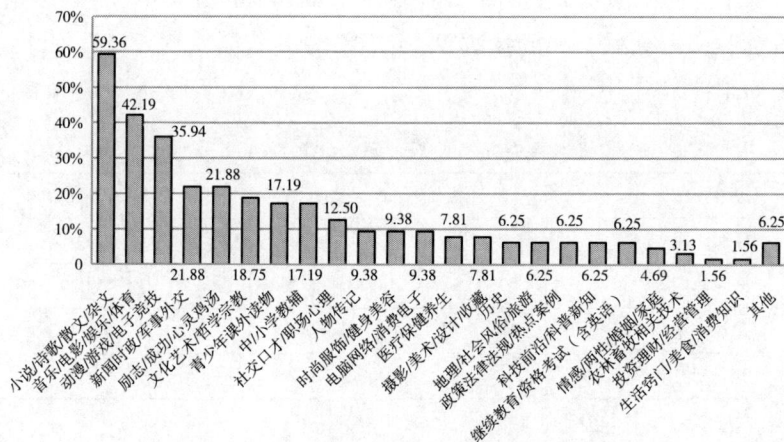

图4-3 留守儿童常用阅读主题排序（N=128）

结合阅读内容源偏好与阅读主题偏好，我们可以看到，小说（包括网络小说）是留守儿童数字化阅读的最主要资源。

访谈中XS介绍道："我周围的同学即使看书的话也不会看经典名著，女生看青春小说，男生看网游攻略，网游攻略那么一大本，我看着都怕。"

YF则向我们展示了她当时手机里存储的网络小说。YF说："我平时喜欢看青春小说，还看穿越的。但只是晚上睡前看一下，看完就删了。"

调查显示，留守儿童的阅读范围略显狭窄，他们所使用的数字阅读资源营造的更多的是一个虚拟的世界，与现实社会之间有着明显的隔阂。当访谈人员进一步询问他们关注新闻吗？XS告诉我们："我们政治课老师一上课就会讲一下最近发生了什么大事。我们平时很少看新闻，除非极少数极少数人，实在是无聊了才会看一下新闻。我们高三文科班的同学可能会了解一下时事政治，也只是用手机看一下。"

4.4 留守儿童数字视听资源接触及偏好分析

4.4.1 视听资源接触情况

在调查中，10.94%的留守儿童被访者表示每天使用各类视听资源，42.19%的被访者表示每周使用视听资源，二者合计，53.13%的留守儿童比较频繁地使用数字视听资源；另有43.75%的被访者表示偶尔使用视听资源；只有3.13%的被访者表示不使用视听资源，见表4-6所示。

表4-6　留守儿童视听资源接触频次（$N=128$）

接触频次	小计	比例（%）
每天使用	14	10.94
每周使用	54	42.19
偶尔使用	56	43.75
基本不使用	4	3.13

4.4.2 基于互联网(含移动互联网)平台的视听内容源偏好

数据亦显示，超过一半（53.13%）的留守儿童有通过互联网和移动互联网使用视听资源的经验。

当被问及"通过网络和移动网络，您经常使用的数字视听资源有哪些？"时，留守儿童中，42.19%人经常使用动漫游戏，居第一位。同时，数据也表明，来自传统媒体和内容生产行业的内容源在网络传播中仍占据压倒性优势：35.94%的人经常通过网络看电视剧，28.12%的人经常通过网络收听音乐或看MV，25%的人经常通过网络看电影，见表4-7所示。

表4-7 留守儿童基于互联网（含移动互联网）平台的视听内容源偏好（N=128）

视听内容源	小计	比例（%）
电影	32	25.00
网络原创电影/微电影	0	0
电视剧	46	35.94
视频网站自制剧集	0	0
电视节目	26	20.31
网络原创节目（定期播出）	0	0
音乐（含MV）	36	28.12
网络原创音乐（含MV）	1	0.78
动漫游戏	54	42.19
草根视频	0	0

注:多选题,百分比合计大于100%。

4.4.3 视听主题偏好

当被问及 "通过广播电视或互联网，您日常关注的视听主题有哪些?"时，热门影视剧提及率最高，达到76.56%；其次是动漫/游戏/电子竞技，提及率为57.81%；第三是热门音乐，提及率为56.25%。综艺节目（37.50%）、经典影视剧（34.38%）也都颇受关注，见图4-4所示。

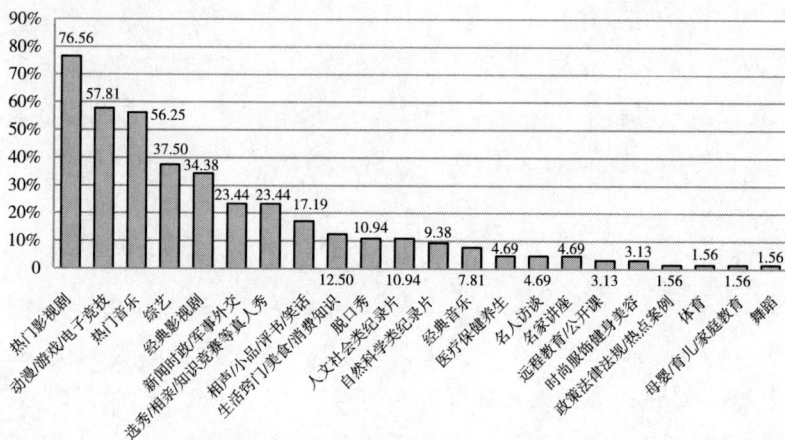

图4-4 留守儿童常用视听主题（N=128）

综合以上数据分析，可以看到，动漫游戏、热门影视剧、热门歌曲和综艺节目是留守儿童最常使用的数字视听资源。

在电视剧方面，XS表示："我平时在学校，也没有电视看。在家的时候，我喜欢看古装剧，还喜欢看浪漫剧、偶像剧。"WY则说："我一般周末下午玩游戏，晚上看电视。我喜欢看青春偶像剧，如《一起来看流星雨》，还看过武侠剧，如《新白发魔女》《轩辕剑》。"YF一个学期只有寒暑假才回家，所以她更多是通过网络看电视，她告诉我们："如果在网吧上通宵的话就看电视剧。最近我看一部韩剧《想你》，前一阵看过《美人无泪》。同学说哪部韩剧好看，我就看一下，好看就看，不好看就不看了。"

动漫受到留守儿童的普遍喜爱。XS说："我妹妹、弟弟这些小孩子一开电视就是看动画片，好像已经变成习惯了。"XW则"周六日回家，主要看电视，主要是看动画片和电视剧。我喜欢看《喜羊羊与灰太狼》，都看到第五部了。还有动画片《熊出没》，搞笑的。还有动画片《高米迪》，内容是打仗的"。XK则主要用手机看动漫："同桌在家用电脑上帮我下载了动画片之后就复制到我的手机上，然后我就用快播看。我最近看了《秦时明月》和《火影忍者》。我也从网上下载看过那种字幕组翻译过来的电影，也看过潇湘电影频道的节目，如《绿巨人》。"

在电视节目方面，XS表示："湖南台的电视节目我都比较喜欢看，比如现在的《娱乐急先锋》、以前的《超女》，最近还看了《中国好声音》《中国达人秀》。我看过一两次《百家讲坛》，如果《百家讲坛》的内容是和书本有联系的就看一下，一般是没电视可看了才会看这类节目。"WY则说："电视节目中我看过《中国好声音》《快乐大本营》《天天向上》。我不看球赛，新闻感兴趣的就看一下，大部分不感兴趣。"

YF告诉我们："我没有什么特别喜欢的歌星，我觉得唱得好听就行，除了中文歌也有英文歌。"访谈人员也看了YF的手机，里面存储的中文歌曲有《不浪漫罪名》《父亲》，筷子兄弟的《老男孩》、刘若英的《后来》、至上励合的《咬耳朵》和《解药》等，英文歌有 *my girl* 等。XK则说"我有时听音乐，但比较少，主要用手机里的酷狗音乐和QQ音乐，因为这两个APP还比较好用。我听的歌也是同学推荐的，比如最近听了蛮久的《后会无期》。我没有什么特别喜欢的歌手。"

4.5　留守儿童与公共图书馆及其数字资源接触情况

4.5.1　与公共图书馆等接触情况

留守儿童还会接触到图书馆、文化站、农家书屋等公共文化场馆。但是这些公共文化场馆对他们而言略有陌生。调查显示，39.06%的留守儿童被访者不使用图书馆等，48.44%的被访者一年偶尔去一两次，二者合计，87.50%的留守儿童基本不使用图书馆等公共文化场馆。同时，我们也看到4.69%的留守儿童每星期去一次图书馆等，3.13%的留守儿童一个月去两三次图书馆等，即近一成的留守儿童有规律地使用图书馆等公共文化场馆，见表4-8所示。

表4-8　留守儿童对公共图书馆、文化站、农家书屋使用频次（*N*=128）

造访频次	小计	比例（%）
1次/月	2	1.56
多次/星期	2	1.56
1次/星期	6	4.69
2~3次/月	4	3.13
2~6次/年	2	1.56
3~4次/年	0	0
1~2次/年	62	48.44
不使用	50	39.06

调查后发现，经过合并之后，县镇的中小学现在基本都设有自己的图书馆。上初一的XW表示："学校也有图书馆，吃完晚饭的一小时可以去图书馆读书。但只能在那里看，不能带出来。我看了《海底两万里》，很喜欢看；我还看了一本作文书，一学期我大概看了5本书。杂志阅览室是上锁的。图书馆里没有报纸。"XS则告诉我们："我们学校也有图书馆，面积大概有20多平米。图书馆里中外经典名著还是有的；也有青春类小说。感觉图书馆里的书都是盗版的，纸张很差。我很少去借书。"YF也说："现在学校有图书馆。发了阅读卡，拿着就能去，但我还没有去过。"XK则说："学校有图书馆，但一般我都不去。"

除了在寄宿期间使用学校图书馆，留守儿童还可以在周末及假期使用农家书屋的资源。然而XS告诉我们："我知道去年村里就有农家书屋，但是从来没有见它开过，也没有看到谁进去过，所以也不知道里面有什么书，感觉好奇怪。我觉得在农村大概没有人进过农家书屋。大家或者都没有时间，或者不感兴趣吧。除非那些学生才会去农家书屋。"XK则说："我不知道村里有农家书屋。"

我们造访了两个村的农家书屋。一家设在村委会，一直闭门。一家则设在村委书记家里，村委书记兼做管理员。这位管理员告诉我们："图书自从到了这里就一直没有打开包，偶尔翻出一两本自己看一下。儿子翻了些儿童读物拿走了。给农家书屋配的电脑也叫亲戚抱到办公室用了。"他抱怨说："书摆出来怕是也没有几个人看。×××镇下属村有52个，镇年均人收入在1000元。我们全村有七八百人，年轻人都到外面去了，剩下大概二三百人，都是老年人和小孩子。老人要做事，有时间打麻将，孩子要做作业，没时间看课外书。""以前管理农家书屋没有补贴，从去年开始发了1000元，但要请镇文体卫站的人吃一顿饭，加上买烟，到手里也就800元了。以前农家书屋管理得很松，从2013年开始管理的严了。管理制度明确规定：每周开放时间为3天，借书要登记，年终要盘点，丢书按书价的三倍罚款等细则。"

4.5.2 与图书馆等的数字文化资源接触情况

目前县、镇图书馆、文化馆和阅览室基本都提供了数字文化资源阅览、借阅的服务。随着政府采购力度的增加，资源供给体系也在不断丰富。然而在受访的留守儿童中，只有两人使用过此类数字文化资源。

我们在访问县图书馆的主要负责人时，了解了N县数字文化资源建设的硬件和内容问题。在硬件配套方面，她告诉我们："新闻出版署的农家书屋与文化部的文化共享工程是整合在一起在做这个事儿。每个县的文化共享工程下发68万元。现在我们图书馆有30多台电脑、4台服务器，而且多媒体投影仪、复印机和传真机也都有了。""现在我们图书馆都联在局域网，我们的电脑都需要通过那个服务器。"在数字资源内容方面，她告诉我们："我们电子阅览室中电脑能看到互联网上的所有内容，以及文化共享工程的所有内容。电脑和省图书馆是联网的，其中国家图书馆的网上资源也能看到。"

是什么在制约着这些数字文化资源的使用呢？这位负责人说："县图书馆的

电子阅览室每个星期只开放三天。而且所用电费太高了，一个月要好几千。我们每年的经费中央财政是5万，县里配套是3万。我们一共就这么多钱，需要统筹规划使用，而那个服务器太费电，要花去很多电费。"同时，这位负责人又略带抱怨地说："来电子阅览室的人，主要是一二十岁的年轻人，也有一些三四十岁的人。有一些是查查资料，到网上看看一些资源的，但一般人都是上网聊天的。"谈到农家书屋的数字资源问题，这位负责人说："我们现在下面这块还没有怎么做。现在配发的电脑基本都放在各村的书记家（因为放在村委会不安全）。很多书记都还不知道怎么用电脑，我们因此也很恼火。""针对以上问题，以后我们会多做一些宣传和培训工作。"这位负责人补充道。

4.5.3 促进图书馆等数字资源利用的机制和方法

调查人员拟定了一些可能的促进数字文化资源利用的机制和项目，请被访者投票选择。随时随地的资源接入最受关注，"少量付费，接入有线电视网"（39.06%）得到的认可最多。"网上读书会"（29.69%）、"少量付费，开放图书馆等数字资源阅/视/听"（23.44%）、"资源质量大众评级、评论，优胜劣汰"（23.44%）、"鼓励使用，根据阅/视/听积分提供奖励"（23.44%）等措施也都得到支持，见表4-9所示。

表4-9　留守儿童偏爱的促进图书馆等数字资源利用的机制、方法（N=128）

排序	选项	小计	比例（%）
1	少量付费，接入家中有线电视网	50	39.06
2	网上读书会	38	29.69
3	少量付费，开放图书馆等数字资源阅/视/听	30	23.44
4	资源质量大众评级、评论，优胜劣汰	30	23.44
5	鼓励使用，根据阅/视/听积分提供奖励	30	23.44
6	少量付费，接入手机等移动终端	22	17.19
7	出租平板电脑、阅读器	20	15.63
8	公众公共需求登记，由公共需求程度决定是否引进数字资源	14	10.94
9	根据使用者兴趣推荐资源	14	10.94
10	出租音视频	10	7.81
11	付费定制/翻录珍稀音像资料的数字音视频	8	6.25

排序	选项	小计	比例（%）
12	二手资源交流	6	4.69%
13	出租电子书	6	4.69%
14	付费定制绝版书的电子书	4	3.13
15	出租电子杂志	2	1.56
16	其他	24	18.75

注：多选题，百分比合计大于100%。

在具体的讨论中，XK认为："村里可以有一台公用的能上网的电脑，放在商店里，这样人人都能用。如果给每个学生的手机里免费装一个APP，里面可以看报纸、杂志和图书的话，女生会使用，男生则不会使用；如果还可以免费播放电影、电视和歌曲，那男女生都会使用。"XS则认为："如果把数字图书馆连接到有线电视，估计父母也基本不会看。因为他们每天不是忙这里就是忙那里。一般人一打开电视就会看电视剧，而不会关注其他的内容。教育内容放在手机里可能还比较可行的。毕竟每个人都有手机，无聊的时候就拿出来看一下。"

XS还专门谈到了远程教育资源的问题："学校多媒体有网络，可以进行远程教学，与省里的××中学（某著名中学）有合作。那边老师在上课，我们这里就可以观看。不过一年就那么几次。省中学的学生理解能力比我们强，我们跟不上，你想县里第一名的学生都跑到他们那儿去了。我感觉他们的老师根本不了解我们这里的学生，他是根据那里学生的需求和能力讲的，所以从效果上看还不如我们自己的老师讲课。我们的老师看了他们的课件，看哪一堂课比较好，觉得我们能接受的时候，就放给我们看。现在我们的课堂教学主要还是以我们老师自己的授课为主。""现在学校多媒体的主要用途是，有的老师喜欢做课件就放一下课件；或者是学校组织的活动，比如元旦晚会、班里得了一等奖等，只要是老师心情好的话就会给你放个电影。"

在XS的感觉中，农村和县城之间的教育质量在不断拉大。XS告诉我们："N县还是比较小的，所以我当初去县城读高中的时候还没觉得自己和县城的同学有多大差距。可是现在县里小学的教学质量比以前确实好多了，而我妹妹（2002年出生，现在10岁，读四年级）的小学教育和我当初还是没有太大差别，我甚至觉得比我那时质量更差。她在镇中心小学读书，我当年也读那个学校。他们老师才初中毕业就教书了；而他们的英语老师连我都比不过，妹妹许多英语单词都不会读，一读就是错的。我有一个亲戚的孩子在县××小学读书，英语说得非常好，还要和我比赛。我觉得农村和县城之间在教育上的差别比我那时还要大。学生大部分时间还是在学校度过的，如果学校里资源好一点还是要好一些。"

4.6 小结

通过对留守儿童小规模的得到的问卷调查和深度访谈，以及通过对农家书屋和县城图书馆负责人的访谈，本次调查得到的主要结论如下：

（1）在留守儿童普遍的寄宿生活中，留守儿童手机拥有初龄、网吧接触初龄这几年不断降低。目前，他们基本上八九岁就开始接触网吧；十一二岁开始拥有手机，并且几乎人手一部手机。通过手机和网吧上网是他们获取数字文化资源的最主要途径。

（2）对留守儿童来说，家庭能给他们的支持和引导有限，所以他们阅读的启蒙多来自学校和同学、朋友。有29.70%的被访留守儿童比较频繁地阅读纸质图书，有28.12%的留守儿童比较频繁地阅读纸质杂志。留守儿童对数字阅读资源的使用率远胜于纸质阅读资源。被访留守儿童中53.13%的人接触过数字阅读资源。留守儿童最常关注的阅读主题有"小说/诗歌/散文/杂文""音乐/电影/娱乐/体育""动漫/游戏/电子竞技"等。他们阅读的图书以文学名著、青春文学、言情小说、武侠小说为主。受家庭条件所限，多数留守儿童获得图书的途径来自书店的免费浏览、学校图书馆的借阅、同学朋友之间的流转和租借；极少数家境好的留守儿童会自己购买教辅以外的图书。杂志阅读主要集中在三类：文摘类、青春文学类和教辅类。教辅类杂志多来自强制订阅，其他杂志主要来自同学朋友之间的流转。51.56%的被访留守儿童经常阅读言情、修仙、网游等内容的电子书（含网络小说），基本不使用其他数字阅读资源。

（3）53.13%的留守儿童比较频繁地使用数字视听资源。他们最常用的数字视听内容源有游戏动漫、电视剧。留守儿童常关注的视听主题有"热门影视剧""动漫/游戏/电子竞技""热门音乐""综艺节目"等。留守儿童对数字文化资源的使用以娱乐消遣为主，基本不会主动利用网络观看知识性的内容。即使考入县里最好中学的学生，也缺乏利用数字文化资源来获取知识、增益自己的技能。

（4）虽然现在的乡镇小学和中学都已经配备了电脑设备并开设了电脑课，但这些资源利用率不高，计算机应用课程所提供内容很难吸引学生，学生使用学校的计算机网络设备不自由、不方便，而教师也没有意识为学生使用数字文化资源提供有效的支持和引导。校外的图书馆、文化站、农家书屋等对留守儿童资源的习惯，87.50%的留守儿童基本上不使用图书馆等。

（5）在城乡教育资源不均衡的大环境下，依托于学校使用的远程教育资源利用起来也存在着现实的困难，比如，乡村学生跟不上城市教师的讲课进度，理解能力不够等，而学生又不能自主地使用这些资源，应使资源的使用调试到契合学生的个人所需。

在本次调查中，研究人员强烈地感受到留守儿童和城市青少年之间的差距正在逐渐拉大。出现目前这种情况是多方面因素长期互动的结果。在资源开发方面，只有深入考察留守儿童的日常生活，开发能够吸引他们的更为丰富的数字文化资源，才能激发他们的求知欲和好奇心。调查人员小规模的实验显示，即使那些从没有接触过平板电脑和互动教育资源的留守儿童，也可以在一两分钟内学会使用带有游戏性质的教育软件，并乐此不疲。因此我们乐观地认为，这种情形同样能在其他留守儿童身上得以再现。同时在留守儿童普遍寄宿的情况下，学校作为一个学习社区必须发挥应有的组织作用，以提升留守儿童的媒介素养，并使为留守儿童的公共文化服务切实落实到位。

第5章 专题报告(Ⅲ):老年人数字文化资源公共需求与使用分析——以北京地区为例

文化资源的使用可以提升老年人的生活独立性、帮助老年人参与社会生活、提高他们的认知反应和休闲质量,也可以延迟或避免大脑的衰老。然而,在有关数字文化公共服务方面,无论是理论还是实践方面,"老年人"常常是被忽略的一群。不管是政府制定的推动使用的政策,公共文化场馆提供的服务,还是数字文化资源的开发和建设,甚至有关数字文化资源需求与使用行为的调查研究,老年人总是被冷落在数字文化的边缘。因此,在中国大陆地区,比起青少年,农民工和少数民族,老年人的数字文化资源需求与使用更是一块相对未知的领域。

根据《北京市 2012 年老年人口信息和老龄事业发展状况报告》提供的数据,2012年,北京市户籍60岁以上的老人已经占户籍总人口的20.3%。随着社会老龄化程度的加剧,老年人口还将迅速增加;同时,老年人的生命将更为延长,老年人口的教育程度也会逐步提高。因此,无论是从质或量来看,老年人都将成为社会文化中极为重要的一支力量。

为了解老年人的数字文化资源需求与使用状况,研究人员在"数字文化资源公共需求与使用"的项目研究中,专辟"老年人"专题,针对55岁及以上的人口进行调查。本章所呈现的资料即此调查的数据和相关分析。

5.1 基本概念与调查执行概况

根据《北京市 2012 年老年人口信息和老龄事业发展状况报告》提供的数据,2012年,北京市户籍60岁以上的老人已经占户籍总人口的20.3%。随着社会老龄化程度的加剧,老年人口还将迅速增加。同时,老年人生命将更为延长,老年人口的教育程度也会逐步提高。因此,无论是从质或量来看,老年人都将成为社会文化中极为重要的一支力量。

为了解老年人的数字文化资源需求与使用状况，本项研究专辟"老年人"专题进行调查。本研究是一个着眼于未来趋势的、探索性的调查，因此我们并没有将老年人定义为60岁及以上的人口，而是设定为55岁及以上的人口。

本次调查以问卷调查法为主导方法。2013年6~9月，调查人员在北京针对老年人发放纸质问卷，一一当面填答，并追问了部分细节。调查最终回收有效问卷256份。

有效样本男女比例为53.91%：46.09%，见表5-1所示。

表5-1　样本性别分布（$N=256$）

性别	小计	比例（%）
男性	138	53.91
女性	118	46.09

样本年龄为55~90岁及以上，且以55~74岁的人口为主，见表5-2所示。

表5-2　样本年龄分布（$N=256$）

年龄	小计	比例（%）
55~59岁	79	30.89
60~64岁	50	19.53
65~69岁	52	20.31
70~74岁	42	16.41
75~79岁	18	7.03
80~84岁	6	2.34
85~89岁	4	1.56
90岁及以上	5	1.95

样本受教育程度以初中居多，其次是高中/中专、大专/本科。受教育程度为文盲/没上过学和小学的样本多为60岁以上的女性，见表5-3所示。

表5-3　样本受教育程度分布（$N=256$）

受教育程度	小计	比例（%）
文盲/没上过学	5	1.95
小学	28	10.94
初中	82	32.03
高中/中专	65	25.39

受教育程度	小计	比例（%）
大专/本科	64	25.00
研究生及以上	12	4.69

　　老年夫妻与儿女同住的样本占样本总体的41.41%；老年夫妻独居的样本占样本总体的41.02%；鳏寡与子女同住的样本占样本总体的13.28%；鳏寡独居的样本占样本总体的4.30%。与子女同住的老人主要分三种情况：子女未成家；子女成家但无独立住房；子女有独立住房，老人随子女住以帮助照看孙辈，见表5-4所示。

表5-4　样本家庭婚姻状态分布(N=256)

家庭婚姻状态	小计	比例（%）
老年夫妻与儿女同住	106	41.41
老年夫妻独居	105	41.02
鳏寡与子女同住	34	13.28
鳏寡独居	11	4.30

　　退休的老年人占样本总体的81.25%，以进城务工等方式坚持工作的样本占样本总体的18.75%，见表5-5所示。

表5-5　样本职业分布（N=256）

职业	小计	比例（%）
退休	208	81.25
进城务工/在村镇从事非农业生产	16	6.25
企业单位	13	5.08
事业单位	7	2.73
教育系统	5	1.95
照顾家庭	4	1.56
自营职业	2	0.78
务农	1	0.39

　　样本家庭收入从1000元/月及以下到24001元/月及以上不等。从整体上来

看，家庭收入3001~6000元/月的样本所占比例最高（45.07%），此种家庭多为夫妻双方都有退休金。家庭收入1001~3000元/月的样本占样本总体的21.88%，此种家庭多为夫妻双方中只有一份退休金，或鳏寡。家庭收入6001~9000元/月的样本占样本总体的17.58%，此种家庭多为样本受教育程度较高，退休年龄晚而仍然在工作，或退休金较高，见表5-6所示。

表5-6　样本家庭月收入分布（*N*=256）

收入	小计	比例（%）
1000元/月及以下	1	0.39
1001~3000元/月	56	21.88
3001~6000元/月	117	45.70
6001~9000元/月	45	17.58
9001~12000元/月	19	7.42
12001~18000元/月	11	4.30
18001~24000元/月	3	1.17
24001元/月及以上	4	1.56

以下从老年人数字文化资源获取策略，视听资源需求与使用状况，阅读资源需求与使用状况，文化资源消费付费情况，公共文化场馆及其数字资源使用情况，创造性参与等方面对调查结果进行分析。

5.2　老年人文化资源获取策略

首先，调查人员请老年被访者按照常用程度对自己获得的各类阅读、视听资源的方式进行了综合排序。数据显示，看电视是老年人获得各类文化资源的最主要方式，排在第一位；其次是听广播。然而广播等选项综合得分与电视的差距更较大，难算主流方式，见图5-1所示。

*选项得分＝(Σ频数×权值)/本题填写人次。权值由选项被排列的位置决定。例如，3个选项参
与排序，那排在第一个位置的权值为3，第二个位置权值为2，第三个位置权值为1。

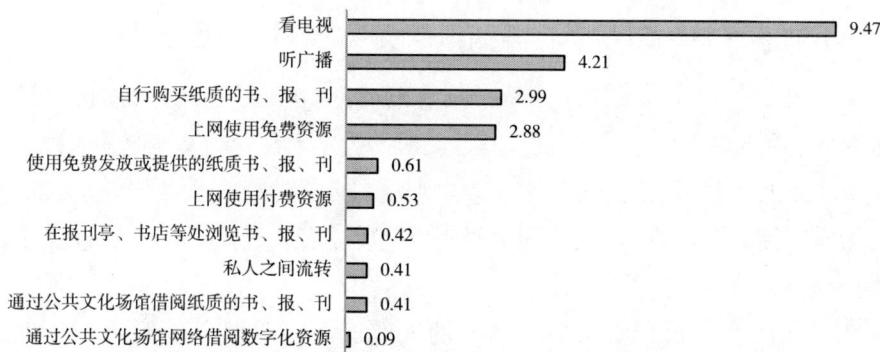

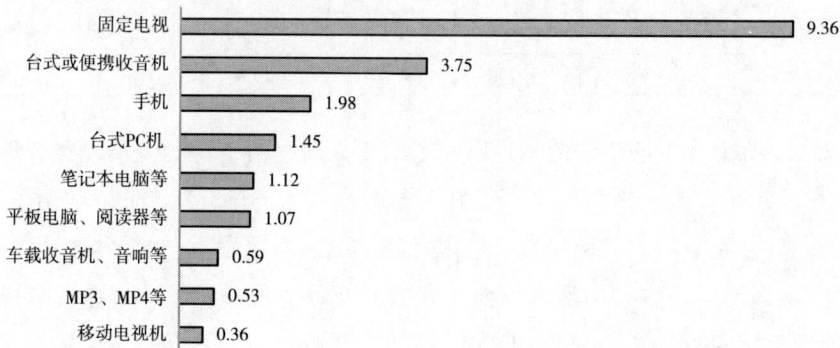

看电视 ▰▰▰▰▰▰▰▰▰▰ 9.47
听广播 ▰▰▰▰ 4.21
自行购买纸质的书、报、刊 ▰▰▰ 2.99
上网使用免费资源 ▰▰▰ 2.88
使用免费发放或提供的纸质书、报、刊 ▰ 0.61
上网使用付费资源 ▰ 0.53
在报刊亭、书店等处浏览书、报、刊 ▰ 0.42
私人之间流转 ▰ 0.41
通过公共文化场馆借阅纸质的书、报、刊 ▰ 0.41
通过公共文化场馆网络借阅数字化资源 0.09

图5-1 老年人文化资源获取方式排序($N=256$)

在资源接收终端方面，调查人员也请老年被访者按照常用程度对数字化接收终端进行了综合排序。数据表明，固定电视机仍然是老年人最常使用的文化资源接收终端。其他排名进入前五位的终端还有收音机、手机、台式PC机、笔记本电脑等，然而这些接收终端得分都不高，即它们不是老年人的常用终端，见图5-2所示。

*选项得分＝(Σ频数×权值)/本题填写人次。权值由选项被排列的位置决定。例如，3个选项参
与排序，那排在第一个位置的权值为3，第二个位置权值为2，第三个位置权值为1。

固定电视 ▰▰▰▰▰▰▰▰▰▰ 9.36
台式或便携收音机 ▰▰▰▰ 3.75
手机 ▰▰ 1.98
台式PC机 ▰ 1.45
笔记本电脑等 ▰ 1.12
平板电脑、阅读器等 ▰ 1.07
车载收音机、音响等 ▰ 0.59
MP3、MP4等 ▰ 0.53
移动电视机 ▰ 0.36

图5-2 老年人数字文化资源接收终端排序($N=256$)

综合分析资源获取方式与接收终端，可以认为：老年人获取文化资源的最主要策略是看电视，其次是听广播，再次是自行购买纸质的书、报、刊。

5.3 老年人数字视听资源需求及使用行为分析

5.3.1 不同获取策略下视听资源的接触频次

调查显示，79.69%的老年人每天收看电视，8.98%的老年人每周收看电视，二者合计达到88.67%。也就是说，有近九成的老年人比较频繁地收看电视。

经常收听广播的老年人较经常看电视的人少。数据显示，有41.80%的老年人每天听广播，有5.08%的老年人每周听广播，二者合计46.88%，即近五成的老年人比较频繁地收听广播。

或频繁或偶尔，老年人中34.37%的人有通过互联网（含移动互联网，下同）使用数字视听资源的经验，超过了样本总数的1/3。就使用频次而言，通过互联网，老年人中有19.14%的人每天使用数字视听资源，6.64%的人每周使用数字视听资源，二者合计25.78%，即超过1/4的老年人比较频繁地通过互联网使用数字视听资源，见表5-7所示。

表5-7　老年人视听资源接触频次（N=256）

平台 频次	电视		广播		互联网（含移动互联网）	
	小计	比例(%)	小计	比例(%)	小计	比例(%)
每天使用	204	79.69	107	41.80	49	19.14
每周使用	23	8.98	13	5.08	17	6.64
偶尔使用	22	8.59	32	12.50	22	8.59
基本不使用	7	2.73	104	40.63	168	65.63

视力、听力等生理机能的衰退影响了老年人对视听资源的使用，有老年被访者表示："年纪大了，视力就不那么好了，看电视看不清楚。看时间长了眼睛就会不舒服，会流眼泪。""换成数字电视之后，机顶盒总发烫，容易坏。换机顶盒还得花钱。"所以，也就不能像以前一样成天开着电视解闷了。不能看电视的时候，他们就转向听广播。可是，随着年纪进一步的增长，耳朵也不太好使了，他们连广播也渐渐听不清了。

除了生理机能的衰退，使用技能的缺乏也在影响着老年人。网络对大多数老年人来说是既熟悉又陌生的。说老年人对它是熟悉的，是因为相当多的老年人家庭里装有宽带甚至WiFi。而安装的原因则是同住的子女天天要用，或是周末回来探望的儿女和孙辈要用。说老年人对它是陌生的，则是因为他们对网络旁观多于亲身使用。"不会用"是调查中听到的老年人关于网络的最常用的说法。

5.3.2 基于互联网(含移动互联网)平台的数字视听内容源偏好

当被问及"通过网络或移动网络，您经常使用的数字视听资源有哪些？"时，23.05%的老年被访者经常通过网络看电视剧；17.97%的老年被访者经常通过网络看电影；15.23%的老年被访者经常通过网络收看各类电视节目；14.84%的老年被访者经常通过网络听音乐或看MV；8.59%的老年被访者经常玩网络游戏，见表5-8、图5-3所示。

表5-8 老年人基于互联网（含移动互联网）平台的数字视听内容源偏好（N=256）

排序	视听内容源	小计	比例（%）
1	电视剧	59	23.05
2	电影	46	17.97
3	电视节目	39	15.23
4	音乐（含MV）	38	14.84
5	游戏	22	8.59
6	草根视频	7	2.73
7	网络原创电影/微电影	6	2.34
8	视频网站自制剧集	6	2.34
9	网络原创节目	6	2.34
10	网络原创音乐（含MV）	5	1.95

注:多选题,合计百分比大于100%。

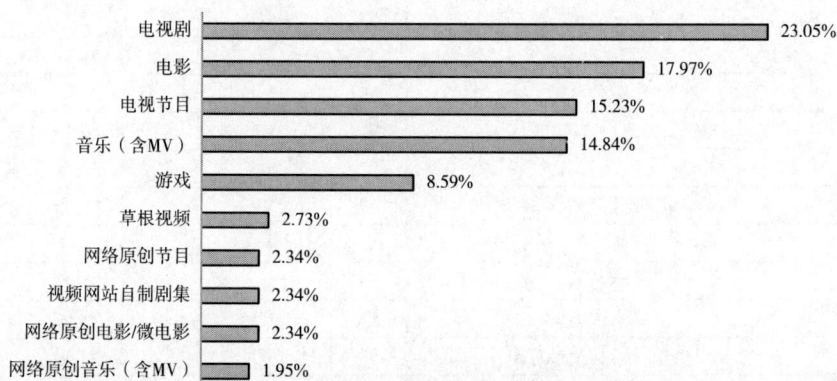

图5-3 老年人基于互联网(含移动互联网)平台的数字视听内容源偏好(N=256)

5.3.3 视听主题偏好

当被问及"您日常关注的视听主题有哪些?"时,75%的老年被访者经常关注"新闻时政/军事外交",55.47%的老年被访者经常关注"医疗保健养生",47.27%的老年被访者经常关注"热门影视剧",38.28%的老年被访者经常关注"政策法律法规/热点案例/纠纷调解",34.38%的老年被访者经常关注"相声/小品/评书/笑话/广播剧"等,见表5-9所示。

与实证研究一中所获得的北京市公众整体数据相比较,老年人经常使用的视听主题与样本总体有十分明显的差异:老年人中经常使用"新闻时政/军事外交"主题的比例为75%,而样本总体水平为55.23%;老年人中经常使用"医疗保健养生"主题的比例为55.47%,而样本总体水平为35.40%;老年人中经常使用"政策法律法规/热点案例/纠纷调解"主题的比例为38.28%,而样本总体水平为17.73%;老年人中经常使用"相声/小品/评书/笑话/广播剧"主题的比例为34.38%,而样本总体水平为25.39%;老年人中经常使用"戏曲戏剧"主题的比例为22.66%,而样本总体水平为5.27%,见表5-9、图5-4所示。

表5-9 老年人常用视听主题(N=256)

排序	视听主题	小计	比例(%)	北京市公众总体水平(%)
1	新闻时政/军事外交	192	75.00	55.23
2	医疗保健养生	142	55.47	35.40
3	热门影视剧	121	47.27	51.75
4	政策法律法规/热点案例/纠纷调解	98	38.28	17.73
5	相声/小品/评书/笑话/广播剧	88	34.38	25.49
6	名人访谈	82	32.03	29.11
7	美食	80	31.25	39.11
8	经典影视剧	74	28.91	46.45
9	综艺	72	28.13	36.21
10	生活窍门/消费知识	69	26.95	28.00
11	戏曲戏剧	58	22.66	5.27
12	经典音乐	55	21.48	35.97
13	名家讲座	54	21.09	15.57
14	自然科学类纪录片	53	20.70	22.49
15	旅游	53	20.70	35.43

排序	视听主题	小计	比例（%）	北京市公众总体水平（%）
16	体育	51	19.92	22.13
17	脱口秀	46	17.97	26.92
18	人文社会类纪录片	43	16.80	20.55
19	热门音乐	40	15.63	36.06
20	选秀/相亲/求职等真人秀	36	14.06	18.90
21	投资理财/经营管理	30	11.72	21.77
22	舞蹈	27	10.55	5.69
23	摄影/美术/设计/装修/收藏	16	6.25	8.00
24	汽车	12	4.69	20.10
25	有声读物	10	3.91	8.09
26	路况信息	10	3.91	9.40
27	棋类	9	3.52	2.76
28	致富项目	9	3.52	4.64
29	时尚服饰/健身美容	8	3.13	14.08
30	母婴/育儿/家庭教育	7	2.73	11.14
31	远程教育/公开课	5	1.95	9.70
32	动漫/游戏/电子竞技	3	1.17	11.11
33	农林畜牧相关技术	1	0.39	1.62

注:多选题,合计百分比大于100%。

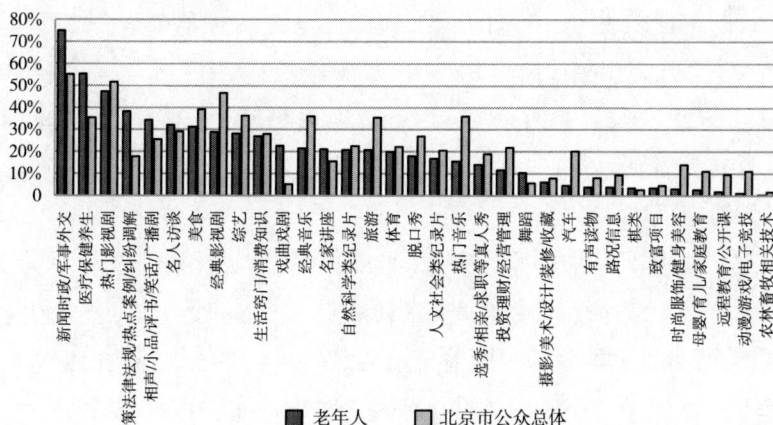

图5-4 老年人偏爱视听主题与北京市公众总体的差异

在新闻方面,《新闻联播》《北京新闻》等仍为老年人所喜爱。男性老年被访者还经常观看军事类节目。

老年人为维持自己的身体健康而关注医疗保健养生类主题。调查中多次被提及的健康类节目有《养生堂》《健康之路》等。也有老年被访者收听广播中的相关节目。他们对此类节目的评价分为两类：一类是因为某种特定疾病而关注特定内容的，并认为"×××专家讲得很好，就这个病分析得特别细"；另一类则本来就是随便听听的，觉着"一个专家一个说法，也不知道该听谁的"，并且"尽是卖药的"。

影视剧也为老年人所喜爱。女性老年被访者大多喜欢看热门的家庭伦理剧。有女性被访者表示："我就喜欢看那些讲婆婆媳妇的影视剧，看着觉得挺有意思。"也有女性被访者却不以为然地说："尽讲婆婆怎么媳妇，媳妇又怎么婆婆的，我就不喜欢看。"还有女性被访者喜欢看韩剧，她认为韩剧"什么看着都很漂亮。人和人之间特别讲礼貌，不像国内的这些个剧，吵吵闹闹的"。男性老年被访者多喜欢看军事题材、历史题材类的电视剧，有的被访者直接表示："我就喜欢看打日本鬼子的电视剧！"

老年人难免会遇到或想到财产等问题，为了从别人的经历中学习经验，维护自身的经济自主性，许多老年被访者表示每天必看"政策法律法规/热点案例/纠纷调解"类主题的节目。他们常提及的节目有《今日说法》《谁在说》等。他们将此类节目的内容概括为："为了房子，为了钱，一家人争来争去的。"

老年人主要通过广播收听"相声/小品/评书/笑话/广播剧"。有一位90多岁的男性被访者表示："我经常听评书。从小就听《杨家将》，我自己都能背下来。"另一位女性被访者则表示："每天开着（广播）听呗，它放什么就听什么。有些是挺逗，乐呵一下。"

老年被访者主要通过电视观看"戏曲戏剧"。有男性被访者说："我那时候，哪有电视？就是上戏园子瞧戏。我现在还能唱几段（京剧）。可惜现在电视里放的少了。"除了电视里的戏曲戏剧节目不多之外，数字电视释放出巨大的频道和节目资源，也增加了老年使用者寻找节目的难度。有一位60多岁的女性被访者对调查者抱怨道："有一次，电视里预告要放评剧，就是那个新凤霞的。到那个点儿我就搬个椅子坐着等。结果也不知为什么没有播。我用遥控器怎么找也找不着。电视报上也没具体写。后来就没看成。"她诉说这次经历时，语气里的那种委屈和挫败感，就如同一个遗失糖果的孩童。

受教育程度高中及以上的老年被访者会关注纪录片等视听主题。一位高中教育程度的老年女性说："我不喜欢看那些个电视剧。我就喜欢看一些科技类的纪录片，可以了解一些科技发展的趋势。"一位研究生教育程度的老年男性则表示："我主要看历史类的纪录片，我更喜欢上网看。"

玩网络游戏已经成为老年人上网的重要内容之一。一位女性被访者告诉研究者："我们家有电脑，因为孙女来了要玩儿。孙女就把我教会了。现在，我每天都玩一会儿。但我自己不会升级，玩儿着、玩儿着就不能玩儿了。必须得等她周末来，帮我怎么弄一下才行。"

5.4　老年人阅读资源需求及使用行为分析

5.4.1　不同获取策略下的阅读资源接触频次

5.4.1.1　与纸质报纸接触情况

报纸是老年人最易获得的纸质阅读资源。此次调查表明，有44.92%的老年被访者每天读报纸，远高于实证研究一中北京市公众的总体水平（14.26%）；10.16%的老年被访者每周读报纸，明显低于北京市公众的总体水平（19.35%）；二者合计，有55.08%的老年被访者仍然较为频繁地阅读纸质报纸，这远高于北京市公众的整体水平（33.61%），并且，老年人阅读报纸的频次仍与纸质报纸以天为单位的出版周期相契合，见表5-10所示。

表5-10　老年人纸质报纸接触情况 （$N=256$）

接触频次	小计	比例（%）
每天	115	44.92
每周	26	10.16
偶尔	39	15.23
不读	76	29.69

每天黄昏出去转转，到小区门口的报刊亭买份儿《北京晚报》看看，仍是这一带老年人，尤其是老年男性的习惯性动作。除了《北京晚报》，北京地区老年

人经常购买的报纸还有《京华时报》《参考消息》《足球报》等。报纸的内容以时政新闻和社会新闻居多，多具有较强的时效性。和周围的人聊聊刚从报纸上读到的新鲜事儿，也是老年人参与社会互动的一种重要方式。

5.4.1.2 与纸质杂志接触情况

传统上，纸质杂志以季、月、半月、周等为出版周期。本次调查表明，10.16%的老年被访者每天阅读纸质杂志，高于实证研究一中北京市公众的总体水平（4.85%）；15.23%的老年被访者每周阅读纸质杂志，低于实证研究一中北京市公众的样本总体水平（16.08%）；5.86%的老年被访者每月阅读纸质杂志，低于实证研究一中北京市公众的样本总体水平（12.43%）；以上三者合计，有31.25%的老年被访者较为频繁地阅读纸质杂志，与北京市公众的整体水平（33.36%）大体相当，而且，在阅读杂志的时候，老年被访者是以"每天顺手翻一点儿"来完成的，所以其阅读频次以每天阅读为主，这与传统杂志以周、月等为周期的出版节奏并不相符，见表5-11所示。

表5-11　老年人与纸质杂志接触情况（N=256）

接触频次	小计	比例（%）
每天	26	10.16
每周	39	15.23
每月	15	5.86
偶尔	53	20.70
不读	123	48.05

老年被访者获得杂志不以自己购买为主。被访者表示："孩子买的杂志，他看完了，我就随便翻翻。经常看《博客天下》。"有的老人说："孩子从单位借的。周末的时候他就给我带过来。主要是《半月谈》《红旗》。"又或者是"散步的时候别人塞手里的健康杂志"。还有一位老年被访者在订阅《中学生数理化》："我退休前是中学老师，一直订着这份杂志，所以现在还看看。"

5.4.1.3 与纸质图书接触情况

纸质图书是老年人接触最少的纸质阅读资源。此次调查的数据显示：老年被访者中，有3.12%的人每星期读书一本及以上；有5.08%的人每月读两三本；有

3.52%的人每月读一本;以上三者合计,有11.72%的老年被访者每月读书一本及以上,读书相当频繁。然而,这个数据明显低于实证研究一中北京市公众的整体水平(25.70%)。

除此之外,有5.86%的老年被访者两三个月读一本书;8.59%的老年被访者每三四个月读一本;以上二者合计,有14.45%的老年被访者每季度读书在一本及以上。这个数据也低于实证研究一中北京市公众的整体水平(20.16%)。

另外,数据显示,有58.98%的老年人不读纸质图书,也远远高于北京市公众的整体水平(24.53%),见表5-12所示。

可以看到,老年人除了阅读纸质图书的人的比例较低之外,阅读速度也开始放缓,而老年人的生理机能退化是阻碍老年人进行纸质阅读的主要原因。调查中,常有被访者提到:"年纪大了,眼神儿不好,看书看不清,很模糊。看书看多了流眼泪"等。还有一个阻碍老年人阅读纸质图书的原因是一部分老年人缺乏阅读能力,如"没上过学,不识字""我就小学文化,看什么书"等。

表5-12　老年人纸质图书接触情况(N=256)

接触频次	小计	比例(%)
每星期读一本及以上	8	3.12
每月读两三本	13	5.08
每月读一本	9	3.52
两三个月读一本	15	5.86
三四个月读一本	22	8.59
每年读一两本	38	14.84
不读	151	58.98

5.4.1.4　与数字阅读资源接触情况

此次调查显示,有16.80%的老年被访者接触过数字阅读资源。在接触频次方面,老年被访者中,11.72%人每天使用数字阅读资源,3.91%的人每周使用数字阅读资源,二者合计,共有15.63%的老年被访者较为频繁地使用数字阅读资源。另一方面,我们也看到有83.20%的老年被访者不使用数字阅读资源,见表

5-13 所示。

表5-13　老年人数字阅读平台接触情况（*N*=256）

使用频次	小计	比例（%）
每天使用	30	11.72
每周使用	10	3.91
偶尔使用	3	1.17
不使用	213	83.20

实证研究一中北京市公众的相关数据为：80.44%的北京市公众接触过数字阅读资源；60.89%的北京市公众比较频繁地使用数字阅读资源。通过比较，我们可以认为：在数字阅读方面，老年人与北京市公众整体水平之间的差距比纸质阅读方面的差距更大。造成这种差距的主要因素除了前文提及的老年人生理机能退化、缺乏阅读能力之外，还存在着老年人缺乏网络使用技能这个重要因素。

5.4.2　基于互联网(含移动互联网)平台的数字阅读内容源偏好

当被问及"通过互联网或移动互联网，您经常使用的数字阅读资源有哪些?"时，在老年被访者中，27.73%人使用网络新闻，16.80%人使用电子报，8.20%的人使用电子杂志，7.42%的使用网络文库，7.42%的人使用电子书，7.42%的人使用电子政务/政府信息公开，见表5-14所示。

颇值得关注的是，老年被访者中，9.38%的人使用微博、微信上的名人、大V账号、公众账号等，8.20%的人使用网络百科，7.42%的人使用网络问答等。

表5-14　老年人基于互联网（含移动互联网）平台的数字阅读内容源偏好（*N*=256）

排序	内容源	小计	比例（%）
1	网络新闻（如网易新闻/腾讯新闻/百度新闻/凤凰新闻等）	71	27.73
2	电子报（含报纸的手机报、网站、博客、微博、APP、微信等）	43	16.80
3	微博、微信上的名人、大V账号、公众账号等	24	9.38
4	电子杂志（含杂志的网站、博客、微博、APP、微信等）	21	8.20
5	网络百科（如维基百科/百度百科等）	21	8.20
6	电子书（含网络小说）	19	7.42
7	网络问答（如百度知道/知乎等）	19	7.42

续表

排序	内容源	小计	比例（%）
8	网络文库（如百度文库/豆丁等）	19	7.42
9	电子政务/政府信息公开	19	7.42
10	网络摄影网站、图片库等	16	6.25

注:多选题,合计百分比大于100%。

老年人接触数字阅读资源多为子女带动。有老年被访者略带骄傲地说:"过生日时,孩子给我买了阅读器,让我看书用。"也有被访者说:"我住女儿家帮她带孩子。我女儿帮我加了微信,我每天都在上面看看,有空还跟亲戚朋友聊聊天。"

5.4.3 阅读主题偏好

当被问及"您日常关注的阅读主题有哪些?"时,老年被访者中,有61.72%的人经常使用"新闻时政/军事外交"主题;42.19%的人经常使用"医疗保健养生"主题;26.56%的人经常使用"生活窍门/消费知识";25.78%的人经常使用"美食"主题,23.44%的人经常使用"政策法律法规/热点案例"主题;23.44%的人经常使用"音乐/电影/娱乐"主题;21.88%的人经常使用"旅游"主题;21.09%的人经常使用"人物传记"主题,见表5-15所示。

表5-15　老年人常用阅读主题（$N=256$）

排序	阅读主题	小计	比例（%）	北京市公众总体水平（%）
1	新闻时政/军事外交	158	61.72	59.99
2	医疗保健养生	108	42.19	41.81
3	生活窍门/消费知识	68	26.56	38.04
4	美食	66	25.78	45.04
5	政策法律法规/热点案例	60	23.44	19.53
6	音乐/电影/娱乐	60	23.44	42.53
7	旅游	56	21.88	42.65
8	人物传记	54	21.09	15.27
9	历史	42	16.41	19.11
10	小说	41	16.02	39.29
11	体育	40	15.63	21.80

排序	阅读主题	小计	比例（%）	北京市公众总体水平（%）
12	投资理财/经营管理	36	14.06	28.87
13	文化/艺术	36	14.06	16.29
14	地理/社会风俗	29	11.33	16.68
15	科技前沿/科普新知	23	8.98	18.12
16	情感/两性/婚姻/家庭	23	8.98	14.85
17	时尚服饰/健身美容	23	8.98	26.09
18	诗歌/散文/杂文	22	8.59	7.43
19	汽车	17	6.64	23.54
20	家居装饰装修	17	6.64	18.09
21	母婴/育儿/家庭教育	16	6.25	16.38
22	摄影/美术/设计/收藏	14	5.47	10.75
23	励志/成功/心灵鸡汤	11	4.30	17.07
24	社交口才/职场心理	11	4.30	14.35
25	电脑网络/消费电子	10	3.91	28.06
26	儿童/青少年课外读物	10	3.91	8.06
27	哲学/宗教	9	3.52	6.71
28	房地产信息	8	3.13	13.87
29	继续教育/资格考试（含英语）	5	1.95	8.09
30	专业研究学术讨论	5	1.95	8.06
31	中/小学教辅	4	1.56	4.13
32	求职信息	4	1.56	9.52
33	致富项目	3	1.17	6.68
34	动漫/游戏/电子竞技	2	0.78	10.99
35	农林畜牧相关技术	1	0.39	1.80
36	其他	1	0.39	0.75

注：多选题，合计百分比大于100%。

　　与实证研究一中所获得的整体数据相比较，老年人中经常使用"新闻时政/军事外交""医疗保健养生""政策法律法规/热点案例""人物传记"等主题的样本比例略高于北京市公众的总体水平，见图5-5所示。

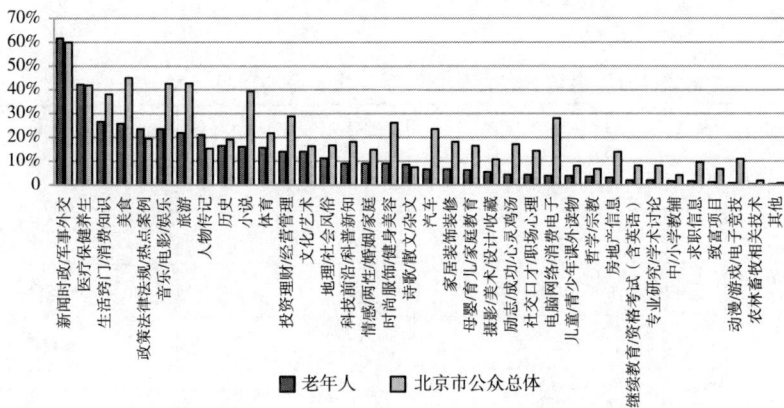

图5-5　老年人偏爱阅读主题与北京市公众总体的差异

除了信息性、知识性的阅读，老年人的阅读开始变得更加从容。由于长久以来所累积的生活经验与智慧，老年人能够以自己的经历和感受与作者或是文本相互映照，从而进行深层次的对话，这是他们喜欢阅读历史题材、人物传记等的主要原因。

5.5　老年人文化资源付费项目和支付额度情况

如前文所言，为数字文化资源使用付费，可以大致分为两类：一类是为基本的网络接入和基础内容包付费，另一类是为特定内容的视听、阅读、下载、高品质观赏、点播、互动等付费。前者体现更多的是使用者的共性需求，后者则更多地体现了使用者的个性化需求。

在为基本的网络接入和基础内容包付费方面，调查显示，94.14%的老年被访者为有线电视付费，39.84%的老年被访者为宽带付费，27.34%的老年被访者为手机流量付费。在内容方面，老年人中，5.86%老年被访者为通过网络看影视剧付费，3.13%的老年被访者为电子书和网络小说付费，见表5-16所示。

与北京市公众的总体数据相比较：老年人为有线电视付费的比例（94.14%）远远高于北京市公众整体水平（71.31%）；老年人为手机流量付费的比例（27.34%）和为宽带付费的比例（39.84%）远低于北京市公众整体水平（80.65%，72.36%）。老年人为特定内容付费的比例也普遍地低于北京市公众整体水平。

表5-16 老年人付费使用数字文化资源的项目（*N* =256）

付费类别	付费项目	小计	比例（%）	北京市公众整体水平（%）
为基本的接入付费	手机流量	70	27.34	80.65
	宽带	102	39.84	72.36
	有线电视	241	94.14	71.31
	网吧	3	1.17	14.97
为特定数字视听内容付费	影视剧	15	5.86	18.21
	网络游戏	5	1.95	21.77
	数字音乐	6	1.44	6.32
为特定数字阅读内容付费	网络小说	8	3.13	16.71
	电子书	8	3.13	15.21
	手机报	5	1.95	14.08
	电子杂志	7	2.73	9.07
	网络新闻客户端	4	1.56	4.34

在数字文化资源消费额度方面，53.13%的老年人消费额在21~50元/月，主要由有线电视费和手机流量费构成；20.70%的老年人消费额在101~150元/月，主要由有线电视费、宽带费和手机流量费构成，见表5-17所示。

表5-17 老年人付费使用数字文化资源付费的每月支付额度（*N* =256）

额度	小计	比例（%）
0~5元/月	11	4.30
6~20元/月	8	3.13
21~50元/月	136	53.13
51~80元/月	4	1.56
81~100元/月	18	7.03

额度	小计	比例（%）
101~150元/月	53	20.70
151~200元/月	15	5.86
201~300元/月	6	2.34
301~400元/月	1	0.39
401~500元/月	0	0
501~600元/月	1	0.39
601~700元/月	0	0
701~800元/月	1	0.39
801~900元/月	0	0
901~1000元/月	1	0.39
1001~1500元/月	1	0.39

5.6　老年人与公共文化场馆及其数字资源接触情况

5.6.1　与公共图书馆(含阅览室)接触情况

数据显示，有82.81%的老年人在过去近一年的时间里，没有造访过公共图书馆或公共阅览室。调查中，老年被访者将"不知道图书馆在哪儿""图书馆太远，我腿脚又不好""做家务，没有时间""帮忙带孩子，没有时间"等作为没有使用图书馆的主要原因。数据也显示：近一年以来，在实地或者通过网络，有17.18%的老年人造访过公共图书馆和阅览室，这个数值远远低于北京市公众的整体水平（68.70%）。

从造访频次来看，2.34%的老年人造访频次为多次/星期；0.39%的老年人造访频次为1次/星期；1.95%的老年人造访频次为2~3次/月；3.52%的老年人造访频次为1次/月；1.17%的老年人造访频次为2~6次/年；1.56%的老年人造访频次为3~4次/年；6.25%的老年人造访频次为1~2次/年，见表5-18所示。

表5-18　老年人实地或者通过网络造访公共图书馆（含阅览室）的频次 (N=256)

依据接触频次划分的使用者群体		小计	占老年人总体比例（%）	比例合计（%）	北京市公众整体水平（%）
频繁使用者	多次/星期	6	2.34	2.73	8.11
	1次/星期	1	0.39		
经常使用者	2~3次/月	5	1.95	5.47	11.62
	1次/月	9	3.52		
间歇性使用者	2~6次/年	3	1.17	2.73	17.52
	3~4次/年	4	1.56		
偶尔使用者	1~2次/年	16	6.25	6.25	31.45
不使用者	没有造访	212	82.81	82.81	31.30

5.6.2　与公共图书馆(含阅览室)数字资源接触情况

调查者进一步了解了通过公共图书馆和阅览室，老年人接触数字文化资源的情况。数据显示：通过公共图书馆、阅览室，老年被访者中有10.55%的人使用过电子书；有7.03%的人使用过电子报；有7.03%的人使用过各类图片库；有5.47%的人使用过政府信息公开；有5.08%的人使用过电子杂志；有3.91%的人使用过娱乐类音视频库等，见表5-19所示。

表5-19　老年人公共图书馆（含阅览室）数字资源接触情况（N=256）

资源类型	小计	比例（%）
电子书	27	10.55
电子报	18	7.03
各类图片库	18	7.03
政府信息公开	14	5.47
电子杂志(龙源等)	13	5.08
娱乐类音视频库	10	3.91
学术论文库（知网等）	7	2.73
行业数据库	6	2.34
馆藏特色资源库	6	2.34
文化共享工程	5	1.95
教育类音视频库	4	1.56

注:多选题,合计百分比大于100%。

5.6.3 与电影院等公共文化场馆及其数字文化资源接触情况

调查人员还进一步询问了老年人与电影院等公共文化场馆的造访情况。数据显示,近一年里,老年人通过网络或实地,有16.80%的人造访过电影院、流动电影放映点;12.89%的人造访过旅游节、游园会、博览会、文化节等;9.38%的人去过音乐场馆、音乐会、音乐节等,见表5-20所示。

表5-20　老年人电影院等公共文化场馆及活动接触情况（N=256）

公共文化场馆及活动	小计	比例（%）
电影院、流动电影放映点	43	16.80
旅游节、游园会、博览会、文化节等	33	12.89
音乐场馆、音乐会、音乐节	24	9.38
书店、图书节、书展	19	7.42
天文馆、自然博物馆、科技馆	16	6.25
戏剧、戏曲表演	11	4.30
话剧表演	8	3.13
少年宫、少儿活动中心等	4	1.56
酒吧、餐厅（有演出）	4	1.56
茶馆、曲艺社等（有演出）	4	1.56
歌舞类表演	4	1.56
木偶戏、皮影戏表演等	3	1.17

注:多选题,合计百分比大于100%。

通过电影院等场馆或相关网站,老年人中,有2.34%的人使用过电子导游器;有2.34%的人使用过网络虚拟博物馆;有1.56%的人查询过展演信息等,见表5-21所示。

表5-21　电影院等公共文化场馆中数字资源的接触情况（N=256）

数字文化资源	小计	比例（%）
电子导游器	6	2.34
网络虚拟博物馆	6	2.34
展演信息	4	1.56
网络虚拟美术馆	3	1.17
二维码展品介绍	3	1.17
手机APP讲解员	2	0.78
互动体验区	2	0.78

注:多选题,合计百分比大于100%。

5.6.4 吸引老年人使用公共文化场馆数字资源的主要因素

调查人员询问了老年使用者，以了解是哪些因素在吸引他们使用公共文化场馆中的数字资源。

排在前五位的因素有："我能够找到自己需要的数字资源"（51.11%）；"公共文化场馆进行了新闻宣传"（33.33%）；"公共文化场馆进行了现场的展示和讲解"（33.33%）；"数字资源可以提高我的学习、工作效率"（31.11%）；"经过学习，我能够比较自如地操作相关系统和软件"（26.67%），见表5-22所示。

老年人对"我能够找到自己需要的数字资源"的强调，超过了北京市公众的整体水平（42.02%）。

表5-22　吸引老年人使用公共文化场馆数字资源的主要因素（*N*=256）

排序	主要因素	小计	比例（%）
1	我能够找到自己需要的数字资源	23	51.11
2	公共文化场馆进行了新闻宣传	15	33.33
3	公共文化场馆进行了现场的展示和讲解	15	33.33
4	数字资源可以提高我的学习、工作效率	14	31.11
5	经过学习，我能够比较自如地操作相关系统和软件	12	26.67
6	公共文化场馆提供了详尽的操作指导，增加了我使用的信心	10	22.22
7	数字资源新奇、有趣	9	20.00
8	我认为数字资源比传统资源更好	9	20.00
9	可以在机构场馆外检索使用数字资源	8	17.78
10	在使用过程中，工作人员能够提供及时、有效的帮助	7	15.56
11	数字资源权威、可信	7	15.56
12	可以在机构场馆外下载数字资源	5	11.11
13	我周围的人都在使用数字资源	4	8.89
14	其他	2	4.44

注：多选题，合计百分比大于100%。

5.6.5 老年人在使用公共文化场馆数字资源时遇到的主要困难及解决方法

理论上，数字文化资源可以有效降低获取资源的物理成本和经济成本，降低文化资源的获取门槛。但是，老年人对公共文化场馆的数字资源的陌生感强，使得公共文化场馆的数字资源的利用率不足。为此，调查人员也询问了老年使用者，以了解他们在使用公共文化场馆提供的数字资源时所遇到的各种问题。

排在前五位的问题有："网速太慢"（45.45%）；"数字资源使用收费"（40.91%）；"不了解公共文化场馆中有哪些数字资源"（38.64%）；"借用、归还时，手续很麻烦"（34.09%）；"遇到操作问题，不能得到及时、有效的帮助"（30.55%），见表5-23所示。老年人中抱怨"网速太慢""数字资源使用收费"的比例远远高于北京市公众整体水平（30.49%，23.66%）。

表5-23 老年人在使用公共文化场馆数字资源时遇到的主要问题（N=256）

排序	主要困难	小计	比例（%）
1	网速太慢	20	45.45
2	数字资源使用收费	18	40.91
3	不了解公共文化场馆中有哪些数字资源	17	38.64
4	借用、归还时，手续很麻烦	15	34.09
5	遇到操作问题，不能得到及时、有效的帮助	15	30.55
6	我知道自己需要什么数字资源，但公共文化场馆没有提供	11	25.00
7	所需数字资源仅限场馆内访问，不便利用	10	22.73
8	资源不能在我的电脑、平板、阅读器、手机等之间同步	10	22.73
9	检索系统效率低，查找资料花费的时间和精力比较多	8	18.18
10	数字资源太多，不知道该看什么	6	13.64
11	数字资源副本少，等待借阅时间长	6	13.64
12	数字资源借阅期限太短	3	6.82
13	其他	2	4.55

注:多选题,合计百分比大于100%。

在使用数字资源的过程中如果遇到问题，老年使用者会如何应对呢？

当被问及"遇到以上问题时，您一般采取什么方法解决？"时，老年使用者采用的最主要的方法是"询问工作人员"（43.18%）。然而，老年被访者中采用这个方法的比例远远低于北京市公众的整体水平（60.15%）。这很可能与他们从工作人员那里得不到耐心的帮助有关。老年被访者常用的其他的方法还包括"使用其他网络免费资源"（36.36%），"仔细阅读使用说明"（29.55%），"自己多试几次就熟悉了"（25.00%），"询问家人、朋友、其他使用者"等，见表5-24所示。

表5-24　老年人使用公共文化场馆数字资源遇到困难时主要的解决方法（*N*=256）

排序	解决方法	小计	比例（%）
1	询问工作人员	19	43.18
2	使用其他网络免费资源	16	36.36
3	仔细阅读使用说明	13	29.55
4	自己多试几次就熟悉了	11	25.00
5	询问家人、朋友、其他使用者	11	25.00
6	放弃使用	10	22.73
7	自行购买所需资源	6	13.64
8	其他	2	4.55

注：多选题，合计百分比大于100%。

5.6.6　促进公共文化场馆数字资源利用的机制和方法

为了进一步提高公共数字文化资源的接触率，课题组拟定了一些可能促进公共数字文化资源利用的机制和方法，请老年人选择，见表5-25所示。

在渠道接入方面，"少量付费，接入家中有线电视网"呼声最高，获得25.39%的老年被访者支持，这与老年人主要通过电视获取文化资源的现实相匹配。针对一些数字资源只能在馆内免费使用的限制，"少量付费，开放公共机构数字文化源阅/视/听"也获得了11.72%的老年人的支持，"少量付费，接入手机等移动终端"也有11.33%的老年人支持。

表5-25 老年人偏好的促进公共文化场馆数字资源使用的机制和方法（N=256）

排序	机制和方法	小计	比例（%）
1	少量付费，接入家中有线电视网	65	25.39
2	少量付费，开放公共机构数字文化源阅/视/听	30	11.72
3	少量付费，接入手机等移动终端	29	11.33
4	资源质量大众评级、评论，优胜劣汰	12	4.69
5	网上读书会	12	4.69
6	二手资源交流	11	4.30
7	公众需求登记，由需求程度决定数字资源是否引进	8	3.13
8	根据使用者兴趣推荐资源	8	3.13
9	鼓励使用，根据阅/视/听积分提供奖励	8	3.13
10	出租电子书	5	1.95
11	出租平板电脑、阅读器	4	1.56
12	出租音视频	4	1.56
13	其他	4	1.56
14	出租电子杂志	3	1.17
15	付费定制绝版书的电子书	1	0.39
16	付费定制/翻录珍稀音像资料的数字音视频	0	0

注:多选题,合计百分比大于100%。

5.7 老年人创造性参与数字文化资源生产的情况

老年被访者中有16.41%的人创造性地参与了数字文化活动。从参与方式来看，14.06%的老年被访者撰写博客、微博、微信等；5.08%的老年被访者在网络问答中提问、回答；5.08%的老年被访者制作、拍摄和上传图片。制作和上传音、视频，制作电子杂志，创作网络文学，写评论、打分，与文化机构和名人互动等也都有一小部分老年人参与，见表5-26所示。

表5-26　老年人参与数字文化资源生产的主要方式（$N=256$）

参与方式	小计	比例（%）
撰写博客、微博、微信等	36	14.06
在网络问答中提问、回答	13	5.08
制作、拍摄和上传图片	13	5.08
制作和上传视频	7	2.73
制作电子杂志	5	1.95
制作和上传音频作品	5	1.95
参与网络文学创作	4	1.56
为影视剧、音乐、小说等作品写评论、打分	3	1.17
通过网络与文化名人/企业/公共机构互动	2	0.78

注：多选题，合计百分比大于100%。

5.8　小结

通过问卷调查与访谈，有关老年人数字文化资源需求与使用的情况，大致可归纳为下列七项结论：

（1）这一代老年人仍主要通过看电视、听广播和读纸质报纸来获取各类文化资源。88.67%的老年人比较频繁地看电视；55.08%的老年人比较频繁地阅读纸质报纸；46.88%的老年人比较频繁地收听广播。

（2）34.37%的老年人有通过互联网（含移动互联网）使用数字视听资源的经验，25.78%的老年人比较频繁地通过互联网使用数字视听资源。16.80%的老年人接触过数字阅读资源，15.63%的老年人较为频繁地使用数字阅读资源。与公众整体水平相比，老年人在数字文化资源的使用率和使用频次方面都有所不及；同时，老年人在数字阅读资源使用方面与公众整体水平的差距大于在数字视听资源使用方面与公众整体水平的差距。

（3）基于互联网平台，老年人经常看电视剧、电影、各类电视节目、听音乐、打网络游戏和阅读网络新闻。老年人较为偏爱的视听和阅读主题有"新闻时政/军事外交""医疗保健养生""政策法律法规/热点案例/纠纷调解""相声/小品/

评书/笑话/广播剧""戏曲戏剧""人物传记"等。

（4）公共图书馆和阅览室对老年人来说主要是看免费报纸、杂志和听讲座的场所。近一年以来，有17.18%的老年人实地或者通过网络造访过公共图书馆和阅览室。这些使用者中有过半的人使用过图书馆和阅览室的数字文化资源，且使用电子书的人最多。"能够找到自己所需要的资源"的体验可以很好地鼓励老年人使用公共文化场馆中的数字资源；而"网速太慢""数字资源使用收费"则让老年人使用受挫。94.14%的老年被访者为有线电视接入和基础内容包付费，他们赞同将各类数字文化资源接入家中的有线电视网，以方便使用。

（5）借助网络平台和移动终端，老年人中有16.41%的人创造性地参与了数字文化活动。博客、微博、微信等社会化媒体平台操作简单，易上手，亲朋汇聚，因而成为老年人最常用的参与文化生产的方式。

（6）生理机能的退化和使用技能的缺乏都影响了老年人对数字文化资源的使用。即便是数字电视，由于电视节目的增多、数字机顶盒功能和遥控器使用的日趋复杂，老年人也表现出了不适应。在这种情况下，子女、孙辈是老年人尝试使用数字文化资源的最主要的带动者和辅导者。

随着中国逐渐进入老龄化社会，老年人口在社会中所占比例将越来越多。我们首先在观念上必须排除年龄歧视，不能再将老年人视为社会负担，视为依赖性的、缺乏生产力的人口。在公共数字文化建设方面，投资老年人与投资青少年一样，都是在为国家累积文化资本。丰富老年人的生命内涵，发展老年人的文化创造力，就是在为社会未来的发展开辟更多元、更柔性的途径。

第6章 专题报告(Ⅳ):少数民族青年数字文化资源公共需求与使用分析

根据2010年第六次全国人口普查主要数据公报,中国大陆31个省、自治区、直辖市和现役军人的人口中,各少数民族人口为1.1亿人,占总人口的8.43%。有研究者指出,数字技术在对中国民族多元一体❶的认同产生冲击的同时,也提供了契机。"任何真正富有生命力的民族文化认同感,都需要所涉国家、民族中的大多数人的共同指认。在信息技术高度发达的多族群的现代社会,国家的民族认同感不可能通过主流族群中的主流意识的强制性接受而达成,而需要所涉各族群的公民,通过包含着文化冲突性的对话而达成。而这就需要有效的公共空间,使得族群对话得以展开。这在高度国家垄断的传统文化时空中是难以展开的。而网络的普及,则提供了这种对话展开的相对自由的平台。"❷

从以上角度理解发展少数民族公共数字文化服务体系的意义,则可以将发展目标定为:传承少数民族文化,改善少数民族的个体感知和社会主流群体对少数民族群体的集体印象,促进不同的社会主体间形成良性的互动,进而实现少数民族群体的双重认同。❸

---

❶ 费孝通认为中华民族具有多元一体的格局。首先,中华文化、中华民族的起源具有鲜明的本土特点,整个中华民族与中国大多数的民族,从总体上看,皆是由起源于中华大地并在中华大地创造历史的人们形成的。其次,中华民族及其中的主体民族和一些分布较广的少数民族,其起源是多元的。特点是多元起源,多区域不平衡发展,而又反复汇聚与辐射。在同一民族中,往往既存在着广泛的认同,又存在明显的区域文化特点。参见费孝通:《中华民族多元一体化格局》,中央民族大学出版社,1999年版。

❷ 姚新勇:《网络、文学、少数民族及知识情感共同体》,《江苏社会科学》,2008年第2期。

❸ 19世纪末20世纪初,大量新移民进入美国。美国社会学家罗伯特·帕克(Robert Ezra Park) 通过对移民报刊的研究指出:一方面,移民报刊有助于维护移民的种族文化;另一方面,移民报刊使读者可以通过族群语言而接触到都会生活,从而了解当地主流社会,缓解思乡情绪,淡化边缘人的色彩,顺利融入美国社会中。在帕克研究的基础上,朱迪斯·布罗(Judith R. Blau)等人在《移民报刊:族群缓冲机构,纽约1828—1984年》一文中也对少数移民报刊提出了与帕克相同的看法。他们认为,没有证据显示,这些移民报刊憎恨或拒绝同化(assimilation) 。之后,不断有亚裔、拉丁裔和非洲裔学者加入此领域的研究,肯定少数民族传媒的双重认同功能。

从这样的现实出发,为了了解少数民族群体数字文化资源公共需求与使用状况,研究人员专辟"少数民族"专题,针对少数民族青年进行调查。本文所呈现的资料即此调查的数据和相关分析。

6.1 基本概念与调查执行概况

本调查所指"少数民族青年"指年龄16~40岁的少数民族人口。本次调查以问卷调查法为主导方法,为了丰富对数据的解释,课题组亦采用访谈等作为辅助性方法。2013年3~5月,课题组共发放纸质问卷200份,并同时发放网络问卷。最终回收有效问卷298份。

样本分布的地域来自中国大陆地区22个直辖市、省及自治区,其中北京市的样本主要获得自中央民族大学和其他大学的少数民族班。样本中,来自内蒙古的样本所占比例最高,占样本总体的20.13%;来自贵州的样本其次,占样本总体的17.79%;再次是来自新疆的样本,占样本总体的12.08%,见表6-1所示。

表6-1 样本地域来源分布(N=298)

地域	北京	上海	重庆	内蒙古	新疆	宁夏	青海	甘肃
小计	31	3	1	60	36	14	4	1
比例(%)	10.40	1.01	0.34	20.13	12.08	4.70	1.34	0.34
地域	西藏	四川	贵州	云南	广西	湖北	湖南	江西
小计	2	4	53	18	23	8	16	2
比例(%)	0.67	1.34	17.79	6.04	7.72	2.68	5.37	0.67
地域	黑龙江	吉林	辽宁	浙江	海南	江苏		
小计	3	6	9	2	1	1		
比例(%)	1.01	2.01	3.02	0.67	0.34	0.34		

调查样本涉及中国大陆地区的28个少数民族,见表6-2所示。

表6-2 样本民族分布(N=298)

民族	壮族	满族	回族	苗族	维吾尔族	土家族	彝族
小计	30	34	40	19	10	30	15

数字文化资源 公共需求与使用研究

比例（%）	10.07	11.41	13.42	6.38	3.36	10.07	5.03
民族	蒙古族	哈萨克族	哈尼族	黎族	傣族	畲族	仡佬族
小计	57	10	1	1	1	1	1
比例（%）	19.13	3.36	0.34	0.34	0.34	0.34	0.34
民族	侗族	瑶族	朝鲜族	白族	羌族	锡伯族	拉祜族
小计	14	4	1	7	3	2	2
比例（%）	4.70	1.34	0.34	2.35	1.01	0.67	0.67
民族	藏族	纳西族	布依族	佤族	水族	毛南族	达斡尔族
小计	4	1	5	1	2	1	1
比例（%）	1.34	0.34	1.68	0.34	0.67	0.34	0.34

样本男女比例为41.28%∶58.72%，见表6-3所示。

表6-3 样本性别分布（N=298）

性别	小计	比例（%）
男性	123	41.28
女性	175	58.72

样本年龄从16~40岁不等，其中21~25岁的样本所占比例最高，为42.62%；其次是26~30岁的样本，占样本总体的26.51%；再次是31~35岁的样本，占样本总体的15.10%，见表6-4所示。

表6-4 样本年龄分布（N=298）

年龄	小计	比例（%）
16~20岁	21	7.05
21~25岁	127	42.62
26~30岁	79	26.51
31~35岁	45	15.10
36~40岁	26	8.72

样本受教育程度从小学到研究生及以上。受教育程度为本科/大专的样本所占比例最高，为53.36%；其次是受教育程度为研究生及以上的样本，占样本总体的38.93%。从教育程度来看，本次调查的样本为少数民族中受过良好教育的

精英群体，见表6-5所示。

表6-5　样本受教育程度分布（N=298）

教育程度	小计	比例（%）
小学	2	0.67
初中	7	2.35
高中/中专	14	4.70
大专/本科	159	53.36
研究生及以上	116	38.93

样本中就业人口与学生之比为52%∶48%。就业人口中以企业单位样本最多，占样本总体的17.11%；其次是事业单位样本，占样本总体的14.09%，见表6-6所示。

表6-6　样本职业分布（N=298）

职业类型	小计	比例（%）
企业单位	51	17.11
事业单位	42	14.09
教育系统	18	6.04
自营职业	15	5.03
进城务工	15	5.03
照顾家庭	2	0.67
待业	2	0.67
学生	153	51.34

以下从数字文化资源获取策略，视听资源需求与使用状况，阅读资源需求与使用状况，公共文化场馆及其数字资源使用情况，创造性参与等方面对调查结果进行分析。

6.2　少数民族青年文化资源获取策略

首先，调查人员请少数民族青年被访者按照常用程度对自己获得的各类阅读、视听资源的方式进行了综合排序。数据显示，上网使用免费资源是少数民族青年获得各类文化资源的最主要途径；其次是看电视、听广播，见图6-1所示。

*选项得分=(Σ 频数 × 权值)/本题填写人次。权值由选项被排列的位置决定。例如，3个选项参与排序，那排在第一个位置的权值为3，第二个位置权值为2，第三个位置权值为1。

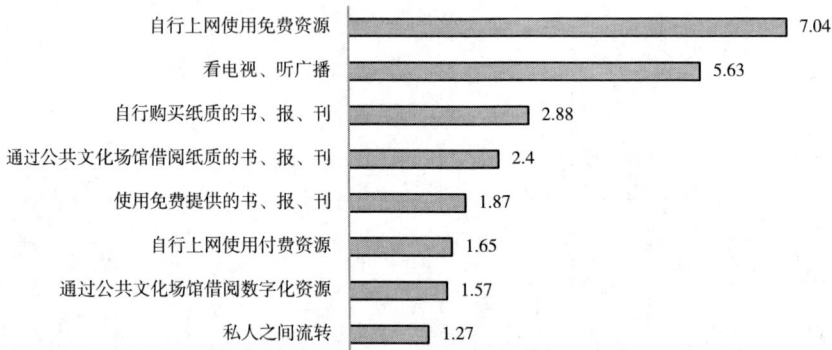

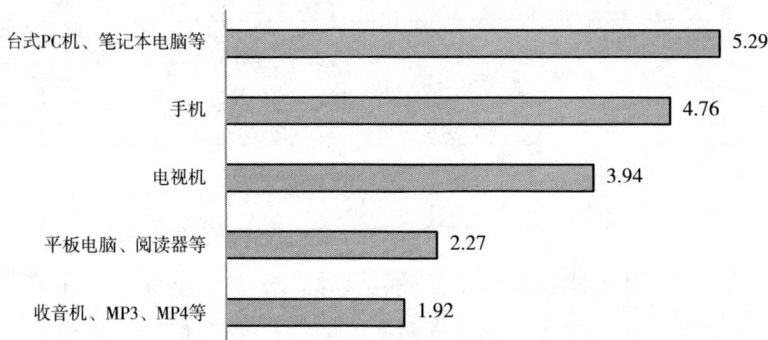

自行上网使用免费资源　7.04
看电视、听广播　5.63
自行购买纸质的书、报、刊　2.88
通过公共文化场馆借阅纸质的书、报、刊　2.4
使用免费提供的书、报、刊　1.87
自行上网使用付费资源　1.65
通过公共文化场馆借阅数字化资源　1.57
私人之间流转　1.27

图6-1　少数民族青年常用文化资源获取方式(N=298)

在资源接收终端方面，调查人员也请少数民族青年被访者按照常用程度对数字化接收终端进行了综合排序。数据表明：台式PC机、笔记本电脑等是少数民族青年最常使用的文化资源接收终端，手机紧随其后，再次是电视机。

*选项得分=(Σ 频数 × 权值)/本题填写人次。权值由选项被排列的位置决定。例如，3个选项参与排序，那排在第一个位置的权值为3，第二个位置权值为2，第三个位置权值为1。

台式PC机、笔记本电脑等　5.29
手机　4.76
电视机　3.94
平板电脑、阅读器等　2.27
收音机、MP3、MP4等　1.92

图6-2　少数民族青年数字文化资源接收终端(N=298)

综合分析资源获取方式与接收终端，可以认为：少数民族青年获取文化资源的最主要策略是用电脑和手机上网以获取免费的网络资源，其次是看电视、听广播。

在传统媒体文化资源供给不到位的情况下，来自网络的数字文化资源为少数民族青年提供了急需的文化给养。网络资源又可以分为三大类：各级政府主办的各类网站；少数民族文化精英自办网站，如蒙古族文化网、花腰彝族网、锡伯人论坛等;商业网站,如综合性的或专门性的视频网站、音乐网站、网络文库,以及贴吧、QQ、微信等各类社会化媒体。

6.3 少数民族青年视听资源需求及使用行为分析

6.3.1 不同获取策略下视听资源的接触频次

在调查中,55.70%的被访者表示每天使用各类视听资源,29.53%的被访者表示每周使用视听资源,二者合计85.23%;另有13.76%的被访者表示偶尔使用试听资源;只有1.01%的被访者表示不使用视听资源,见图6-3所示。

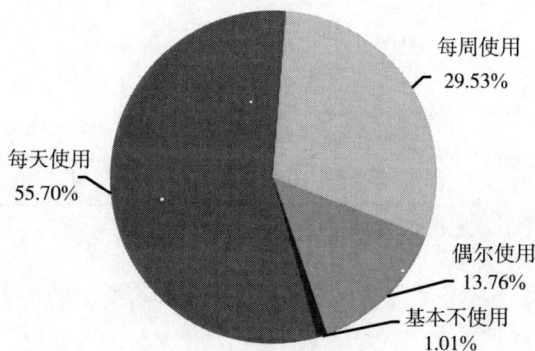

图6-3 少数民族青年视听资源接触频次($N=298$)

6.3.2 基于互联网(含移动互联网)平台的数字视听内容源偏好

调查显示,93.43%的少数民族青年被访者有通过网络或移动互联网使用视听资源的经验。

当被问及"通过网络或移动网络,您经常使用的数字视听资源有哪些?"时,74.16%的被访者经常通过网络看电影,67.11%的被访者经常通过网络收听音乐或看MV,66.78%的被访者经常通过网络看电视剧,60.74%的被访者则经常通过网络收看各类电视节目。

相对于传统内容生产行业的优势,基于网络的内容生产和传播仍处于起步阶段,但已经有一定的受众基础。调查显示:29.53%的被访者经常收看网络原创电影和微电影,25.17%的被访者经常玩网络游戏,19.46%的被访者经常收看定期播出的网络原创节目，见表6-7所示。

表6-7　少数民族青年基于互联网（含移动互联网）平台的数字视听内容源偏好（N=298）

排序	视听内容源	小计	比例（%）
1	电影	221	74.16
2	音乐(含MV)	200	67.11
3	电视剧	199	66.78
4	电视节目	181	60.74
5	网络原创电影/微电影	88	29.53
6	游戏	75	25.17
7	网络原创节目(定期播出)	58	19.46
8	视频网站自制剧集	52	17.45
9	网络原创音乐(含MV)	44	14.77
10	草根视频	30	10.07
11	其他	4	1.34

注：多选题，百分比合计大于100%。

除了从"优酷"等综合性视频网站可以获取各类少数民族电影、电视剧和MV资源，各民族专业的音乐网站、视频网站也逐渐发展起来。

"中国藏族音乐网——我听藏歌都在中国藏族音乐网。"一位藏族青年向我们介绍了他的渠道。"酷狗加中国藏族音乐网，藏歌基本就比较全了。"一位蒙古族青年则表示："中国原创音乐基地（5sing）上也活跃着很多用民族语言创作或翻唱的歌手。我个人喜欢蒙古族说唱，百度贴吧也有蒙古族说唱的贴吧。"

微信、YY语音等各类新的网络视听工具都已经成为重要的传播平台。借助数字传播的基于语音和视觉的交流使少数民族人群可以更容易地聚集在一起。

一位彝族被访者则告诉调查人员："在YY上有彝族的频道，有K歌、有学彝族话、有聊天。""侗族也有YY的语音交流频道，"侗族青年介绍道，"晚上，我们常在上面唱歌"。

6.3.3　视听主题偏好

当被问及"您日常关注的视听主题有哪些?"时，60.07%的被访者经常关注

"热门影视剧";56.38%的被访者经常关注"热门音乐"。其他受关注度较高的视听主题还有"经典影视剧"(46.31%)、"新闻时政/军事外交"(45.64%)、"经典音乐"(40.94%)、"综艺"(38.93%)等,见表6-8所示。

表6-8 少数民族青年常用视听主题 ($N=298$)

排序	选项	小计	比例 (%)
1	热门影视剧	179	60.07
2	热门音乐	168	56.38
3	经典影视剧	138	46.31
4	新闻时政/军事外交	136	45.64
5	经典音乐	122	40.94
6	综艺	116	38.93
7	生活窍门/美食/消费知识	105	35.23
8	名人访谈	104	34.90
9	名家讲座/公开课/远程教育	93	31.21
10	真人秀	86	28.86
11	脱口秀	83	27.85
12	自然科学类纪录片	81	27.18
13	旅游	80	26.85
14	人文社会类纪录片	74	24.83
15	时尚服饰/健身美容	62	20.81
16	相声/小品/评书/笑话	59	19.80
17	医疗保健养生	54	18.12
18	体育	51	17.11
19	投资理财/经营管理	49	16.44
20	动漫/游戏/电子竞技	48	16.11
21	政策法律法规/热点案例	45	15.10
22	设计/收藏/鉴宝	34	11.41
23	汽车	32	10.74
24	有声读物	31	10.40
25	母婴/育儿/家庭教育	25	8.39

排序	选项	小计	比例（%）
26	舞蹈	20	6.71
27	其他	27	9.06

注：多选题，百分比合计大于100%。

对于很多接受汉语教育长大的少数民族青年来说，阅读和书写本民族语言的能力相对于其长辈们来说大大减弱了，但他们会有意识地使用视听资源来维持自己的母语听说能力。一位蒙古族青年表示，他平时维持母语就靠"多听蒙古族歌曲，手机里存有20首以上的蒙古族歌曲"。还可以"看蒙古族歌曲MV""看内蒙古频道""上网搜内蒙古新闻"等。

在歌曲方面，少数民族青年对本民族的明星和相关的娱乐节目格外偏爱。四川电视台的"中国藏歌会"、中央电视台的"争奇斗艳"等少数民族明星集中的节目，都是少数民族青年群体关注的重点，藏歌、彝歌、蒙古族歌曲等相关歌手都有各自的拥趸。首先，本民族的歌曲给他们带来了强大的认同感。一位彝族青年表示："我听到'山鹰组合'的时候，已是高中了。那一首首经典之作：《索玛花》《走出大凉山》《月亮与井》……看他们的脸，像极了我们村里的人。"其次，民族歌曲和民族明星对本民族文化的表述，增加了少数民族群体的自信。一位彝族大学生说："老鹰、吉克曲布、依合大哥、阿格、吉木喜儿、彝人制造等都是我喜欢的彝族歌手。他们很有才华，传播了彝族文化。"另一名彝族青年也讲道："《不要怕》在吉克隽逸演唱之前，我从没听过。我第一次听是吉克隽逸唱的，千千万万的人也是第一次听。在华语乐坛，当一个人站在了一定的高度，他所起到的宣扬作用是非常大的。当刘欢对吉克隽逸说'啊解咯'时，我激动了，华语乐坛最有地位的人会说咱彝族的语言。我骄傲了！我自豪了！"

在影视剧方面，少数民族青年被访者既同汉族群体一起追美剧、日剧、韩剧，也看与本民族语言接近的国外影视剧。几个维吾尔族学生说到影视剧时，这样表示："美剧，几乎所有的美剧我们都看过，还在追。英剧也很不错，《唐顿庄园》《梅林传奇》。香港的电视剧也挺喜欢的。""韩剧，《当男人恋爱时》，爱死了！""平时看美剧的话，喜欢《生活大爆炸》《破产姐妹》。最近在看国产的《阿娜尔罕》，其他国产剧只看《亮剑》和《士兵突击》。""最爱美剧，其次突厥剧。""电影吧，当然看欧美的啦；电视剧吗，看得最多的是国产的和突厥语国家的，主要是土耳其的，比如 Aci Hayat(苦命)、Aşik ve Ceza（恋人与惩罚）等。"与维吾尔族被访者的情况类似，傣族被访者"经常在网上看泰国的电影、电视剧，喜欢泰国歌星"。朝鲜族被访者爱看韩国影视剧。哈萨克族被访者则看哈萨克斯坦的电影。

6.4 少数民族青年阅读资源需求及使用行为分析

6.4.1 不同获取策略下的阅读资源接触频次

首先，我们来看一下纸质报纸的阅读情况。本次调查的数据表明，被访者中，21.48%的人不读报纸，49.66%的人只是偶尔读报纸，即少数民族青年中近70%的人已经很少读报纸了。虽然如此，仍有22.15%的被访者表示每周读报纸，有6.71%的被访者表示每天读报纸，合计有28.86%的少数民族青年仍比较频繁地阅读纸质报纸，见表6-9所示。

表6-9 少数民族青年接触纸质报纸情况（N=298）

接触频次	小计	比例（%）
不读	64	21.48
偶尔	148	49.66
每周	66	22.15
每天	20	6.71

调查表明，18.12%的被访者每月读杂志，13.42%的被访者每周读杂志，另有5.03%的被访者表示每天读杂志。以上三者合计，有36.57%的被访者比较频繁地阅读纸质杂志，见表6-10所示。

表6-10 少数民族青年纸质杂志阅读频次（N=298）

接触频次	小计	比例（%）
不读	24	8.05
偶尔	165	55.37

接触频次	小计	比例（%）
每月	54	18.12
每周	40	13.42
每天	15	5.03

在纸质图书阅读方面，在少数民族青年被访者中，16.44%的人每月读一本，16.11%的人每月读2~3本；有7.05%的人每月读一本及以上；三者合计39.60%，即有近四成的少数民族青年比较频繁地阅读纸质图书。另一方面，我们也看到，有9.73%的被访者明确表示不读纸质图书，24.83%的被访者表示每年读书在1~3本，见表6-11所示。

表6-11　少数民族青年纸质图书接触情况（N=298）

接触频次	小计	比例（%）
每星期读一本及以上	21	7.05
每月读两三本	48	16.11
每月读一本	49	16.44
两三个月读一本	33	11.07
三四个月读一本	44	14.77
每年读1~3本	74	24.83
不读	29	9.73

6.4.2 数字阅读内容源偏好

调查显示，92.62%的少数民族青年被访者使用过数字阅读资源。

当被问及"通过互联网或移动互联网，您经常使用的数字阅读资源有哪些?"时，被访者中，有63.76%人常阅读网络新闻，有55.70%的人常阅读电子书（含网络小说）。经常阅读数字化杂志、数字化报纸的人也都达到40%以上。一些依托于使用者参与进行资源创造和组织的数字阅读资源都有很好的使用基数，如使用网络文库、网络百科的人都为42.28%，使用网络问答的人也达到31.21%，见表6-12所示。

表6-12 少数民族青年基于互联网（含移动互联网）平台的数字阅读内容源偏好（N=298）

排序	内容源	小计	比例（%）
1	网络新闻（网易新闻/腾讯新闻/百度新闻/凤凰新闻等）	190	63.76
2	电子书(含网络小说)	166	55.70
3	电子杂志（含杂志网站/博客/微博/APP/微刊/吧刊等）	131	43.96
4	电子报（含手机报/报纸网站/博客/微博/APP等）	128	42.95
5	网络百科（维基百科/百度百科等）	126	42.28
6	网络文库（如百度文库/豆丁等）	126	42.28
7	网络问答（如百度知道/知乎等）	93	31.21
8	其他	5	1.68

注:多选题,百分比合计大于100%。

6.4.3 阅读主题偏好

那么，少数民族青年都在读什么呢？当被问及"您日常关注的阅读主题有哪些?"时，绝大部分被访者都选择了三个及以上的阅读主题，显示出了个人日常阅读主题的多样化。

少数民族青年被访者中，53.69%的人经常关注"新闻时政/军事外交"主题；48.32%的人经常关注"音乐/电影/娱乐/体育"主题；其他较受关注的阅读主题还有："地理/社会风俗/旅游"（35.57%）、"医疗保健养生"（34.23%）、"文化/艺术/哲学/宗教"（32.55%）、"生活窍门/美食/消费知识"（32.21%），"小说/诗歌/散文/杂文"（30.87%），"励志/成功/心灵鸡汤"（30.20%），"投资理财/经营管理"（29.87%）、"历史"（29.19%）、"人物传记"（27.85%），见表6-13所示。

表6-13 少数民族青年常用阅读主题（N=298）

排序	阅读主题	小计	比例（%）
1	新闻时政/军事外交	160	53.69
2	音乐/电影/娱乐/体育	144	48.32
3	时尚服饰/健身美容	108	36.24

排序	阅读主题	小计	比例（%）
4	地理/社会风俗/旅游	106	35.57
5	医疗保健养生	102	34.23
6	文化/艺术/哲学/宗教	97	32.55
7	生活窍门/美食/消费知识	96	32.21
8	小说/诗歌/散文/杂文	92	30.87
9	励志/成功/心灵鸡汤	90	30.20
10	投资理财/经营管理	89	29.87
11	历史	87	29.19
12	人物传记	83	27.85
13	电脑网络/消费电子	74	24.83
14	社交口才/职场心理	70	23.49
15	专业研究/学术讨论	69	23.15
16	政策法律法规/热点案例	68	22.82
17	情感/两性/婚姻/家庭	61	20.47
18	摄影/美术/设计/收藏	61	20.47
19	动漫/游戏/电子竞技	54	18.12
20	科普新知	54	18.12
21	继续教育/资格考试（含英语）	47	15.77
22	家居装饰装修	46	15.44
23	课外读物/教辅	37	12.42
24	母婴/育儿/家庭教育	29	9.73
25	其他	22	7.38

注：多选题，百分比合计大于100%。

6.4.4 阅读中的民族性

依托互联网，少数民族青年可以在全球范围内获取数字阅读资源。哈萨克族青年告诉调查人员："在网上可以搜到哈萨克斯坦的电子书库。"蒙古族青年为了获得自己需要的蒙文书籍所使用的途径包括："上亚马逊（国际），购买蒙古国出版的传统蒙文书籍""购买国内出版的蒙文书还可上孔夫子旧书店"。电子书可以到"青城驿站的蒙古学典籍室",上面"有许多蒙学的经典文献"。

在少数民族青年群体中,汉语和本民族语言的双语阅读比较普遍。一方面是对汉语的学习;另一方面是对母语的维持。一名哈萨克族大学生说:"我小的时候,接触的报纸都是哈萨克语的,只有几个杂志是汉语的,为了学习就只看杂志。当时看汉语有点儿吃力,坚持到后来能看懂大概。"在维持母语方面,一位蒙古族青年说他的方法就是看蒙语书,"看历史文化类的,还有小说,慢慢品,一本书也能看很长时间"。

语言对于民族文化之重要,令许多少数民族的文化精英大声疾呼。一位创办藏族文化研究百度贴吧的藏族教授这样表述他的观点:"作为藏族的知识分子,我们理所当然地应该承担振兴民族文化的重任。而如果连民族文化灵魂的载体——藏语和藏文都不懂的话,又何以挑得了这样的重担? 于是我开始自学,现在能讲一些拉萨话和安多话。相信两三年内交流不该有多大问题。同时我也在背藏文文法。我已经32岁的人了,记忆力也不好,学起来真不易,不过总算有些成效。""其实我反对狭隘地看待语言问题,"这位教授补充说,"一个学生告诉我她的理想是当一名作家,写出最好的藏文作品。我当时反问她:为什么你不用汉语或者英文创作,这样你可以拥有更多的读者,这样就会有更多的人了解我们的文化……总之在语言上,我的基本态度是我们不能排斥学习其他语言,因为这些语言是我们学习其他文化的桥梁。一个封闭自守的民族是没有前途的,必须借鉴其他的文化。但是我一直提倡藏族学生学习藏文,我们不能把它丢掉啊,这可是文化和民族认同中很重要的, 即使不是最重要的因素!"

除了阅读语言,在阅读主题方面,少数民族群体亦会将宽泛的主题赋予具体的民族特质。如他们会对本民族的历史文化叙事格外关注,一些看似艰涩的学术著作,也会成为许多人阅读的对象。一本关于羌族历史的书《羌在汉藏之间——一个华夏边缘的历史人类学研究》 就在羌族人群中引发了讨论。一位羌族大学生表示:"我最早知道这本书是因为百度贴吧的羌族吧里面有人推荐。当时没有在线阅读,就去亚马逊买了一本。看了觉得还不错。"另一位蒙古族研究生则表示,"蒙古族文化也是博大精深的。罗布桑却丹写的《蒙古风俗鉴》、美国学者韦德福特写的《成吉思汗与今日世界之形成》、法国人格鲁塞写的《蒙古帝国史》

《成吉思汗》，另外还有瓦基利·杨写的《蒙古人的入侵》三部曲都值得一看。如果消遣的话，可以看《蒙古秘史》《长春真人西游记》，还有一些蒙古族的地方志。另外还有蒙古族史诗《江格尔》《俺答汗传》之类。"

对于借用少数民族元素进行叙事的流行小说，少数民族读者会有冷静的评价。一位藏族青年表示："《藏地密码》我就看了第一部。意淫成分肯定有，听说后面几部更多。不夸张的小说谁看呢？想要了解藏文化的人，不建议他再继续看下去。当然，当作消遣，那完全可以。"另一位藏族青年建议："多看正规书，不要把小说当权威。懂藏文的人最好看藏文书。"关于《狼图腾》这部以蒙古族文化为卖点的小说，就有蒙古族读者指出："这本书最大的谎言就是：蒙古族人崇拜狼，喜欢狼。其他添油加醋的东西也很多。"另一位蒙古族青年进一步解释说："游牧社会里狼主要体现为威胁，即狼害。蒙古族人忌讳说狼的名字，而代替以'长耳朵''野狗'等，就如同在湿地里走路忌讳说蛇一样，这并不等于崇拜。"另外，由于这些流行小说使用汉语书写民族元素，会给少数民族读者带来陌生感。一位蒙古族读者说："我勉强看完了《狼图腾》，也许是由于文字的原因，很有一种陌生感。"

6.5　少数民族青年与公共图书馆(含阅览室)及其数字文化资源接触情况

6.5.1　与公共图书馆(含阅览室)接触频次

调查显示，近一年以来，少数民族青年被访者中有83.89%的人造访过公共图书馆和阅览室。比例偏高与本次调查以受过高等教育的样本为主有关，且高校学生比例接近一半有关。从造访频次来看，10.07%的人造访频次为多次/星期；5.37%的人造访频次为1次/星期；7.05%的人造访频次为2~3次/月；6.04%的人造访频次为1次/月；7.05%的人造访频次为2~6次/年；7.05%的人造访频次为3~4次/年；3.69%的人造访频次为1~2次/年，见表6-14所示。

表6-14　少数民族青年实地或者通过网络造访公共图书馆（含阅览室）的频次(*N* =298)

频次	小计	比例（%）
不使用	48	16.11
偶尔有需要才去	112	37.58
1~2次/年	11	3.69
3~4次/年	21	7.05
2~6次/年	21	7.05
1次/月	18	6.04
2~3次/月	21	7.05
1次/星期	16	5.37
多次/星期	30	10.07

　　少数民族青年中，有84.64%的人使用过公共图书馆（含阅览室）中的数字文化资源。在内容源方面，被访者中，39.20%的人使用过学术期刊/论文数据库；25.60%的人使用过龙源等电子杂志；24.40%的人使用过各类音视频库；22.40%的人使用过电子报，见表6-15所示。

表6-15　少数民族青年公共图书馆（含阅览室）数字文化资源接触情况（*N* =298）

资源类型	小计	比例（%）
电子书	119	47.60
学术期刊/论文数据库	98	39.20
电子杂志（如龙源等）	64	25.60
各类音视频库	61	24.40
电子报	56	22.40
行业数据库	45	18.00
多媒体课堂	44	17.60
馆藏特色资源库	37	14.80
政府信息公开	30	12.00
文化共享工程	21	8.40
其他	3	1.20

注：多选题，百分比合计大于100%。

6.5.2 吸引少数民族青年使用公共图书馆(含阅览室)数字资源的主要因素

调查人员询问了少数民族青年被访者，以了解是哪些因素在吸引他们使用公共图书馆（含阅览室）中的数字资源。

排在前五位的因素有："我能够找到自己需要的数字资源"（52.48%）；"数字资源可以提高我的学习、工作效率"（40.59%）；"数字资源权威、可信"（34.56%）；"可以在公共图书馆（含阅览室）外检索、使用数字资源"（28.22%）；"经过学习，我能够比较自如地操作相关系统和软件"（25.74%），见表6-16所示。

表6-16　吸引少数民族青年使用公共图书馆（含阅览室）数字资源的主要因素（N=298）

排序	主要困难	小计	比例（%）
1	我能够找到自己需要的数字资源	106	52.48
2	数字资源可以提高我的学习、工作效率	82	40.59
3	数字资源权威、可信	70	34.65
4	可以在公共图书馆（含阅览室）外检索、使用数字资源	57	28.22
5	经过学习，我能够比较自如地操作相关系统和软件	52	25.74
6	可以在公共图书馆（含阅览室）外下载数字资源	52	25.74
7	公共图书馆（含阅览室）进行了现场的展示和讲解	42	20.79
8	公共图书馆（含阅览室）提供了详尽的操作指导，增加了我使用的信心	38	18.81
9	公共图书馆（含阅览室）进行了新闻宣传	33	16.34
10	在使用过程中，工作人员能够提供及时、有效的帮助	30	14.85
11	数字资源新奇、有趣	29	14.36
12	我认为数字资源比传统资源更好	26	12.87
13	我周围的人都在使用数字资源	18	8.91

注：多选题，百分比合计大于100%。

6.5.3 少数民族青年在使用公共图书馆(含阅览室)数字资源时遇到的问题及解决方法

是什么问题影响了图书馆等公共图书馆（含阅览室）中数字文化资源的利用

呢？调查显示排在前五位的问题有："数字资源太多，不知道该看什么"（35.15%）；"我知道自己需要什么数字资源，但图书馆没有收藏"（31.19%）；"资源不能在我的电脑、平板、阅读器、手机等之间同步"（30.20%）；"所需数字资源仅限馆内访问，不便利用"（29.70%）；"不了解图书馆有哪些数字资源"（29.21%），见表6-17所示。

表6-17 少数民族青年在使用公共图书馆（含阅览室）
数字资源时遇到的主要问题 （*N*=298）

排序	主要困难	小计	比例（%）
1	数字资源太多，不知道该看什么	71	35.15
2	我知道自己需要什么数字资源，但图书馆没有收藏	63	31.19
3	资源不能在我的电脑、平板、阅读器、手机等之间同步	61	30.20
4	所需数字资源仅限馆内访问，不便利用	60	29.70
5	不了解可以在公共图书馆（含阅览室）有哪些数字资源	59	29.21
6	遇到操作问题，工作人员不能提供及时、有效的帮助	53	26.24
7	数字资源使用收费	53	26.24
8	借阅、归还时，操作系统使用起来很麻烦	51	25.25
9	网速太慢	49	24.26
10	检索系统效率低，查找资料花费的时间和精力比较多	40	19.80
11	数字资源副本少，等待借阅时间长	31	15.35
12	数字资源借阅期限太短	30	14.85
13	其他	0	0

注:多选题,百分比合计大于100%。

遇到以上各类问题之后，有18.32%的被访者会放弃使用图书馆提供的数字资源，有31.19%的被访者转而使用其他网络的免费资源或自行购买所需资源。

6.5.4 促进公共图书馆(含阅览室)数字资源利用的机制与方法

课题组拟定了一些可能的促进公共数字文化资源利用的机制与项目，请被访者投票选择。"随时随地的资源接入"最受关注，"少量付费，馆外使用所有馆藏数字文化资源"的呼声最高（47.99%）。"少量付费，接入手机等移动终端"（32.29%）、"根据使用者兴趣推荐资源"（32.55%）也都得到较多认可，见表6-18

所示。

表6-18　少数民族青年偏好的促进公共图书馆（含阅览室）
网络数字资源使用的机制和方法（$N=298$）

排序	机制和方法	小计	比例（%）
1	少量付费，馆外使用所有馆藏数字文化资源	143	47.99
2	少量付费，接入手机等移动终端	98	32.89
3	根据使用者兴趣推荐资源	97	32.55
4	少量付费，接入有线电视网	87	29.19
5	资源质量大众评级、评论，优胜劣汰	84	28.19
6	网上读书会	78	26.17
7	积分	67	22.48
8	公众需求登记，由需求程度决定是否引进数字资源	63	21.14
9	二手资源交流	51	17.11
10	付费定制绝版书的电子书	33	11.07
11	出租平板电脑、阅读器	28	9.40
12	出租电子书	26	8.72
13	出租电子杂志	17	5.70
14	出租音视频	14	4.70
15	付费翻录珍稀音像资料的数字音视频	14	4.70
16	其他	3	1.01

注：多选题，百分比合计大于100%。

6.6　小结

基于问卷调查、访谈及网络文本分析，本文对中国大陆地区少数民族青年的数字文化资源需求与使用状况进行了描述和分析，调查的主要结论如下：

（1）上网使用免费资源是少数民族青年获得各类文化资源的最主要途径；其次是看电视、听广播。台式PC机、笔记本电脑是少数民族青年最常使用的文化资源接收终端，手机紧随其后，再次是电视机。

（2）55.70%的少数民族青年每天使用各类视听资源。93.43%的少数民族青年被访者有通过网络或移动互联网使用视听资源的经验。通过国际互联网，他们搜寻民族语言相通地区的影视剧、歌曲和新闻，也关注本民族文化爱好者创作的歌曲等。通过电视，他们喜欢观看四川电视台的"中国藏歌会"、中央电视台的"争奇斗艳"等少数民族明星集中的电视节目。

（3）39.60%的少数民族青年比较频繁地阅读纸质图书。36.57%的少数民族青年比较频繁地阅读纸质杂志。28.86%的少数民族青年比较频繁地阅读纸质报纸。92.62%的少数民族青年被访者使用过数字阅读资源，依托互联网，他们在全球范围内获取数字阅读资源。网络新闻和电子书是他们最常用的数字阅读源。除了对汉语与母语的双语阅读的坚持，在阅读主题方面，少数民族青年亦会对本民族的历史文化叙事格外关注，并通过互联网积极参与讨论。

（4）本次调查以受过高等教育的少数民族青年为主，其中在校学生样本接近一半，所以，样本中有高达84.64%的人使用过公共图书馆和阅览室中的数字文化资源。电子书和学术期刊是他们最常用的资源。"我能够找到自己需要的数字资源"的体验最能吸引使用者，"数字资源太多，不知道该看什么""我知道自己需要什么数字资源，但图书馆没有收藏"等是使用者最常遇到的问题。他们希望能在馆外使用所有馆藏数字文化资源或将资源接入手机终端，以方便使用。

（5）由于语言、文化、体制等各种问题，现有的公共数字文化资源还远远不能满足少数民族群体的需要。少数民族青年正借助各种网络平台，通过创造性的公众参与来增加数字文化上的自我创造、自我服务的能力。尤其是一些少数民族文化精英，正通过网络实践表达其强烈的族裔情感、重申民族文化。在"多元一体"的框架内，少数民族青年正通过族内和不同民族之间的交流，形成一种自下而上的、由个人自主实践的本民族文化认同。

对政府而言，如何更加积极、主动地处理好少数民族的公共文化服务问题，增进少数民族群体对本民族与整个中华民族的双重认同，是少数民族公共文化服务领域长期面临的重大挑战之一。作为一个小型的先导性研究，本次调查样本以在城市居住且受过良好教育的少数民族群体为主（城市居民样本占样本总体的79.94%，大专及以上学历样本占样本总体的90.91%），所以在此很难就城乡差异、收入差距、教育程度差异等所造成的影响进行更深入的分析。在后续的研究中，研究者将进一步深入少数民族山区、牧区进行更为广泛的调查，以加深对问题的认知。

第7章　结论与建立需求导向的公共数字文化服务体系的对策和建议

　　本项研究以"三网融合"与"大部制"为背景，对公共文化服务体系研究所涵盖的范围进行了扩展，构建了数字文化资源公共需求的研究框架。据此框架，本研究对数字文化资源的一般性公共需求进行了调查分析，也对数字视听资源的重度使用者、数字阅读资源的重度使用者、农民工、留守儿童、老年人、少数民族青年等的群体性公共需求进行了调查分析。以下对研究的主要调查发现进行总结并提出相关的策略建议。

7.1　研究的主要结论

7.1.1　数字文化资源公共需求具有内容、形式、操作系统、社区组织的多重内涵

　　实证研究证实，数字文化资源公共需求具有内容、形式、操作系统、社区组织的多重内涵。使用者除了要求资源因信息性、知识性、娱乐性而有用外，还要重视使用者新奇好玩儿的感受，强调操作系统的便捷、容易上手，强调供给方和使用者之间的平等互动，强调社区性和使用者群体的自组织性。

　　如果说"媒介即讯息"，在此则可以说，"媒介即公共文化服务"。数字文化资源需求所具有的丰富内涵要求公共文化服务体系以新的、更具有创造性的方式完成资源生产和供给。

7.1.2　数字文化资源的使用具有明显的终端——网络复合性特征

　　调查分析显示，"三网融合"的形势之下，数字文化资源使用具有明显的终端—网络复合性特征，"电视网络复合型"视听需求和"网络纸质复合型"阅读

需求占据主流。同时，研究也证实，目前和未来一段时间内，移动终端是各类数字文化资源接收终端中最值得关注的接收终端，移动互联网是各类网络中最具竞争力的传输网络。未来不能占据移动终端，并在各个平台之间无缝对接的公共文化服务基本是失效的。

7.1.3 群体性公共需求是数字文化资源供给的最佳平衡点

本项研究证实数字文化资源公共需求的群体性特征明显。一般性使用者和重度使用者之间，农民工、留守儿童、老年人、少数民族青年等群体之间表现出明显的需求差异。

一直以来，研究者将公共文化服务研究的重点放在了基本需求，以达到基本公共服务均等化为目标。倡导基本需求均等化理由无外乎有两个方面：第一，成本问题。相关研究者宏观地认为，公共财政目前只能满足最基本的公共需求，要先做到城乡、地区等板块之间的均等。第二，公共文化服务的公共品属性问题。相关研究者微观地认为，个体个性化的数字文化资源需求应该由使用者通过市场渠道获得，由使用者自己支付成本。然而，长期以来以上思路始终没能解决公共文化服务效能低下的问题。

本项研究认为，数字化阶段，数字文化资源公共供给不应该落在高度差异化的、原子化的个人，也不是差异化模糊的、板块化的地区、城乡，而是具有适度差异性的、中观的群体。前文曾经提到，除了纯公共品，公共服务包括一种类似于"俱乐部"产品的适于群体共享的准公共品。并且，经济条件、政府的价值判断也会影响公共品性质的判定。随着国家财政力量的提高和"以人为本"的执政理念的发扬，群体性公共需求应更多地被纳入公共文化服务范畴。

在公共数字文化资源供给方面，公共财政在满足一般性需求之外，还应充分利用数字技术释放资源，降低边际成本，聚合和披露群体需求的优势，向需求集中、规模中等的群体提供更有针对性的数字文化资源。这样既可以适度满足公众业已多样化和多层次的需求，还可以在公共文化服务的成本和效益之间找到合适的平衡点。

7.2　数字文化资源生产供给应考虑其公共需求的多重内涵

数字文化资源的生产和供给应考虑到其公共需求内容、形式、操作系统、社区组织的多重内涵。除了资源内容，还应给予资源形式设计以足够的重视。操作系统要符合数字资源海量、即时、网络化聚合的结构，利用良好的搜索和推荐机制，激活资源利用。在供给方式上，建构虚拟社区，发起公共对话；依托社区进行资源的组织，进行资源的民主排序、推荐和筛选；对某些群体的特殊资源可以依托社区鼓励使用者自我生产、自我供给。

7.3　数字文化资源供给无缝对接移动终端主导的多个平台

根据公众的生活形态及对数字文化资源的使用习惯，数字文化资源供给必须以移动终端为主导，且在多种终端之间无缝对接。对接的一种思路是统一账号，如视频网站、新闻网站和社会化媒体之间平台的完全互通。对接的另一种思路是以手机为控制端，加载APP，实现特定资源的跨平台互通。后一种思路更适合跨越平台组织针对特定人群的数字文化资源供给。

7.4　借用数字技术聚合群体公共需求，评估满意度

数字技术的广泛应用使得如实记录使用者的实际资源使用情况变得可以实现，同时也为使用者表述个体需求提供了渠道。供给者一方面可以利用资源需求数据库和实际使用感受数据库进行对比评估，针对个体进行满意度评估；另一方面可以跨越两个数据库，聚合具有需求共通性的使用者群体，建立独立的针对群体的公共需求聚合和评估体系。

7.5　针对特定群体的数字文化资源供给建议

7.5.1　针对农民工和留守儿童群体的策略建议

在针对农民工和留守儿童群体公共需求进行数字文化资源供给方面有如下建

议：①从农民工的兴趣和已知入手，应该是我们为农民工提供公共文化服务的基点。虽然在内容上农民工对大众通俗文化的习惯性偏爱很明显，但借助数字媒体的互动、推荐、社区化功能，将有效地帮助他们改变这一点。②建立有教师参与的，社会、学校、家庭"三位一体"的虚拟社区。开发专门的APP，由学校组织安装在留守儿童及其服务的手机上，将留守儿童、农民工父母、教师和公共文化资源联系起来，实现数字文化资源的一键推送。

7.5.2　针对老年人群体的策略建议

在针对老年人群体公共需求进行数字文化资源供给方面有如下建议：①根据老年人的对内容源和内容主题的偏好，为他们提供更为充足的优质的数字视听和阅读资源，提升其文化生活品质。②在数字文化资源表现形态方面进行专门设计，减缓老年人生理机能退化所带来的视听和阅读不适。例如，采用更大的字幕、更缓慢的语速、更短小的视听和阅读单元、更整洁单纯的页面、更舒缓的配乐等。③在数字文化资源的组织形态方面，可以为老年人建立专门的搜索入口，简化搜索方式。我们还可以建立数字文化资源的推送出口。例如，在有线电视端，以页面的方式每天定期推送老年人喜爱的内容源和主题，让老年人点击链接即可一键进入。④依靠志愿者和社区为老年人使用数字文化资源提供亲切、温暖的支持性的环境。提供使用设备，提供培训课程，创造老年使用者之间的交流分享团体，降低老年人使用数字文化资源的成本，增加老年人使用数字文化资源的意愿和信心，将老年人带入数字文化的时代。

7.5.3　针对少数民族青年群体的策略建议

在针对少数民族青年公共需求进行数字文化资源供给方面有如下建议：①记录与整理各少数民族的文化资产，利用数字技术对这些文化资产进行保护和传播，鼓励少数民族青年使用与本民族有关的数字文化资源，再造一个民族文化传承的环境。②丰富公共数字文化产品的多样性供给，继续增加政策性投入，并用政策性投入带动商业资本的进入，创作和开发由少数民族语言表现和叙述的影视剧、歌曲和电子书。促进少数民族数字文化资源走出去，通过在世界范围内传播，提升少数民族文化在价值观和产业价值上的双重收益。③鼓励少数民族青年借助网络平台组织虚拟社区，自我组织、自我创造、自我服务，丰富本民族的数字文化资源。④鼓励他们依托数字平台，在更大范畴的文化交流与碰撞中重新体认自身的文化基因，调试本民族文化与主流文化之间的关系，重构认同。